政法类专业论文写作教程

ZHENGFA LEI ZHUANYE LUNWEN XIEZUO JIAOCHENG

主编 ◎ 肖勇　蒋政　赵勇

西南交通大学出版社
·成 都·

图书在版编目（CIP）数据

政法类专业论文写作教程 / 肖勇，蒋政，赵勇主编. —成都：西南交通大学出版社，2018.1
ISBN 978-7-5643-6044-3

Ⅰ.①政… Ⅱ.①肖… ②蒋… ③赵… Ⅲ.①政法工作–论文–写作–教材 Ⅳ.①H152.3

中国版本图书馆 CIP 数据核字（2018）第 025416 号

政法类专业论文写作教程

主编　肖勇　蒋政　赵勇

责任编辑	赵玉婷
封面设计	严春艳
出版发行	西南交通大学出版社 （四川省成都市金牛区二环路北一段 111 号 西南交通大学创新大厦 21 楼）
邮政编码	610031
发行部电话	028-87600564　　028-87600533
官网	http://www.xnjdcbs.com
印刷	四川煤田地质制图印刷厂
成品尺寸	185 mm×260 mm
印张	15.75
字数	393 千
版次	2018 年 1 月第 1 版
印次	2018 年 1 月第 1 次
定价	49.00 元
书号	ISBN 978-7-5643-6044-3

课件咨询电话：028-87600533
图书如有印装质量问题　本社负责退换
版权所有　盗版必究　举报电话：028-87600562

前　言

作为长期担任政法类本科学生专业论文写作教学任务的高校专任教师，笔者一直苦于没有一部适合自己的专业论文写作教材。为了让政法类本科学生能够真正学习和掌握专业论文写作的基本方法和主要过程，笔者萌发了自己编写一部政法类专业论文写作教程的想法。展现在读者面前的这本近40万字的《政法类专业论文写作教程》，就是乐山师范学院政法学院三位教师历经三年光阴，呕心沥血创造出的拙著，希望它能够给政法类本科学生专业论文的写作提供一定的知识和方法论帮助。

这是一部专门介绍政法类各专业本科学生专业论文写作方法和过程的教材，主要涉及法学、思想政治教育、行政管理、劳动与社会保障、社会工作五大本科专业。教材内容主要涉及学术论文概述、政法类专业论文概述、政法类专业论文存在的主要问题、选题、写作的主要环节、基本格式规范、学术研究资料的获取方法、学术论证方法、毕业论文答辩、政法类科研项目的申报、组织研究与成果验收等内容。

本教材由肖勇教授负责全书编写大纲的制定和最后的统稿工作，各章写作具体分工如下：肖勇负责编写第一、五、六章；蒋政负责编写第四、七、八章；赵勇负责编写第二、三、九、十章。

这部教材的编写和出版得到了乐山师范学院教务处、政法学院和西南交通大学出版社的大力支持，在此一并感谢他们的真诚帮助和无私付出！

《政法类专业论文写作教程》编写组

2017年10月

目 录

第一篇 基础篇

第一章 学术论文概述与分类 ··· 001
- 第一节 学术论文概述 ··· 001
- 第二节 学术论文的分类 ··· 004

第二章 政法类专业论文概述和种类 ································· 015
- 第一节 政法类专业论文的概念与特征 ······························· 015
- 第二节 政法类专业论文的种类 ····································· 019

第三章 政法类学生专业论文存在的主要问题 ························· 025
- 第一节 选题方面存在的主要问题 ··································· 025
- 第二节 结构方面存在的主要问题 ··································· 030
- 第三节 观点方面存在的主要问题 ··································· 036
- 第四节 材料方面存在的主要问题 ··································· 041
- 第五节 研究方法方面存在的主要问题 ······························· 043
- 第六节 语言表述方面存在的主要问题 ······························· 045
- 第七节 格式方面存在的主要问题 ··································· 054

第二篇 知识、能力篇

第四章 政法类专业论文的选题 ······································ 059
- 第一节 选题的意义和基本原则 ····································· 059
- 第二节 选题的来源和基本方式 ····································· 065
- 第三节 自荐性选题的基本途径 ····································· 066
- 第四节 选题之确证：文献综述 ····································· 068
- 第五节 选题的进一步展开：假说和研究方案 ························· 071
- 第六节 从选题到标题：选题的优化 ································· 075
- 第七节 政法类学生专业论文的选题范围 ····························· 077

第五章 政法类专业论文写作的主要环节 ······························ 079
- 第一节 拟定写作计划 ··· 079
- 第二节 确定主题 ··· 081
- 第三节 拟定写作提纲 ··· 087

第四节　定结构 090
　　第五节　撰写初稿 095
　　第六节　修改定稿 097

第六章　政法类专业论文的基本格式规范 102
　　第一节　前置部分 102
　　第二节　正文部分 107
　　第三节　附录部分 119

第三篇　方法篇

第七章　政法类专业论文学术研究资料的获取方法 121
　　第一节　文献研究资料的获取方法 121
　　第二节　定性研究 124
　　第三节　定量研究 132

第八章　政法类专业论文的学术论证方法 160
　　第一节　逻　辑 160
　　第二节　学术论文的具体论证方法 167
　　第三节　文　法 172

第四篇　应用篇

第九章　政法类本科学生毕业论文的答辩 177
　　第一节　毕业论文答辩概述 177
　　第二节　毕业论文答辩准备 180
　　第三节　毕业论文答辩的程序 183

第十章　政法类科研项目的申报、组织研究与成果验收 188

附　录 205
　　附录一　××师范学院毕业论文（设计）规范化要求 205
　　附录二　某高校本科生毕业论文成绩评定表 209
　　附录三　某高校毕业论文答辩要求 216
　　附录四　国家社会科学基金项目申请书 218
　　附录五　国家社会科学基金项目中期检查表 227
　　附录六　国家社会科学基金项目鉴定结项审批书 232

参考文献 246

第一篇 基础篇

第一章 学术论文概述与分类

第一节 学术论文概述

一、什么是学术论文

对于什么是学术论文，可谓是仁者见仁，智者见智。一些学者认为，学术论文是某一学术课题在实验性、理论性或预测性上具有的新的科学研究成果或创新见解和知识的科学记录，或是某种已知原理应用于实际上取得新进展的科学总结，用以提供学术会议上宣读、交流、讨论或学术刊物上发表，或用作其他用途的书面文件。而有的学者认为，学术论文就是用系统的、专门的知识来讨论或研究某种问题或研究成果的理论性文章。

其实首先就文体而言，学术论文属于政论文，也就是一般所说的由"三论"组成的一种议论文。而"三论"则是指：

第一，论点，即文章要表达和阐述的中心观点及其支撑中心观点的分论点。如一篇名为《论中国国家男子足球队在亚洲的定位》的文章，其中心观点只能是"中国国家男子足球队属于亚洲二流球队"或者"中国国家男子足球队属于亚洲三流球队"。而支撑中心观点的分论点则应该是：中国国家男子足球队队员实力在亚洲属于二流或者三流；中国国家男子足球队主教练历来只有二流或者三流教练；中国足球的管理体制在亚洲属于二流或者三流管理体制。

第二，论据，即用来证明中心观点或者分论点的材料。中国国家男子足球队自2000年以来的17年中较为成功的教练就只有米卢一人，他将中国国家男子足球队带入了2002年日韩世界杯。但就是这个神奇教练米卢，在2002年日韩世界杯中也未能让中国国家男子足球队进一球，而是三战皆墨，积0分小组垫底出局。这样的论据就是"中国国家男子足球队主教练历来只有二流或者三流教练"的有力支撑论据。

第三，论证，即运用一定的逻辑思维方法将论点与论据结合起来让人们信服中心观点或者分论点的过程和具体办法。例如要让人们相信，自2000年以来的中国国家男子足球队主教练历来只有二流或者三流教练，首先就要确立亚洲一流国家足球队主教练的标准。即首先能将球队带入世界杯，这个全球最高水平足球赛事；其次，还能带领球队在世界杯决赛圈比赛中有突出的表现：如胜一场，甚至小组出线，更甚者进入8强或者4强。有了这个标准，那么我们在论证时只需统计出两个数据：一是2000—2017年的17年中有五届世界杯预选赛和决赛，能把中国国家男子足球队带入决赛圈的有几位主教练？二是进入决赛圈后主教练的带队成绩如何？如胜了几场？进了多少球？小组出线与否？最终排名如何？这两组数据只要与一流主教练的标准对比就能得出2000—2017年的五届世界杯预选赛和决赛阶段的主教练均不属于亚洲一流教练，就连二流教练都屈指可数，大多数属于三流教练的水平。这里运用的论证方法就有统计法、类比法、案例法等多种逻辑论证方法。

其次，就内容而言，学术论文又不同于一般议论文：

第一，它不仅要求必须有中心论点，而且要求中心论点必须在科学的基础上具有一定的创新性，不能人云亦云。这就是为什么高校的各层次学位论文在答辩前必须进行查新的原因，学位论文的层次越高，对重复率的要求就越高：学士学位论文的要求一般在10%～20%；而硕士学位论文的要求一般在5%～10%；要求最高的是博士学位论文，一般要求重复率在5%以下。目前各学术刊物也越来越重视对作者拟发表文章重复率的要求，一般要求在15%以下。而一般的议论文并没有创新性方面的要求。

第二，它的形成不仅要求具有必要性，而且还要具有可行性。也就是说，学术论文实际上就是一项现实的研究活动，它不同于有些议论文的有感而发，而是要着眼于自然科学、社会科学和哲学领域中亟需解决的一些理论问题和现实热点问题，努力创造研究所需要的各种主客观条件，并最终完成和记录相关研究成果。

最后，就规模而言，学术论文的规模远远大于普通议论文。普通议论文，如中考语文的议论文一般在500～1000字；就算是高考语文的议论文一般也不会超过2000字。而拿常见的学位论文而言，其写作规模则是普通议论文的几倍，甚至几十倍：如学士学位论文的规模一般为5000～8000字；而硕士学位论文的规模一般为2万～5万字；博士学位论文的规模则高达5万～20万字。较为常见的情况是：博士研究生毕业后一般均会将博士学位论文稍加扩展后再融入一些新的研究成果就可以以专著形式出版。

因此，我们认为，所谓学术论文就是作者对科学领域中的特定理论问题或者实践问题进行研究，从而记载和表达相关研究成果的一类文章。

二、学术论文的基本特征

我们认为，学术论文具有以下三个方面的特征：

1. 科学性

这是学术论文的起码要求，也是学术论文的最显性特征。它是指学术论文必须是对自然科学、哲学及社会科学的特定理论或者实际问题做出的符合规律性的研究成果的记载。这样的科学性可以从学术论文的三个层面上体现出来：

首先是研究对象。虽说学术论文的研究对象表面上看什么都可以，完全取决于研究者自身的想法，其实不然。一篇科学的学术论文，必须有科学的研究对象。如一篇研究"鬼存在"的生命科学方面的学术论文，无论其论据多么充分，论证多么有力，也不能算是一篇科学的学术论文，最多只能算是一篇学术猜想。再比如一篇研究"人能否长生不老"的生命科学方面的学术论文，就算作者怎么吹嘘他的文章有理有据，恐怕也无人问津。因为人类发展的历史已经对这篇文章的科学性做出了否定。因此，一篇学术论文研究对象的科学性首先在于其必须是现实中客观存在的，即自然界和人类社会中客观存在的对象；其次部分社会科学领域中的研究对象还必须被特定社会的主流意识形态或者主流价值观所认同。再如一篇题名为"人不为己，天诛地灭"的伦理学方面的论文，无论其材料多么典型，文字语言多么感人，论证方法多么创新，大多数读者也会对它嗤之以鼻，因为其研究对象无论是在资本主义社会，还是在社会主义社会，均与社会主流价值观相左。

其次是研究内容和观点。虽然在特定研究对象下的研究内容可以差别很大。如研究政治稳定的学术论文，虽说其研究对象界定为"政治稳定"，但其研究内容在不同的作者的手中却可能发生较大差异：你研究政治稳定的概念和特征；我研究政治稳定的意义和价值；他研究政治稳定的实现条件和方式；等等。但这并不否认一篇学术论文的研究内容必须具备科学性。学术论文研究内容的科学性就是指学术论文必须揭示出其研究对象产生、发展和变化的规律性，而不只是描述研究对象的众多表面现象。如一篇题名为"论制度反腐"的政治学学术论文，其主要部分为"制度缺失下的腐败现象"，其主要精力放在对"腐败现象"的描述上，而不是把主要精力放于"探索制度与腐败的关系上"，那么即使这篇文章给出了"如何运用制度进行反腐"的对策建议，这篇学术论文研究内容的科学性也大打折扣，因为它没有揭示出制度与腐败的辩证关系。

不可否认的是，学术论文研究内容的科学性其实内在地包含了学术论文观点的科学性。很难想象一篇科学性很强的学术论文，其研究内容是科学的，而其观点，特别是中心观点是不科学的。学术论文观点的科学性指的就是其观点的正确性和合理性。这是两个不同层面的要求，后者的要求相对较高：

就科学性而言，学术论文观点的正确性是基本要求，对自然科学而言主要是事实判断；而在人文社会科学中主要是一种价值判断，当然个别时候也包含着事实判断。如一篇论述国内生产总值（GDP）增长率影响因素的文章，其有关特定国家GDP增长率影响因素的分析基本上属于价值判断。价值判断与事实判断的区别就好像相对真理与绝对真理的关系一样。价值判断虽然说离不开事实判断，但价值判断基本上属于相对真理；而事实判断尽管不依赖价值判断，但科学的事实判断却是绝对真理，至少在特定时期属于绝对真理。然而需要指出的是，尽管人文社会科学学术论文观点的正确性基本上为价值判断，但科学的价值判断的基本要求是该判断必须为特定社会的主流价值观所认同，否则它就不是正确的价值判断，这与所谓"有时真理掌握在少数人手里"没有任何联系。如关于GDP增长率高低的价值判断，很明显负增长是人们不认同的，但也绝不是增长率越高越好，主流的价值判断是结合每个国家实际，增长率保持适度即可。

最后是研究方法。人类与其他动物的主要区别在于其他动物的日常生存和生活行为，如捕食和繁衍后代，主要靠经验；而人类的各种行为却依靠严密的逻辑思维和丰富多样的行为方法。如同样是生育，剖宫产对于凶猛的狮子而言那是不可思议的，但人类却依靠这一技术避免了许多难产妇女母婴的死亡。据科学家分析，即使是智商与人类较为接近的灵长类动物，如大猩猩，也只能进行简单的思维，通过手握石块来获取食物，至于像集体捕食的狼群、蓝鲸群和蚂蚁群，它们的集体捕食行为也基本上处于经验阶段。因此，学术论文的写作绝不是凭空杜撰一篇洋洋洒洒几千字的文章，而是一项系统的研究工作。这项工作从选题开始，到材料的获取，再到中心论点的形成，进而进行写作提纲的撰写，再转入初稿的写作，最后修改定稿，均需要采用科学的研究方法。

学术论文的研究方法中比较重要是两类研究方法：一类是研究资料的收集方法；一类是逻辑论证方法。因为一项研究工作就是要通过寻找、探悉各种材料来发现和论证新的学术观点，进而推动学术创新。因此，学术论文研究方法的科学性在很大程度上取决于研究资料获取方法和学术论证方法的科学性。试想一下，如果一篇学术论文材料的获取方法是不科学的，如系他人传言，那么依据该材料而得出的观点就肯定不能说是科学的，那么整篇学术论文的科学性也就大打折扣。不仅如此，即使一篇学术论文的材料是可靠的，其学术论证方法是不科学的，那么这篇学术论文的科学性也很难保证！

2. 价值性

如果说科学性是学术论文的起码要求，那么价值性就是学术论文的内在要求。价值性是指学术论文的研究成果必须对特定学科的理论研究和特定领域的实践活动具有一定的推动和指导意义。

3. 创新性

创新性是一个比较性评价术语，是与现有研究成果相比较而言，在研究对象、研究内容、学术观点及研究方法等方面均有一定突破，取得了新的成就。事实上一篇学术论文的价值性不仅取决于其科学性如何，更是与其创造性息息相关。一篇创新度较高的学术论文，即便在相对比较苛刻的专家看来可能还不"十分完善"，但也比一篇与现有研究成果相比较完全没有创新度却四平八稳的学术论文的价值高出无数倍。学术创新是一个研究人员追求的终极目标，没有创新欲望和创新动能的研究人员只能和平庸相提并论。但即便是同一位研究人员，当他面对不同的研究选题时，由于主客观条件的制约，其创新度实际上也是差别较大的。

第二节 学术论文的分类

对于学术论文的种类，可以根据不同的标准进行划分，而不同标准的划分又具有不同的实用价值。我们主要根据研究对象、学科属性、研究方法和研究目的四个标准对学术论文的种类进行划分：

一、按学术论文研究对象所属学科的不同划分

1. 哲学社会科学学术论文

哲学社会科学学术论文，是指其研究对象为哲学、社会科学等人文学科特定领域的论文。其研究对象所处的学科种类繁多，涉及哲学、马克思主义、经济学、管理学、法学、文学、史学、艺术学、教育学等多个学科。在我国高等教育管理方面也是专门设置了全国哲学社会科学规划办来管理此类学科各类课题的申报和研究方面的管理工作。

哲学社会科学学术论文的一大特点就是其研究对象限定在人类社会各种社会关系的发展规律方面，其研究成果主要揭示人类社会各个领域的发展规律，从而为人类社会的发展提供理论支撑。从西方社会发展的规律和历程来看，人文科学及其人文精神永远是其发展过程中强有力的推进器：古希腊罗马时期繁荣的哲学、政治学及艺术学不仅造就了西方古希腊罗马文明，而且还奠定了西方以民主、平等、自由、法治为核心的西方人文精神的火种；而文艺复兴时期再度复兴的哲学、政治学、文学、艺术学等学科更是将古希腊文明推向一个新的高峰，同时为资本主义的发展提供了"民主"和"科学"两大助推器，从而使西方资本主义的发展更加迅猛。

就我国而言，历史上哲学社会科学发展的黄金时期就是春秋战国时期。以孔子、老子、孟子、韩非等先哲为代表，创立了影响中国社会发展两千多年的三大哲学社会科学派别：儒

家、道家和法家，从而为中国封建社会的发展提供了强有力的精神支撑。然而在中国社会的发展过程中，历代封建王朝的统治者均根据自身的现实需要在三大学派中择一派作为自己的主流意识形态，从而在很大程度上限制了哲学社会科学的繁荣，如秦始皇的"独尊法家，焚书坑儒"；董仲舒的"独尊儒术，罢黜百家"等做法均在相当程度上限制了当时哲学人文社会科学的繁荣。当然，在中国几千年封建社会发展过程中的一大奇葩和文化遗产就是诗词：无数文人骚客或寄托愁思和爱国情怀，或愤世嫉俗振臂一呼，从而为后人留下无数千古绝唱。李白、杜甫、苏轼等大家就是其中的典范。

2. 自然科学学术论文

自然科学学术论文是指其研究对象为理学、工学、医学、农学等自然科学学科特定领域的论文。其研究对象所处的学科主要是理学、工学和医学等学科。在我国高等教育管理方面也专门设置了全国自然科学基金规划办来管理此类学科的各类课题申报和研究工作。

自然科学学术论文的一大特点就是其研究对象限定在自然界各种事物和现象的发展规律方面，其研究主要揭示自然界各种事物和现象的发展规律，从而为人类社会改造自然和征服自然提供理论支撑。

从西方社会发展的历程来看，对科学，特别是自然科学的重视是其发展过程中的一条主线。早在古希腊罗马时期，数学、物理学等自然科学的发展已经小有成就。即使是在中世纪蒙昧时期，建筑学、数学、医学、天文学的发展也是有目共睹。而到了近现代，物理学、信息技术、化学、数学、生命科学、心理学等自然科学的发展更是直接将资本主义社会推向高速发展的时代。

而相比之下中国几千年社会的发展过程中，自然科学历来被视为雕虫小技，"四大发明"的贡献也被压制在极小的范围内，"重文轻理"的科学态度直接导致中国社会在近现代的全方位落后。

二、按研究对象所属学科属性的不同划分

1. 基础理论研究学术论文

所谓基础理论研究学术论文，是指研究对象限定在特定学科基础理论方面特定领域的学术论文。这类学术论文的一大特点就是理论性十分强，其成果是对特定学科相关基础理论的一种创新，这种创新难度较大，因而学术论文的研究难度较大，没有较深厚的特定学科基础理论的储备，要完成高质量的此类学术论文的写作是不可能的。应该说每一个学科都有自身的基础理论，它们往往以概念、原理、公式等方式构成该学科的基础框架，从而搭建起特定学科的理论体系。如法学二级学科中的政治学，诸如国家理论、阶级理论、权力理论、政党理论、政府理论、政治组织理论、政治制度理论、政治行为理论、政治文化理论等，均是政治学学科中非常基础、非常重要的理论。需要指出的是，基础理论研究学术论文的研究方法一般以文献研究法为主，通过总结、归纳、对比分析前人已有基础理论的不足，进而通过特定的逻辑方法来构建新基础理论的概念、命题、原理，从而创造出新的基础理论，进而推动特定学科的发展。在这一创新过程中，波普尔的"证伪"思想应该是开启所有创新历程的先锋，怀疑的态度、证伪的方法、新理论体系的构建自然融合成一条创新的康庄大道。可以说没有怀疑的态度和证伪的方法，所有学科基础理论的创新均是无法实现的。

2. 应用研究学术论文

所谓应用研究学术论文，是指运用特定学科已相对比较成熟的基础理论去研究相关学科实践领域中的具体应用问题的一种学术论文。此类学术论文的一大特点就是实证性很强，其成果是特定基础理论在特定领域进行实践运用而产生的结论，虽然其创新度不是特别高，但却能检验基础理论的正确性、科学性和合理性，同时还能不断拓宽基础理论的应用领域和指导范围。应该说应用研究学术论文的写作难度较基础研究学术论文而言要小得多，它无需大量的概念创新和模式构建，也不需要复杂的逻辑推导，只需通过一定实证方法了解特定实践领域中的实证问题和成因，便能通过三段论逻辑推理得出应用对策。所以应用研究学术论文应是本科生学位论文的首选种类，它有利于本科生在较短时间内通过实证方法去掌握特定学科实践层面具体问题的相关材料，进而运用大学期间各专业课程所传授的相关基础理论，结合一定的逻辑论证方法得出应用对策建议。如当代管理学中的治理理论，本属于当代公共管理学的最新基础理论，它向当代公共管理人士展现出其与传统管理理论相比较而言的诸多特色：治理主体的"多元化"与管理主体的"一元化"；治理手段的"多元化"与管理手段的"单一化"；治理主体各方地位的"平等性""协商性"与管理主客体双方地位的"不平等性""服从性"等等。然而治理理论的魅力远不止这些特色的惊艳，它的更大惊喜来源于向各管理学学科实践层面的推进，当代中国公共管理实践领域频频传来捷报，各种治理理论指导下的应用研究方兴未艾：社区治理红红火火，基层治理大刀阔斧，边疆治理稳步推进，环境治理任重而道远，等等。

同样需要指出的是：应用研究学术论文的研究方法一般以实证方法为主，它必须通过若干实证方法，如调查法、观察法、行为法、统计法、测量法等去获取特定研究对象的实证数据，再根据一定数据模型进行数据分析并得出实证结论，然后结合特定学科的基础理论通过逻辑推理得出应用对策建议。在这一创新过程中杜威实用主义哲学的"大胆假设，小心求证"思想应该是这一创新模式的核心。根据基础理论的基本原理大胆假设该理论在特定实践层面的应用成效，再利用实证方法去获取大量实证数据，进而将基础理论列为大前提，实证数据分析结论为小前提，一个合理、科学、完整的三段论逻辑推理求证过程向人们展示了形式逻辑三段论推理论证方式的完美魅力。

3. 综合研究学术论文

所谓综合研究学术论文，是指基础研究和应用研究综合运用的一种复合型学术论文。它首先要对特定学科特定领域的基础理论进行研究，并得出相关研究成果，同时还必须将相关研究成果运用到具体实践层面去检验该基础理论的正确性、合理性和科学性，并不断拓宽应用指导的领域。此类学术论文具有两大特点：理论性和实证性兼备。前者是指其在基础理论研究方面的特色；后者是指其在应用研究方面的特色。因此综合研究学术论文的写作难度是非常大的，常见于高级别课题的最终成果以及硕士、博士学位论文的写作当中。这类学术论文对研究人员的研究水平、经验和专业知识的储备要求非常高，一般不适用于本科生的学士学位论文。但值得一提的是，虽然综合研究学术论文的写作难度大，但其创新度在三种学术论文中却往往是最高的。它首先要进行基础理论研究，这类学术论文的基础理论研究部分往往很少有现成成果借鉴，它需要研究者通过概念构建、命题构造和理论模式搭建来完成基础理论模式的研究，所以其创新度非常高，往往达到了三颗星的程度。但基础理论研究只是综合研究学术论文写作的第一步，它的研究必须延伸至实践层面的应用研究中去：一则必须通过实证研究检验其正确性、合理性和科学性；二则必须探究其在实践层面的指导性和应用价值。如西方管理学中的行为主义，就是诸多学者通过综合研究集体贡献给当代管理学的一座丰碑。在此我们仅以西蒙为例加以证明。西蒙认为："在一门科学能够创立原则之前，首先必须具备某些概念。例如，在重力定律得以形成之前，必须先具备'加速度'与'质量'概念。因此，行政学理论的首要任务就是要建立一系列能够从理论角度描述行政问题的概念。"[①] 这种概念并不包含特定学科的实质性理论，而是用来研究特定学科，并建立特定学科相关理论和原则的一种工具，一般称为"概念工具"。西蒙《行政学》中的有关理论就是用来提出其研究行政学的特定概念工具。其实要单独从学术领域这一角度去评价西蒙的学术地位非常不容易，因为其著作涉及政治学、行政学、管理学、经济学以及心理学等诸多学科领域。但无论如何评价，行政家的称号对他而言是当之无愧的，因为他开创了当代行政学研究的一个新纪元。美国著名行政学家沃尔多认为，西蒙的《行政行为》是"传统行政学派与行为主义行政学派的重要分水岭。自从此书问世起，西方行政学便开始迈进了一个新的时代，即以科学化的概念、实证的研究方法来取代传统的、充满含混命题和教条化陈述的内容。"[②]

需要指出的是，综合研究学术论文不仅研究内容是综合的，既涉及基础理论研究，也涉及应用研究，而且其研究方法也是综合性的：既有文献研究方法，主要体现在基础理论研究部分；更有大量的实证研究方法，主要体现在应用研究部分。正是多种研究方法的综合运用，才使综合研究学术论文的价值性、创新性迈上一个新的台阶。

三、按学术论文研究方法的不同划分

1. 研究报告

所谓研究报告，是指记录、记载特定实证研究或者实验过程及其相关结论的一类学术论文。研究报告这类学术论文在学术界的运用非常广泛，主要分为哲学人文社会科学领域中的调查报告和自然科学领域中的实验报告两大类。作为主要介绍政法类专业论文的教材，我们主要分析一下调查报告这类研究报告。所谓调查报告，就是记录、记载特定实证研究过程和相关结论的一种研究报告。调查报告这种研究报告形式，在哲学人文社会科学领域中的运用十分广泛，法学、管理学、经济学、社会学等学科更是司空见惯，因为这种学术论文形式具有以下四大方面的特点：

一是选题的实用性强。作为调查报告的选题，绝不会是纯基础理论方面的选题，而是应用层面中亟待解决的现实热点问题，此类选题的现实价值十分突出。如法学学科中某个法律颁布后的社会反响方面的实证分析；政治学领域中某些政治活动的实证分析；经济学领域中某些经济活动的实证分析；管理学中某些管理活动的实证分析；社会学中某些人类行为的实证分析，等等。

二是研究方法主要以实证研究为主。调查报告的写作虽然也离不开文献研究方法，因为需要通过文献研究来收集、分析与选题有关的相关研究成果，但调查报告的研究方法却主要

---

① [美]西蒙：《行政行为》，麦克米兰出版公司 1957 年版，第 37 页。
② 丁煌：《西方行政学理论概要》，中国人民大学出版社 2011 年版，第 118 页。

以实证研究方法为主，再具体点就是以调查法为主要研究方法。这个研究方法在后面第七章"政法类专业论文学术研究资料的获取方法"中会有详细介绍。通过一定调查手段，研究者首先掌握大量实证数据，再运用一定数据分析模型对相关数据进行分析并得出具体结论，最后才能结合基础理论给出具体的对策建议。

三是客观性十分突出。调查报告的客观性是指调查报告的实证数据在获取时必须是客观的，不能有任何人为的主观的设想、先入为主和评价，否则它就不是一篇科学的调查报告。这个客观性要求研究者在采用调查方法时尽量使用客观性强的调查方法，如随机法，从而避免因先入为主给调查对象的暗示、启发，甚至误导而影响实证数据的客观性。

四是写作格式非常严格。调查报告写作格式要求的严格性主要是指调查报告对文章总体内容构成及各部分具体内容均有严格的要求，不能像一般性学术论文那样可以随心所欲地安排。对于调查报告与一般性学术论文在格式上的区别，许多本科学生在撰写毕业论文时根本不予重视，通常的表现就是选题类型明明属于调查报告，但其写作格式却往往是标准的一般性学术论文，完全不是一篇合格的调查报告。对此类毕业论文，我们在最终的答辩环节通常不予通过，而是要求学生按调查报告的格式起先修改，重新参加答辩。

调查报告格式的具体要求如下：

（1）引言。

这是调查报告必须具有的基本内容，不像一般性学术论文那样可有可无。因为引言对于调查报告而言非常重要，没有该部分内容，其后的数据及数据分析部分就成了无本之源，其真实性、客观性、合理性均无从保障；同时对策建议部分也会失去针对性。调查报告的引言必须包含以下四个方面的具体内容：

一是调查的目的、意义。

二是调查的具体对象及其抽样方法，必须具体、明确、详实、客观。

三是调查方法及其过程的确定，这是引言中最关键的内容，是保证数据获取客观性、真实性、合理性的关键性前提。

四是研究假设。对于研究假设，许多调查报告写作者不甚了解，认为可有可无。研究假设不同于研究目的，研究目的是研究者事先可以明确确定的，如"为了了解《中华人民共和国林业法》在民族地区的实施情况"；但研究假设则是研究者对于研究对象及其研究结论的一种假设，它在调查报告形成前仅仅是一种假设，是研究者的一种事前判断，至于是否科学、合理，必须用调查数据和数据分析来加以证明。如笔者认为，"《中华人民共和国林业法》在民族地区的实施过程中遇到的最大障碍就是民族地区民众对收入的渴望心理"，这就是一个标准的研究假设。研究假设虽然只是研究者事前的一种主观判断，但它对调查报告的意义非同一般：

首先是可以明确调查报告的主旨，类似于一般性学术论文的中心观点。许多学生将此功用与研究目的混为一谈，从而使调查报告失去了眼睛和灵魂。没有研究假设，调查报告的对策建议将彻底失去针对性而成为毫无意义的有感而发。

其次是可以为问卷设计提供研究变量和数据统计分析标准。一般的调查报告研究方法中都离不开问卷调查，这是一种客观性非常强的调查方法，也是获取研究对象实证数据的主要方法。然而在设计调查问卷时，尽管许多学生已经掌握了问卷设计的基本原则，但由于没有掌握研究变量，从而使调查问卷的设计非常开放，往往涉及的问题非常多，没有一个中心；同时由于没有研究变量，在数据统计与数据分析时就会显得杂乱无章，重点十分不突出，许多可有可无的数据大量充斥在调查报告中,从而冲淡调查报告的主题。只有形成特定的研究变量,才能围绕研究变量来设计问卷、统计数据和分析数据。

需要指出的是,与一般性学术论文只能有一个中心观点一样,调查报告中的研究假设最好也只有一个。当然调查报告由于获取实证数据的需要,适当增加研究假设也是可能的,但这需要满足两个前提条件:一是研究假设最多只能有两个;二是两个假设之间必须有很强的关联性,切忌在一个调查报告中出现两个毫不相干的研究假设,它会使问卷设计和数据统计、分析变得十分困难。

(2)实证数据及其分析结论。

这是调查报告中的主要部分,主要反映调查中获得的各种实证数据及其分析结论。这部分在内容及形式上均有严格要求。就内容而言,首先必须围绕研究变量来展开和罗列实证数据;其次是在阐述时切忌任何主观的评价,只能是客观的统计;最后是必须有点和面两方面的数据,才能形成完整的数据链条。就形式而言,切忌全部用文字阐述,而是必须使用各种数据量表,如 WORD 表格、坐标图、饼状图、柱状图、曲线图,甚至三维图均可以大胆使用,给人一种实证数据丰富多彩的感觉。

(3)对策建议。

一些对调查报告不了解的本科学生把前述的数据分析结论与对策建议混为一谈,经常直接把数据分析结论作为对策建议提供给读者,这是一种严重误读。数据分析结论是研究者依据一定数据模型对实证数据的一种客观性非常强的分析;而对策建议则是研究者依据一定的基础理论,结合实证数据分析结论进行逻辑推理而得出的一种主观性较强的结论,并提供给读者借鉴和思考。如果说基础理论是三段论推理中的大前提,则实证数据分析结论就是小前提,两个前提通过一定逻辑推理结合在一起,才会形成具有一定科学性的主观结论。如我校2005级思想政治教育专业一名学生撰写的毕业论文:《乐山市大学生消费水平的实证分析》一文,这是一篇标准的调查报告,作者主要采用问卷调查法作为研究方法,运用随机抽样方法对1000名乐山市在校大学生进行了问卷调查。应该说其研究方法、研究对象的确定、实证数据获取和分析均不存在问题,其问题恰恰就出在对策建议部分。他的实证数据表明,在2008年乐山市大学生月消费情况是:20%左右的学生月消费在1000元以上,最高达4000元;20%左右的学生月消费在300～500元之间,最低的只有200元;而高达60%左右的学生月消费在600～800元之间。这本来只是实证数据分析结论,但作者却直接将它作为对策建议,认为据此可得出乐山市大学生月消费水平适中,绝大多数大学生的消费观念非常理性,应继续保持和颂扬此种消费观念。这样的对策建议让读者一头雾水,完全是一种强加给读者的感觉。认为乐山市大学生消费观念非常理性的理论依据是什么?仅凭现实依据就能得出该结论吗?答案是否定的。作者忽略了非常重要的一个理论问题:评价一个人消费水平的理论依据是什么?很明显这个理论就是家庭消费理论,因为在校大学生绝大多数并没有参加工作,而是学生身份,他的每一分支出都属于他所在的家庭的开支,因而评判一个在校大学生消费水平就必须结合他家庭的收入和家庭的组成情况来进行分析。按照西方微观经济学的家庭消费理论,如果能按照"三三制"进行消费的家庭,其消费就是理性的,即一个家庭应将其总收入划分为三大部分:一部分是消费基金;一部分是储蓄基金;一部分是投资基金。如一个家庭三个成员,父母工作,儿子读大学,家庭收入每月12000元,这个家庭每月的理性消费就是这样:4000元消费基金;4000元储蓄基金;4000元投资基金。而在4000元消费基金中,3名家庭成员各自拥有 1/3，即每人每月 1300 元消费基金，作为大学生的儿子也是如此。这是非常理性的一个家庭消费模型，但到了作者手中却成了高消费典型。值得重视的是，调查报告虽然主要研究方法是实证研究法，但并不意味着调查报告不需要理论，恰恰是在对策建议部分必须有特定的、成熟的学科基础理论作支撑，否则对策建议的得出就非常勉强，也不能令人信服，前述论文范例就是最好的证明。

2. 一般性学术论文

一般性学术论文从内涵上讲就是其研究方法主要采用非实证研究方法的一类学术论文；从外延上看则是除开研究报告外的一类学术论文，此类学术论文的特点在前述学术论文的特征中已描述得十分清楚。

不过值得注意的是部分学术论文的选题可能介于两者之间，即研究报告与一般性学术论文之间，如《当代大学生消费水平的实证分析——以乐山市为例》一文。此类选题笔者建议仍把它归入一般性学术论文当中，而不是作为研究报告，理由是以某地为例本身无可厚非，但作为调查报告的话，则其抽样调查样本数量明显不科学、不合理。但此类选题的研究方法则是综合性的，除文献研究法外，实证研究方法也必不可少，否则其实证数据来源会失去客观性和现实性。

四、按学术论文写作目的的不同划分

1. 学位论文

根据《中华人民共和国学位条例》的规定，"凡是拥护中国共产党的领导、拥护社会主义制度，具有一定学术水平的公民，都可以按照本条例的规定申请相应的学位"。因此学位论文是指符合相关学位授予条件的本科生、硕士研究生和博士研究生为申请相关学位而撰写的学术论文。

学位论文作为一种具有特殊功效，即可以申请相关学位的学术论文，具有自己的一些特殊属性：

首先是对研究者要求较高。根据《中华人民共和国学位条例》第四条的规定，高等学校本科毕业生，成绩优良，达到下述学术水平者，授予学士学位：

（一）较好地掌握本门学科的基础理论、专门知识和基本技能；

（二）具有从事科学研究工作或担负专门技术工作的初步能力。

第五条，高等学校和科学研究机构的研究生，或具有研究生毕业同等学力的人员，通过硕士学位的课程考试和论文答辩，成绩合格，达到下述学术水平者，授予硕士学位：

（一）在本门学科上掌握坚实的基础理论和系统的专门知识；

（二）具有从事科学研究工作或独立担负专门技术工作的能力。

第六条，高等学校和科学研究机构的研究生，或具有研究生毕业同等学力的人员，通过博士学位的课程考试和论文答辩，成绩合格，达到下述学术水平者，授予博士学位：

（一）在本门学科上掌握坚实宽广的基础理论和系统深入的专门知识；

（二）具有独立从事科学研究工作的能力；

（三）在科学或专门技术上做出创造性的成果。

其次是选题的专业性非常强。作为申请相关学位而撰写的学位论文，其专业性要求非常高，不仅要求符合一级学科的范围，甚至二级学科的范围也必须符合。如一名法学专业本科学生撰写学士学位论文，就绝对不能只符合一级学科范围的要求，因为法学一级学科的外延非常宽泛，如政治学也是法学一级学科范围。一名法学本科学生选择政治学作为自己学士学位论文选题就可能偏离自己的专业方向。如《村民自治中的民主决策机制探析》这个选题就不能作为法学本科专业学生学士学位论文的选题，因为该选题与法律规范的制定、适用完全不沾边。我们在答辩中也曾碰到过关于学生撰写的学士学位论文是否属于所在专业范围的争执问题。我校政法学院2007级思想政治教育专业一位本科毕业生撰写的毕业论文的选题是：《〈红楼梦〉中的家庭性心理及其现实启迪》，结果在小组答辩时答辩小组一致认为虽然该篇文章总体非常优秀，但该选题属于文学范围，不属于思想政治教育专业所在的学科范围，因此答辩不予通过。该名学生不服答辩小组意见，向学院学生毕业论文指导小组提出申诉，认为该选题属于文化研究领域，而文化研究恰恰是思想政治教育专业的学科范围。学院学生毕业论文指导小组经认真核查并投票表决，最终以7：2（7票认为选题属于思想政治教育专业所在的学科范围，2票认为选题不属于思想政治教育专业所在的学科范围）的投票结果纠正了答辩小组的答辩结论，认为该选题属于思想政治教育专业所在的学科范围，答辩予以通过。

再其次是写作的规模都比较大。学术论文的写作规模是指学术论文的篇幅，一般性学术论文对写作规模虽没有统一的规定，但一般均在5000字左右。但这个标准对学位论文而言明显偏低。作者所在的乐山师范学院，在2006年教育部本科教学水平第一轮评估前对学士学位论文写作规模的要求是6000字。结果在评估过程中被专家界定为规模偏小，建议学校将本科生学士学位论文的写作规模重新规定为8000字，在这以后8000字的本科生学士学位论文的写作规模标准一直延续至今。

其实写作规模不单是对篇幅的要求，其中内在地包含了对相关学科基础理论及其运用的要求，如此一来写作规模大幅提高便是题中之意。从各个高校实际要求来看，本科生学士学位论文的写作规模一般在6000~8000字；而硕士学位论文的写作规模则高达1万~3万字；博士学位论文的写作规模更是达到5万~20万字，俨然一部学术著作的规模。

最后是写作程序和写作格式的要求非常严格。由于学位论文功能的特殊性，即用于申请相关专业学位，因此各个高校对学位论文写作的程序和写作格式的要求都非常严格。前者在后文"政法类专业论文写作的主要环节"一章中会做具体介绍；后者会在"政法类专业论文的基本格式规范"一章中介绍，附录一给出了某师范学院毕业论文（设计）规范化要求。就写作程序而言，写作诸环节中具有重大意义的是两大环节：一是开题报告；二是答辩。这两个环节是写作程序中对写作者或申请者要求最高的环节。一旦其中任何一个环节没有通过相关要求，则无法取得相关学位。对于开题报告，各个高校均要求必须通过指导教师和特定管理机构的认同才能开始初稿的写作，个别学校，如四川大学的博士学位论文的写作过程中甚至要求申请者必须进行开题报告的答辩，其答辩标准和正式学位论文的答辩标准一致。虽然学士学位论文写作过程中一般在开题报告这个环节不会进行答辩，但同样要求开题报告必须通过指导教师和二级学院（系）论文指导小组的共同认可。我们所在的乐山师范学院政法学院就曾在该环节由学院毕业论文指导小组对由指导教师通过的开题报告进行抽查而否决了部分学生的开题报告，打回要求学生重新完善。

就写作格式而言，各个高校都有自己的特殊要求，包括字体、字号、注释、内容等诸方面。其中值得探讨的是关于文献综述是否应该成为学士学位毕业论文中的必备内容。部分博士研究生教师在指导本科生毕业论文时，把硕博士学位论文的格式强加给本科学生，结果导致在部分学生学位论文中，文献综述部分占了相当大的内容。如一篇8000字左右的毕业论文，其文献综述部分就占了一半，论文本身篇幅只有4000字。我们认为，在学士学位论文写作中，即使是要求必须有文献综述部分，那么该部分可以作为整个论文的一个组成部分，但该部分绝对不能作为学士学位论文本身的篇幅，否则就会本末倒置，使论文正文部分篇幅过小而在篇幅控制当中犯重点不突出的错误。

2. 会议论文

所谓会议论文，顾名思义就是指为参加特定的学术会议而撰写的学术论文。会议论文的写作目的非常明确，就是参加特定的学术会议。在学术界，为加强同行学者之间的沟通与交流，特定的机构都会通过举办相关学术会议的形式开展学术交流，这个特定的机构一般是指学会。我们所在的四川省乐山市，就政法学院这个背景机构而言，就有省市两级的各类学会，如四川省法学学会、政治学学会、管理学学会、社会学学会、哲学学会等，以及乐山市法学学会、哲学学会等多家学会存在和开展学术活动。这些机构会定期，一般是一年举办一次学术会议。在召开会议前的一段时期，通常为半年左右，会组织学会理事机构进行一次常规管理层会议，主要确定当年学术会议的主题，并通过会议通知的方式通知参会学者先期围绕会议主题进行会议论文的写作。因此会议论文一般具有以下三个方面的特点：

一是选题非常新颖。学术会议每年召开的周期性决定了每年会议确定的主题必须是时下最迫切需要解决的理论问题或者实践问题，因而参会者提交的会议论文的选题肯定是最新颖的选题，学术会议绝不会去讨论所在学科一些陈旧的问题。学术会议论文选题的新颖性使得该类学术论文在研究中的参考价值放大许多倍，以至于像CNKI这样的专业性学术论文数据库也建立了专门的会议论文数据库对时下重要的学术会议中交流的高质量会议论文进行检索。

二是写作的规模不大。前面提到过一般公开发表的论文字数在5000字左右，但学术会议论文的写作规模往往更小，一般在2000～4000字左右。其中的原因主要有两点：一是出于知识产权保护的需要。会议论文一般没有公开发表，所以在交流中如果过于详实，将来一旦涉及知识产权纠纷在举证方面会对作者非常不利；二是由于会议讨论交流时间的限制。一般的学术会议均控制在三天左右，一天报到，一天半会议，半天离会。其中的一天半会议通常有开幕式、闭幕式、主题发言和分组讨论四个环节。其中的主题发言一般安排在开幕式后，大约有两个小时左右的时间，发言者一般只有十分钟发言时间，所以作者只能对会议论文做一个大致的介绍。而分组讨论虽然有半天时间，但由于人数众多，每位参会者发言的时间则更短，通常只有五分钟左右的时间，所以也只能简单介绍会议论文的观点及论据。

三是一般没有公开发表。虽然也有部分学者持已公开发表的论文参会，如笔者就在2014年四川省政治学年会上以2009年公开发表在《社会科学研究》第4期上的论文《科学发展观视野下的"多元"乡村治理模式研究》做了10分钟的主题发言。其中原因就是2014年四川省政治学学会确定的年会主题就是"基层治理"。但大部分参会者往往并没有公开发表过与当年会议主题一致的学术论文，而只是根据当年会议主题进行论文写作，一般还来不及公开发表。但会议论文的非公开发表性并不意味着其价值的低下性，恰恰相反的是，正是由于这类论文的新颖性及借鉴性十分突出，其学术价值往往超出人们预期。

3. 咨询性学术论文

所谓咨询性学术论文，是指研究一方接受委托一方委托的特定研究项目开展科学研究并撰写的学术论文。在目前的现实技术创新中，有相当一部分创新愿望来自社会的需求。正是社会的需求推动着技术创新和学术创新。如人工智能的开发正是源于社会对自动化、智能化的需求，无论是机器人的产生，还是无人机的出现，以及各类自动驾驶交通工具的诞生无不如此。当社会有了某种创新需求后，就会把这种创新的工作使命赋予特定的研究机构和研究人员。作为委托方的主体，其外延是非常宽泛的，既有政府方面的管理机构，也有企事业单位，还有各种非政府组织。这类学术论文通常会通过类似科技开发合同的方式来确定双方在研究过程中的权利和义务。

就委托方而言，其权利是提出科学研究的项目、内容、进度，以及成果要求；而其义务则是提供研究经费和费用，并配合研究者的研究工作。就研究者而言，其权利是获得研究经费和费用；其义务则是按照规定的研究项目、研究内容保质保量地按时完成研究任务。在目前大力提倡"校地合作"的大环境下，高校越来越多地通过科技开发合同加强与地方的科技创新合作。

咨询性学术论文一般具有以下三个方面的特点：

一是选题的实用性非常强。作为科技开发合同中的标的，委托方委托的研究项目一般是现实中急需解决的各类难题，其现实性、实用性非常强，很少有纯基础性理论方面的委托项目。

二是研究周期比较短。作为委托项目，受实用性功用的影响，一般研究周期都比较短，短的只有半年，一般为一年，稍长一点的也不会超过两年。笔者所在单位与乐山市开展的校地合作项目，其研究周期均在两年以内。就连级别较高的省部级项目，如四川省哲学社会科学规划年度项目的研究周期都只有一年。研究周期的短期性要求研究者在接受委托后，必须立即组建强有力的研究团队，并迅速制定科学、合理、高效的研究方案开展研究工作，以确保在短期内完成高质量的研究成果。

三是成果形式一般为研究报告。这个特点主要针对哲学人文社会科学领域内的咨询性学术论文。因为咨询性学术论文选题的实用性和研究周期的限制性，哲学人文社会科学领域内的委托项目的研究成果一般不采用一般性学术论文的形式，而是采用研究报告的形式。采用研究报告作为委托项目的研究成果有以下两个方面的优势：一是能够保证按时完成委托项目。因为研究报告无需公开发表，可以节省发表时间。二是能够保证研究项目的实用性和现实性。研究报告通过各种实证研究方法，如调查法、观察法、行为法、统计法等掌握研究对象的各种实证材料，再通过研究者的各种理论分析和数据分析，就能为委托方提供实用价值非常高的研究成果。

4. 公开发表学术论文

所谓公开发表学术论文，是指为在特定的刊物、报纸上公开发表而撰写的学术论文。在实际学术研究领域，学者们为了一些特殊的目的而必须在刊物、报纸上公开发表学术论文，如年度考核、职称晋升、项目研究等。一般说来，能公开发表的学术论文肯定比不能公开发表的学术论文质量高一些。然而在学术界，衡量一篇学术论文价值高低的标准绝不仅仅是是否公开发表，其判断标准十分复杂。

就已公开发表的学术论文而言，首先有一个行政级别的划分，即省级和国家级刊物的区别，显然发表在国家级刊物上的学术论文一般情况下都比发表在省级刊物上的学术论文价值高。如笔者所在的乐山师范学院主办的刊物——《乐山师范学院学报》就是一个标准的省级刊物。而像《中国哲学》《法学研究》之类的刊物则是标准的国家级刊物。

其次是核心期刊与一般刊物的区别。显然发表在核心期刊上的学术论文比一般刊物上发表的学术论文价值高很多。如四川省社会科学院主办的《社会科学研究》就是一个老核心期刊。

再次，在核心期刊中相当一部分高校又做了细致的层级划分。如笔者所在的乐山师范学院，就对核心期刊按照学院的理解做了 ABC 三类核心期刊的划分：文科 A 类核心期刊为《新华文摘》《人民日报》《光明日报》理论版，以及各类学科一级刊物，如《中国哲学》，其奖励金额高达 10 万元；而文科 B 类核心期刊则有像《人大复印资料》及学科二级刊物和 CSSCI 类刊物，如《社会科学研究》，其奖励金额在 1000～5000 元；AB 两类核心期刊外的核心期刊则为 C 类核心期刊，没有奖励。ABC 三类核心期刊的划分有无必要我们姑且不论，但即使是核心期刊也存在价值量的差异却是不争的事实。

最后，还有一个新的判断标准，即转载影响因子的差别。这个差别针对的是所有公开发表的学术论文，而不是仅仅限于核心期刊。一篇文章公开发表后，其学术层面的影响便悄然展开，一些专业性学术论文权威检索机构，如美国三大自然科学权威检索机构，SCI、EI、ISTP 会定期追踪国际最新自然科学研究成果，并把它们纳入检索数据库公诸于世，供研究人员在研究过程中参考，从而推动相关领域的学术研究和学术创新。我国人文社会科学索引数据库主要有《新华文摘》、《人大复印资料》以及 CSSCI 三大索引数据库。凡是能够被这些权威检索机构索引的学术论文，其质量均是非常高的，基本上属于世界和国内先进水平。笔者所在的乐山师范学院为增加学术影响，不惜花巨资重奖索引论文，如《新华文摘》全文检索学术论文，一篇就奖励 10 万元；《人大复印资料》全文检索一篇奖励 5000 元；美国三大自然科学权威检索机构，SCI、EI、ISTP 检索的学术论文，每检索一次就奖励 10000 元。

第二章 政法类专业论文概述和种类

第一节 政法类专业论文的概念与特征

一、什么是政法类专业论文

政法类专业论文是指政法类各专业的研究者,包括教师、研究人员、各层次学生就本专业学术性问题进行研究后所撰写的,描述学术研究成果,进行学术交流的文章。

何谓政法类专业,首先需要了解何谓政法。政法,即政治法律的简称,从字面意思来看,指的是与政治和法律相关的事物。因此,所谓政法类专业,当然最主要的即包括政治学和法学专业。不过,本教材所指的政法类专业,范围并不局限于政治学与法学这两个专业。

教育部制定的《普通高等学校本科专业目录(2012年)》是指导高等学校设置和调整专业、实施人才培养、安排招生、授予学位、指导就业,进行教育统计和人才需求预测等工作的重要文件。在该文件中,将所有的大学专业分为12个大学科门类,包括:哲学、经济学、法学、教育学、文学、历史学、理学、工学、农学、医学、管理学、艺术学。其中法学门类中又包括法学、政治学、社会学、民族学、马克思主义理论、公安学六大专业类。每一专业类下分别设置数量不等的基本专业。[①]除基本专业设置外,六大专业类下法学类、政治学类、社会学类及公安学类还分别设置了特设专业。[②]

因此,从教育部《普通高等学校本科专业目录(2012年)》中的专业设置来看,并未独立设置政治学门类,政治学专业属于法学门类中的一类基本专业。所以,从广义上而言,所谓政法类专业即指上述法学门类中的所有专业。

此外,管理学门类下的公共管理类专业,虽然不属于法学门类专业,但因此类专业与法学、政治学、社会学等专业在研究方法、研究内容、研究领域、基本理论等方面存在诸多相通之处,因此许多高校在设立院系时,均将公共管理类专业与法学、政治学类专业归于一个院系,以达到教学科研的最佳效果。本教材基于同样理由,将公共管理类专业也归于政法类专业之中。公共管理类专业下设行政管理、劳动与社会保障等12个基本专业和4个特设专业。[③]

[①] 其中法学类下设法学专业;政治学类下设政治学与行政学、国际政治、外交学专业;社会学类下设社会学、社会工作专业;民族学类下设民族学专业;马克思主义理论类下设科学社会主义、中国共产党历史、思想政治教育专业;公安学类下设治安学、侦查学、边防管理专业。

[②] 法学类下设知识产权、监狱学专业;政治学类下设国际事务与国际关系,国际文化交流,欧洲事务与欧洲关系,东亚事务与东亚关系,国际事务、政治学、经济学与哲学专业;社会学类人类学,女性学,家政学专业;公安学类下设禁毒学,警犬技术,经济犯罪侦查,边防指挥,消防指挥,警卫学,公安情报学,犯罪学,公安管理学,涉外警务,国内安全保卫,警务指挥与战术专业。

[③] 12个基本专业包括:公共事业管理、公共管理、公共安全管理、国防教育与管理、应急管理、高等教育管理(部分)、职业技术教育管理、行政管理、公共政策学、劳动与社会保障、土地资源管理、城市管理;4个特设专业包括:海关管理、航运管理、海事管理、公共关系学。

综上所述，本教材所称政法类专业，即教育部《普通高等学校本科专业目录（2012年）》中法学门类下设置的专业和管理学门类下公共管理类下设置的专业。相应地，本教材所谓的政法类专业论文即以上各专业的研究者，就本专业学术性问题进行研究后所撰写学术性文章。

二、政法类专业论文的特征

不同专业的学术论文各有其不同的特点，就政法类专业论文而言，有以下几个特征：

第一，专业上的特指性。专业上的特指性指的是政法类专业论文仅限于上述政法类专业的研究者所撰写的研究本专业理论与实践问题的论文。每一个不同专业的学术论文，其研究的主题必须是限于本专业范围之内，如法学专业论文研究的主题是法律问题，行政管理专业研究的主题是行政机关的行政管理制度，犯罪学专业研究的是犯罪现象。

第二，研究内容上的多样性。政法类专业的复杂性决定了政法类专业论文在研究内容上的多样性。政治、法律、行政管理、国际关系、社会问题、公安、犯罪等都可以作为政法类专业论文的研究内容。

而且，由于这些研究对象本身之间的相互联系，不同政法类专业的论文的研究对象常常是复合性的，在以本专业相关问题作为研究主体的同时，还会涉及其他专业的问题。例如，法学专业论文的研究对象往往并不局限于法律问题，社会问题、政治制度、行政管理制度等也会是其研究的内容；社会学专业论文在主要关注社会问题的同时，分析其背后的法律、政治、行政管理体制原因也往往是研究的重要组成部分；行政管理专业论文在研究行政管理制度的同时，也常常会涉及行政法律制度的问题。如在一篇题为《政府部门在食品安全监管中运用"钓鱼执法"手段的可行性研究》的论文中，作者虽然是从行政管理的角度研究"钓鱼执法"的问题，但在法治政府的背景之下，这一研究必须在行政法律制度的框架内展开，所以作者在论文中花费大量篇幅对"钓鱼执法"可以适用的范围以及适用的条件和程序的法律制度进行详细分析。

所以，政法类专业论文从研究内容上来看，往往不是单一的，而是复合性的，这就要求我们在撰写某一专业的学术论文时，不仅要有该专业的理论知识，也必须具备一定的相关专业的理论基础。

第三，研究方法上的复合性。政法类专业的学术论文，研究的对象虽然各不相同，但都涉及政治、公共管理、法律、社会等问题，这些研究对象之间本身又存在着密切的联系，因此，在研究方法上，各政法类专业的学术论文所采用的方法差异不大，而且为更深入地对主题进行研究，在撰写学术论文时，常常采用多种研究方法。如法学专业的论文，常常综合采用个案分析、调查、规范分析等方法；政治学专业论文，常常采用文献研究、定性分析、比较分析等方法。

对政法类专业而言，学术论文的研究方法主要有以下几种：

1. 实证研究法

实证研究法是指通过观察认识客观现象，并通过抽象归纳出具有普遍意义的结论的方法。实证研究法的重点是研究现象本身"是什么"的问题，其研究过程是通过观察分析现象，并归纳出事物本质和发展规律的过程。实证研究常常采用调查、实验、个案分析等方法。《中国法院院长角色的实证研究》①一文采用的就是这一方法，作者首先通过问卷调查

---

① 左卫民：《中国法院院长角色的实证研究》，载《中国法学》2014年第1期。

的方式收集信息,然后分析这些信息并归纳我国法院院长承担角色的规律,最后分析产生这一结果的原因。

2. 规范研究法

规范研究法是与实证研究法相对应的一种研究方法,与实证研究法不同,规范研究法是指首先为研究对象确定相应的准则(价值判断),然后根据这些准则对研究对象进行分析。规范研究运用的是演绎的方法,先有价值判断然后再用这些价值判断去分析、衡量研究对象。如《可能生活的证成与接受——司法判决可接受性的规范研究》[1]一文作者从可能生活的角度对司法判决的可接受性标准进行了研究,其所采用的就是规范研究法。

3. 定性分析法

定性分析法是指对研究对象的本质进行的分析。其主要运用归纳、演绎、分析、综合、抽象、概括等方法,对所获得的各种研究材料进行思维加工,依据作者主观的理解和定性揭示事物本质和内在规律。学术研究作为探索事物本质和客观规律的活动,对研究对象进行定性分析是其最重要的内容,所以定性分析法是学术论文尤其是哲学社会科学各学科学术论文最重要的研究方法。如《法律监管抑或权力监管——经济法"市场监管法"定性分析》[2]即采用了定性分析法,分析了经济法的市场监管法这一本质属性。

4. 定量分析法

定量分析法是指通过对研究对象在规模、大小、范围、程度等方面的数量关系的分析研究,运用数学方法分析和揭示事物间的相互关系、变化规律和发展趋势,以达到对事物的正确解释和预测的一种研究方法。定量分析法在自然科学、经济学领域常常使用,在其他学科中定量分析也是重要的研究方法之一,如《法律中的二八定理——基于被告人认罪案件审理的定量分析》[3]一文属于法学专业论文,其采用的主要研究方法就是定量分析法。

5. 调查法

调查法是社会科学研究中最常用的方法之一。调查法是指有计划、有目的地搜集有关研究对象的材料,并对通过调查搜集到的材料进行分析、比较、归纳,从而发掘事物的客观规律。调查法所运用的具体方法包括:

(1)现场观察。现场观察又分为不介入的观察和参与式观察。不介入的观察是指观察者以一个中立的旁观者的身份,对某一事物进行观察,不与所观察的对象发生接触。而参与式观察则是指观察者本身就是某一活动的参与者,在其参与这一活动的过程中,同时进行观察。如《市场经济、空间演变与性:东北男同性恋群体的人类学观察(1980—2010)》[4]一文采用的就是不介入的观察方法,而《大河移民上访的故事》[5]采用的则是参与式观察方法,是作者对其在某县挂职副县长时参与的上访事件的观察总结。

---

[1] 张继成:《可能生活的证成与接受——司法判决可接受性的规范研究》,载《法学研究》2008年第5期。
[2] 陈婉玲:《法律监管抑或权力监管——经济法"市场监管法"定性分析》,载《现代法学》2014年第3期。
[3] 李本森:《法律中的二八定理——基于被告人认罪案件审理的定量分析》,载《中国社会科学》2013年第3期。
[4] 富晓星:《市场经济、空间演变与性:东北男同性恋群体的人类学观察(1980—2010)》,载《开放时代》2012年第4期。
[5] 应星:《大河移民上访的故事》,三联书店2001年版。

（2）深度访谈。深度访谈是指研究者直接与被调查者进行接触，通过谈话的方式，对研究对象进行调查。深度访谈与单纯的观察相比，研究者能够更直观地了解当事人对事物的认识、态度、感受。论文《志愿者的参与动机：类型、结构——对24名青年志愿者的访谈分析》①一文采用就是这种方法。

（3）问卷调查。问卷调查是指研究者将制作好的统一的问卷发给被调查人填写，以收集研究对象信息的一种方法。问卷调查是调查法中最常使用的一种方法，大多数实证性研究论文采用的都是问卷调查法。如《中国城市住房分层：基于2010年广州市千户问卷调查》②采用的就是这一方法。

6. 实验法

实验法是指根据研究目的，有计划地控制或创设条件，以主动引发或改变某些客观现象，并根据结果，揭示事物间因果关系的研究方法。其主要特点是：第一，主动变革性。无论前述现场观察法、深度访谈法还是问卷调查法，都是在不干预研究对象的前提下认识研究对象，发掘客观规律。而实验法则要求研究者主动操纵实验条件，人为地改变研究对象的存在环境、活动方式、思想观念等，使其与研究者的研究目的相匹配。第二，控制性。实验法要求研究者根据研究的需要，借助各种方法技术，减少或消除各种与研究对象无关的因素的干扰，以更准确地认识研究对象。实验法在自然科学领域是一种常用方法，在人文社会科学领域，近年来其影响也越来越大，许多学科都开始采用实验法开展研究。如论文《关系对联盟的影响——基于网络交换论的实验研究》③采用的即是此研究方法。

7. 文献研究法

文献研究法是指基于一定的研究目的，通过搜集、鉴别、整理文献来获得资料，并通过对文献的研究形成对事实的科学认识，从而全面地、正确地了解掌握所要研究问题的一种方法。文献研究法中的文献，既可以是历史文献，也可以是现代文献。如《新发现的清末京师城市管理法规研究》④一文中研究的文献就是历史文献，而《关于"中等收入陷阱"的文献研究》⑤一文研究的文献则主要是现代文献。

8. 个案研究法

个案研究法是指对某一个人、某一个组织、某一个群体或某一个事件，进行深入地调查分析，以了解其特点、发展演变过程和所存在的问题的一种研究方法。个案研究有三种基本类型：个人调查，即对某一个人进行调查研究；团体调查，即对某个团体或群体进行调查研究；问题调查，即对某个问题进行调查研究。如《NGO与政府合作中的自主性何以可能？——以上海YMCA为个案》⑥一文即是典型的个案研究论文，通过研究上海YMCA（基督教青年会）这一NGO（非政府组织），分析NGO与政府合作过程中自身的自主性问题。

---

① 吴鲁平：《志愿者的参与动机：类型、结构——对24名青年志愿者的访谈分析》，载《青年研究》2007年第5期。
② 刘祖云等：《中国城市住房分层：基于2010年广州市千户问卷调查》，载《中国社会科学》2012年第2期。
③ 刘军等：《关系对联盟的影响——基于网络交换论的实验研究》，载《社会学研究》2013年第6期。
④ 郭成伟等：《新发现的清末京师城市管理法规研究》，载《政法论坛》1994年第3期。
⑤ 田春生：《关于"中等收入陷阱"的文献研究》，载《国外社会科学》2012年第6期。
⑥ 姚华：《NGO与政府合作中的自主性何以可能？——以上海YMCA为个案》，载《社会学研究》2013年第1期。

9. 描述性研究法

描述性研究法是指将已有的现象、理论和规律进行叙述、解释，用学术性语言描述出来。描述性研究方法是对既有、理论的客观描述，不带有研究主的观点判断和态度，也不会总结、归纳规律。描述性研究的价值在于，通过描述客观对象，以引起他人的注意，进而对其进行深入研究。如《关于公布失信被执行人名单制度实施情况的统计分析》[①]一文即对北京市朝阳区人民法院公布失信被执行人名单制度的实施情况进行了全面的描述，并归纳了存在的问题。

10. 比较分析法

比较分析法是指通过与相似或相反的对象进行比较，对某一事物的内容、特点、规律或问题的方法。比较分析法在研究中经常使用，通过与相似或相反的对象的比较，研究者可以更深入地了解研究对象。如《中外劳动合同立法比较研究》[②]一文即采用了比较分析法，对中外劳动合同立法中的劳动合同法的主体、劳动合同的期限问题和解雇保护制度等进行了比较分析。

需要说明的是，上述研究方法并非都处于同一层次，我们可以将规范研究法与实证研究法置于第一层次，其他研究方法都属于第二层次。在一篇学术论文中，不同的研究方法是可以同时使用的。但由于学术论文篇幅所限，因此，一篇论文中的研究方法也不能过多，否则，对论文各部分的研究将无法深入，流于表面。

第二节 政法类专业论文的种类

上文已述，政法类专业种类很多，相应地，政法类专业论文的种类也非常多，鉴于很多专业开设学校较少，这里只就几类各高校开设较多的专业论文作简单介绍。

一、思想政治教育类专业论文

1. 概　念

思想政治教育类专业论文是指，以思想政治教育领域问题为研究对象，旨在解决该领域的理论与实践问题，由该领域的专家学者撰写的学术论文。

2. 特　征

思想政治教育类专业论文除学术论文所必须具备的科学性、创新性、学术性及理论性的特点外，还有以下特征：

第一，思想政治教育类专业论文的研究对象是思想政治教育相关问题。思想政治教育是指国家机关、社会团体和个人依据一定的思想观念、政治观点和道德规范标准，对社会成员进行有目的、有组织和有计划的影响和教育，使其使形成一定社会所要求的思想观念的活动。思政类专业论文的研究对象，就是研究在这一教育过程中涉及的理论与实践问题，如社会成员思想观念的现状、正确的思想观念的内容、政治观点的种类、道德规范标准的构建，以及教育方式、教育手段、教育效果等。

[①] 沈静等：《关于公布失信被执行人名单制度实施情况的统计分析》，载《河北法学》2016年第5期。
[②] 石美遐：《中外劳动合同立法比较研究》，载《环球法律评论》2006年第6期。

某校 2017 届思想政治教育专业本科毕业论文部分选题：
大学生迷茫的原因分析及应对策略
浅析网络语言暴力
高校校园暴力中思政教育缺位的研究
论感动中国对大学生的德育价值
对大学生消费价值取向的研究
民营企业思想政治工作问题研究
浅析家庭环境对中学生思想品德的影响
关于加强未成年人思想道德教育问题的研究
网络文化对高校思想政治教育的影响研究
大学生消费观念及对策
大学生对高校辅导员的角色认识与需求探析
韩城古城的开发与保护研究
大学生课余时间的调查与分析
当代大学生携笔从戎观的分析研究
大学生诚信问题的思考
浅析大学生参与高校民主管理的现状和对策
网络媒介对女性刻板印象的传播——以腾讯新闻为例
中学思想政治教育的个体价值及实现
浅析如何处理中学师生关系
浅谈思想政治教育在反腐中的地位和作用

第二，思想政治教育类专业论文的写作主体是与思想政治教育相关的人员。思想政治教育专业论文因其解决的是思想政治教育领域的理论与实践问题，因此，撰写思政类论文的作者应当是与思想政治教育相关的人员。具体包括：从事思想政治教育专业的研究与教学的人员、高校辅导员、中小学政治教师、思想政治教育专业学生及国家机关、社会团体中从事思想政治教育工作的人员。

二、公共管理类专业论文

1. 概　念

公共管理类专业论文是指，公共管理专业的研究人员以行政管理、劳动与社会保障、公共事业管理、公共管理中的理论与实践问题为研究对象而撰写的具有学术性和专业性的研究性文章。

2. 特　征

第一，公共管理类专业论文研究的对象是公共管理、行政管理、公共事业管理、劳动与社会保障等相关问题。公共管理类专业所包含的具体专业较多，其中各高校设置较多的有公共管理、行政管理、劳动与社会保障、公共事业管理。公共管理类专业论文研究的就是在公共部门对社会进行管理过程中涉及的理论与实践问题。如公共管理的主体、公共管理的模式、公共管理的机制、公共管理效率的提升、行政体制改革、劳动力资源管理等。

某校 2017 届行政管理专业本科毕业论文部分选题：
关于××市××县××镇农民集中居住点的实证研究报告
城市残障群体权益保障现状调查研究
我国基层单位公推直选领导干部模式研究分析——以乡镇政府为例
社会养老保险制度并轨对大学生择业影响的调查研究
公共危机管理中的政府与媒体的关系
城市"黑车"问题及其综合治理对策研究
我国西南农村地区"黑户"问题研究
"互联网+医疗"背景下县级公共卫生产品供给体制改革研究
政府部门在食品安全监管中运用"钓鱼执法"手段的可行性研究
政务微博对地方政府形象塑造的相关问题研究
中小城市社区问题治理的创新理论与实践
网络监督权对政府执政权威性影响的分析
论城镇化背景下乡镇政府治理面临的问题以及解决措施
公共服务均等化视角下关于偏远地区少数民族义务教育问题的思考
××市政府信息依申请公开的实证分析
政府对网络交易诚信缺失的监管研究
政府解决网购信息不对称问题的途径探索
中华人民共和国成立后四川嘉绒藏族女性地位变化中地方基层政府的作用
我国非政府组织参与公共危机管理的困境与对策
微博传播模式下公共危机管理的策略研究

某校 2017 届劳动与社会保障专业本科毕业论文部分选题：
城镇化背景下杜家坪村农村空巢老人养老困境与对策研究
××市××区失地农民社会保障政策执行现状研究
××县农民工社会养老保险问题及对策研究
医养结合模式下影响老年人选择养老机构的原因分析
××市大学生医疗社会保险存在的问题及对策研究
建立大学生失业保险制度的必要性分析
基于农民群体的视角延迟退休合理性研究
××市高校贫困生社会救助现状及问题研究
我国农村商业保险服务营销的信任问题
供给侧改革中的煤炭行业和失业保险：挑战与应对
××市医养结合现状及问题研究
我国农村社会养老保险的信任问题研究
××市城市失能老人医养结合养老模式研究
××市医养结合养老模式试点中存在的问题及推广研究
以房养老在中国的限制性探讨

××省××市少数民族医疗保险制度调查及研究
"全面放开二孩"对社会养老保险的影响分析
××省大学生医疗保险存在问题及对策研究
××市民营养老机构的问题及对策分析
××市农村空巢老人养老存在的问题及对策研究

第二，公共管理类专业论文的写作主体范围较广。公共管理活动既涉及国家机关也涉及各类社会组织和人民团体，因此对公共管理相关问题进行研究的主体范围较为广泛，既包括国家机关工作人员，也包括社会组织、人民团体的成员，还包括专门从事公共管理研究的研究人员和学生。

三、社会工作类专业论文

1. 概　念

社会工作类专业论文是指，由社会工作领域研究人员撰写的，以社会工作领域问题为研究对象，旨在解决该领域的理论与实践问题的具有学术性和专业性的研究性文章。

2. 特　征

第一，社会工作类专业论文的研究对象是社会工作活动中的理论与实践问题。社会工作是一种专业助人和解决社会问题的工作。它帮助社会上的贫困者、老弱者、身心残障者和其他不幸者；预防和解决部分经济困难或生活方式不良而造成的社会问题。社会工作专业论文的研究对象就是社会工作过程中存在的理论与实践问题，包括社会工作方式、社会工作主体、社会工作过程、个案工作的开展、小组工作的开展、社区工作等问题。

某校2017届社会工作专业本科毕业论文部分选题：
××县农村留守儿童的现状调查与问题分析
农村养老的社会支持问题研究
少数民族大学生校园适应性研究
"90后"二孩生育意愿及影响因素研究
女大学生就业过程中的心理特征及对策分析
城市随迁老人的社会融入研究——以××市为例
××市公立养老机构现状分析及对策研究
社会工作认知现状调查分析及建议
××省农村留守女童教育问题与社会工作介入实证研究
个案工作介入农村空巢老人精神慰藉服务研究——以××市××村为例
××市人口老龄化问题及对策研究
"三无"老人在养老服务机构中的生活现状及小组工作介入——以××市为例
农村单亲家庭未成年人人际交往困境的社会工作研究
中国农村留守妇女问题研究——以××镇为例
地方本科院校社会工作专业人才流失问题及对策研究

影响××州社会工作发展的因素及对策建议
少数民族大学生就业困境影响因素调查研究
"宅"对大学生人际交往的影响及社会工作的介入
高校女大学生就业现状分析及对策研究
社会工作专业本科毕业生职业选择研究

第二，社会工作类专业论文的研究往往采用实证研究法。与其他专业不同，社会工作的实践性极强，因此，社会工作类专业论文的研究常常采用实证研究法，具体运用深度访谈、问卷调查、个案研究、实验等方法开展研究工作。当然，除此之外，其他专业论文常采用的规范研究也是其研究方法之一。

第三，社会工作专业论文的写作主体是与社会工作相关的人员。它包括专业的社会工作者，从事社会工作教学科研的研究人员和学生，政府机关、人民团体、公益组织及基层社区中的从事社会工作的人员。

四、法学类专业论文

1. 概　念

法学类专业论文是指，以法律、法律现象以及其规律性为研究内容，旨在解决与法律、法制及法治相关的理论与实践问题，由该领域的专家学者撰写的具有学术性和专业性的研究性文章。

2. 特　征

第一，法学专业论文研究的对象是与法律、法制及法治相关的理论与实践问题。法学作为研究法律现象及其规律性的学科，其研究对象是法，而法又可以进一步划分为民法、刑法、行政法、诉讼法、商法、国际法等法律部门，因此，法学专业论文研究的对象非常广泛，既包括各个部门法中涉及的理论问题，也包括实践问题，还包括纯粹理论研究的法理学与法哲学的问题。

某校2017届法学专业本科毕业论文部分选题：
刑事证据的可采性研究
执行异议之诉法律问题研究
赃物的善意取得及其法理分析
大学生被害人被害的原因分析
论电子商务活动中的消费者权益保护
论最低消费条款的法律效力
建筑工程施工合同若干法律问题的研究
浅谈环境法公众参与制度的不足与完善
论明星代言虚假广告
浅议我国债权人代位制度及完善
民事判决执行困难的原因及对策分析
民间借贷合同的法律问题研究

论合同制度中的情事变更原则与不可抗力的适用
浅析未成年人犯罪的社区矫正
从网约车合法化看中国法治
农村承包土地的经营权抵押的法律完善
规制职场性骚扰的法律思考
论企业创新发展的法治保障
浅谈互联网犯罪
民间借贷法律问题的探讨

第二，法学专业论文实践性较强。法律作为一种最重要的行为规范，其存在的目的在于为政治活动、经济活动和个人活动提供行为规则，因此，法律问题都是以解决实践问题为导向。当然学者们进行法学研究，撰写法学学术论文的主要目的也在于解决实践中的问题，法学学术论文的选题与内容都与法律实践密切关联。

第三，法学专业论文的写作主体是从事与法律相关的工作的人。具体包括：国家立法机关、行政机关、司法机关的工作人员，他们各自从立法、行政和司法的角度对法律问题进行研究；高校院校和研究机构从事法学教育与研究的专家及学生；律师，他们主要从诉讼实践的角度研究法律问题；社会组织和社会团体中从事法律相关工作的人员，如企业中的法务人员。

第三章 政法类学生专业论文存在的主要问题

第一节 选题方面存在的主要问题

一篇优秀的学术论文,选题至关重要。撰写学术论文最重要的一个工作就是选题,论文的结构、研究方法、材料等都是建立在选题的基础之上的。因此,在撰写学术论文时,首先需要有好的选题,有了好的论文选题之后,再采用恰当的研究方法和扎实的研究材料,经过严谨的论证,才可能最终写出一篇优秀的学术论文。对于本科学生而言,由于缺乏系统的专业论文写作训练,同时对于专业理论掌握也不够深入,所以在进行论文选题时,常常会犯一些错误。

一、选题大而空

学术论文的选题大小要恰当,既不能过大,也不能过小。选题过大则论文研究的内容就会过多,而限于论文的篇幅,最终每一部分都往往难以深入研究,只是点到为止,导致论文研究深度不够,学术价值降低。而选题过小,则会带来另一个问题,即研究范围过于狭窄,难以展开研究,无法形成一篇完整的学术论文。

当然,不同类型的学术论文,在选题的大小上要求也不一样,对于本科毕业论文及学术期刊上发表的论文而言,由于其字数一般在几千到两万字之间,所以选题应当尽量小;硕士学位论文因为字数在三万到五万字之间,所以选题要比本科毕业论文要略大一些,以保证论文有较大的研究范围;而对于博士学位论文而言,选题要避免过小,因为,目前各高校对于博士学位论文的字数要求大多在八万字以上,如果选题过小,研究范围狭窄,则论文内容将无法满足基本要求。

就本科阶段所写作的论文而言,无论是毕业论文还是学术期刊发表的论文,抑或是课程论文,学生最容易犯的错误往往不是选题过小,而是选题过大。由于本科学生对于专业理论知识往往只有一个框架式的了解,缺乏深入的掌握,其在分析问题时,往往只侧重于研究的全面性,而忽视了其深度,所以就会出现非常宏大的选题,而这些选题往往是博士论文或学术专著所研究主题。

如有法学专业的同学在写毕业论文时将题目定为《司法体制改革问题研究》,由于司法体制改革问题涉及的内容非常多,既包括司法人员的管理机制,也包括司法机关地位、人财物的管理,还包括诉讼制度的改革等,所以这样一个选题更适合于专著,而不是论文。

还有社会工作专业同学的毕业论文选题是《大学毕业生就业问题研究》,这一选题同样过大,大学毕业生就业问题所包含的内容非常丰富,包括大学生对就业的认识、大学生实际就业情况、应聘职业与专业的关系、就业中存在的困难等等,这些问题根本无法用一篇仅有数千字的论文深入进行研究。所以在最终完成的论文中,作者仅研究了大学生的就业观、大学生的就业率、学校就业指导的情况及效果等少数几个问题，而且对其分析都较为肤浅，缺乏深入。从论文内容可以发现，在论文写作过程中，作者已经发现了选题过大的问题，因此，在论文中，作者其实是围绕着大学生就业难展开的研究，并且为了缩小研究范围，论文主要围绕着某一西部高校进行实证调查研究。

《大学毕业生就业问题研究》论文提纲

一、引言
（一）研究背景
（二）研究意义
（三）研究思路与研究方法
1. 研究思路
2. 研究方法
（四）相关理论
1. 供求理论
2. 工作竞争理论
二、文献综述
三、大学毕业生就业问题调查分析
（一）调查对象和方法
（二）调查内容
1. 调查对象的基本情况
2. 对大学毕业生的就业问题具体分析
3. 对学校就业指导的调查分析
4. 被调查的大学毕业生目前就业与失业情况分析
5. 失业者为就业做准备情况的调查分析
（三）大学毕业生就业问题
（四）根据以上调查分析总结大学毕业生的就业观
1. 就业期望过高
2. 就业形势认识不清晰
3. 缺乏自信，就业过分依赖他人
四、就业问题产生的原因分析
（一）用人单位的错误理念
（二）学校原因
（三）大学生自身原因
五、促进大学毕业生顺利就业的对策
（一）学校教育的改革
（二）政府促进大学生就业
（三）学生自身方面的改变
六、结语

在论文选题时，判断论文选题的大小需要考虑选题的创新程度，一般而言，如果一个选题所涉及的问题学术界刚刚开始进行研究，那么，这时选题适当大一些是可以的，因为此时的研究缺乏基础，对于这一问题尚未形成有价值的观点，研究者所要做的工作是澄清研究对象的总体情况，不需要也无法进行深入研究。而如果一个选题所涉及的问题学术界已经有了很多研究成果，对于这一问题在很多方面已经有了深入的研究，则此时的选题必须要小，因为大而全面的研究已经没有了学术价值，只有那些研究尚不透彻的部分才值得研究。

以对行政公益诉讼制度的研究为例，在2001年前后学术界刚开始对此一问题进行关注时，当时的研究大多为一种全面的研究，选题都比较大，如《法学研究》杂志刊载的论文《论行政公益诉讼》，《法学杂志》刊载的论文《我国应该建立行政公益诉讼制度》，《法学评论》杂志刊载的论文《也论行政公益诉讼》等的选题从今天的角度来看，都是非常大的。但是，由于当时学术界对于行政公益诉讼的研究刚刚起步，对此一制度知之甚少，需要有人全面对其进行介绍，所以这些选题在当时是比较合适的。而到了今天，对于行政公益诉讼制度的研究成果已经很多，对于此一制度人们也已经有了全面的了解，所以近几年对于行政公益诉讼制度的研究的选题就需要缩小，要将研究的问题限定在环境行政公益诉讼制度中的一个具体问题上。如《政治与法律》杂志刊载的《检察机关参与行政公益诉讼理论与实践的若干问题探讨》，《浙江大学学报》刊载的《以社团组织为原告的行政公益诉讼的制度进路》，《国家检察官学院学报》刊载的《检察行政公益诉讼的理论基础》等文章的选题都限于一个具体问题。

二、选题不新颖

学术研究的价值在于创新，通过创新推动理论的发展一个学科才能进步，因此作为学术研究成果载体的论文当然也必须具有创新性，任何重复他人观点的研究都是没有价值的。论文的创新性主要体现在四个方面：

第一，研究的问题的创新性，即论文研究的主题（选题）应当新颖。一门学科无论发展到什么程度，都存在一些人们此前从未研究过的问题，这些问题要么是人们此前未重视的问题，要么是此前未发现的问题，也可能是新出现的问题。这些问题因为从未有人对其进行系统的深入的研究，所以对于一篇专业论文来说，就是新的选题，具有重要的研究价值。对于政法类专业而言，由于与社会生活密切联系，所以随着社会的发展变迁，不断会涌现出新的研究问题，如近年来新出现的PPP模式（政府和社会资本合作，Public-Private Partnership）、共享经济模式等带来的问题。

第二，观点的创新性，即对于某一个事物的新的认识，新的见解。在学术研究中，学者们所研究的大多数问题都是一些陈旧的问题，这些问题都经过了长时间的研究，似乎已经没有了研究的价值，但是，对于这些问题的既有的认识并不一定是正确的，因此就需要新的研究提出新的观点，以纠正、弥补、完善旧的观点，推动学术的发展。这就是观点上的创新。例如在哥白尼提出"日心说"之前"地心说"曾经统治西方一千余年，而从今天的理论看来，日心说也是错误的。正是人们对天体运动这一问题的不断的探索，才逐步破除错误观念，建立起新的理论。对于政法类专业论文而言，也是如此，虽然有些问题学术界已经研究得非常透彻，但是我们仍然可以通过自己的研究得出不同的观点。如在法学界，法院不得引用宪法作为审理案件的依据,这已经成为一个常识,但是,有学者却专门针对此一问题进行了实证性的研究,得出了与人们的认识不同的结论:法院经常在判决书中引用宪法规范进行裁决。①

第三,研究方法的创新性。对于一些老的问题,往往会出现研究长期停滞不前,观点无法创新的情况,这时如果我们能够采用一种新的研究方法对其进行研究,这种僵局可能就会打破。所以研究方法的创新也是学术研究创新的重要手段。20世纪后半叶,经济学、社会学的研究方法大量被引入法学、政治学、行政管理学等领域,产生了大量优秀的成果,极大地推动了相关学科的快速发展,就是很好的例子。

第四,材料的创新性。学术研究的开展常常需要依赖于研究材料,研究所得出的观点、结论都是建立在对研究材料的分析基础之上的。所以,研究材料会影响到研究的结果。一些老问题的研究陷入僵局除了上述研究方法的问题之外,研究材料是又一至关重要的影响因素。如果在研究过程中发现并使用了新的材料,研究很容易获得突破。

对于本科阶段的大学生撰写的学术论文而言,选题缺乏创新性、不够新颖是一个普遍的现象,这一方面是由于本科阶段的大学生对于其专业领域缺乏了解所致,另一方面也与选题时未做充分准备有关。对于大学生而言,在确定一个论文选题是否具有创新性时,要注意:学术研究的创新针对的是整个学术圈,而不是作者自己或者是自己所处的狭小圈子。

如有同学撰写毕业论文时选择的选题是《我国基层腐败问题》,这一论文选题既存在选题过大的问题,也缺乏新颖性。对这一问题学术界已经研究了二十余年,对于基层腐败的研究最早可以追溯到20世纪90年代初期,已经有学术论文近200篇。而从论文的观点、方法和材料方面来看,也缺乏创新性。所以,最终完成的论文变成了他人观点的简单汇总,没有多少学术价值。

《我国基层腐败浅析》论文提纲

一、我国基层腐败之现状简析

二、我国基层腐败之危害分析

(一)很大程度上阻碍了基层廉政建设

(二)严重败坏了党和国家机关的形象

(三)造成公共资源的流失

(四)在相当程度上破坏了基层民主制度

三、我国基层腐败之原因分析

(一)以基层干部为组建核心的基层组织存在不完善和不合理

1. 基层反腐机制不到位

2. 一些基层干部自身素质问题

3. 基层干部的整体工资水平偏低

(二)作为重要监督渠道的群众监督和社会监督效力低下

1. 群众监督的意识弱化及渠道受阻

2. 反腐倡廉宣传力度不够,法盲现象严重

---

① 林孝文:《我国司法判决书引用宪法规范的实证研究》,载《法律科学》,2015年第4期。

3. 基层监督乏力，惩处腐败执法不严
（三）财务管理混乱
1. 基层领导对待基层财务管理重视度低
2. 基层组织会计基础工作疏漏
3. 现金管理不合理
四、我国基层腐败之对策措施
（一）基层组织和基层单位自身应做的努力
1. 遏制动机
2. 规范行为
3. 明确权责，完善制度
（二）群众的参与和社会的监督
1. 基层党委必须担负起全面领导反腐败工作的主体责任
2. 增强基层反腐倡廉宣传力度
3. 基层组织应该完善监督制约机制
（三）重视对财务的防范
1. 发挥基层领导的模范带头作用，齐心遏制财务混乱
2. 严谨基层组织内部各项会计工作
3. 提升基层组织现金管理"内力"

三、选题研究价值不大

选题的研究价值是指论文选题对理论和实践的贡献和作用。在学术研究过程中，并不是所有的问题的都是值得研究的，值得研究的问题应当是对学科理论与实践具有重要意义的问题，而对于那些虽然也属于学术问题，但对于理论的发展和实践的推动作用很小的选题，一般不值得花费精力去专门进行研究。所以在进行学术论文选题时，就要选择那些值得研究的问题。

论文选题的研究价值主要体现在两个方面：

第一，论文所研究的问题在理论上的价值。即对于此一问题的研究能够澄清理论上的疑惑，弥补既有理论的漏洞，解决理论上的争议，推动理论的发展。一篇论文要想在理论上有价值，就必须在选题、观点、方法、材料的某一方面具有创新性，否则对于理论的发展与完善将毫无益处。在本科毕业论文选题中，很多同学选的论文选题因为缺乏创新性，而丧失理论研究价值。如某一法学专业同学的毕业论文选题是《论民事诉讼中的举证责任》，这一问题因为研究成果已经非常多，所以基本丧失了研究的价值，后来在写作过程中将选题进行了调整，改为了《著作权侵权的举证责任研究》，方才具有了研究的价值。

第二，论文所研究的问题在实践中的价值。本科阶段的专业论文大多属于应用型研究论文，其主要目的在于解决实践中的某一问题，此类论文必须紧紧围绕着实践需要进行选题。学生论文选题在实践价值方面容易出现的问题主要有：第一，虚假的需要，即论文选题所要解决的问题不存在或者是只是作者的误解。如20世纪中叶的大跃进时代讨论的关于中国粮食多了怎么办的问题。第二，不合理的需要，即论文选题所关注的实践中的需要本身是不合理的。如有同

学毕业论文选题是《高校辅导员助理制度》，这一选题所研究的辅导员助理制度是建立在当前不太合理的辅导员制度基础之上的，目前高校辅导员因为承担了大量不必要的工作，所以工作压力很大，一旦辅导员制度本身回归理性，则这一问题自然得到解决；即使在现有的情况之下，也可以通过安排学生提供帮助以解决问题，根本不需要建立专门的辅导员助理体系。

四、选题难度不适宜

一个具有创新性和研究价值的选题对于特定的研究者而言，不一定是一个好的选题，论文的选题必须与研究者的研究能力相适应，选题研究的难度如果超过了研究者的研究能力，研究者无法驾驭，再好的选题也不会产生优秀的研究成果。所以，在进行论文选题时，应当选择与自己研究能力相匹配的选题，不要选择那些虽然有重大研究价值，但同时却也有极大的研究难度的选题。

笔者曾连续几年为本科学生推荐了一个论文选题《儿童失踪预防干预系统的构建》，这一选题虽然具有重要的实践价值，有助于解决我国儿童失踪率居高不下，寻回率较低的问题，但由于国内对此一问题的研究成果很少，需要学生阅读大量外文资料，所以虽然每年都有学生选择这一选题，但最终完成的论文却质量都不高，究其原因就在于这一选题的研究难度较大，超出了大多数本科学生的研究能力。所以虽然学生对这一选题很感兴趣，但最终却都无法按要求完成。

在学生自己拟定的选题中，也常常出现研究难度很大的情况，如有同学的毕业论文选题是《监察委员会的职权辨析》，这一选题虽然紧扣最新政治体制改革，但监察委员会制度涉及国家政治制度的总体规划，涉及国家权力的配置，对于一个本科阶段的大学生而言，是无法完成的。

在进行论文选题时除了要注意选题的研究难度不能过大外，还要注意防止出现选题难度过小的情况。在毕业论文选题时尤其要注意这一问题，因为，毕业论文是考察大学生是否具备了应有的研究能力的手段，如果论文选题写作难度过于容易，则难以衡量作者的真实研究水平，也达不到提升锻炼研究能力的作用。

第二节 结构方面存在的主要问题

一篇好的论文，应当有合理的结构。所谓结构，即论文各部分之间根据逻辑关系和先后顺序所安排的次序。一篇论文应当研究哪些内容，不应当研究哪些内容，哪些内容在前，哪些内容在后，这些问题在撰写论文时都应当进行充分考虑，最后所形成的论文各部分之间应当是按照研究的逻辑顺序安排的。在本科生专业论文中，结构方面存在的问题很多，结构的不合理一方面能够反映出作者对研究方法和研究规律的掌握不够，另一方面，也反映出作者研究能力的不足，而这些最终会导致论文质量的低劣。本科生专业论文常见的结构方面的问题有以下几类：

一、结构混乱

结构混乱指的是论文的结构没有按照学术研究规律进行安排，论文各部分之间逻辑混乱。

从论文的基本结构来看,一篇完整的学术论文至少应当包括标题、摘要、关键词、导论(引言)、本论、结论、参考文献等内容,这些部分之间的顺序关系是按照上述先后顺序固定不变的,因此在撰写学术论文时,首先要做到的就是这些论文的主要部分之间的结构关系不能随意进行改变。当然,对于大多数本科阶段的同学来说,论文各部分之间的结构安排是不存在什么问题的。

在论文结构方面容易出现问题的主要是本论部分内容的结构安排,一篇学术论文的主体部分就是本论部分,在本论部分,作者会对论题进行论证,并得出最终的结论。本论部分所占篇幅最多,内容也最多,这就需要作者合理安排本论部分的结构,通过一种合理的结构安排,充分地对论题进行论证。本论部分结构安排应当根据学术研究的逻辑顺利进行,在学术研究中最先应当解决的问题要放在最前面,其他内容依次排列。当然本论部分的结构没有一个统一的模式,不同类型的论文逻辑结构安排是不一样的。如以解决理论中或实践中的问题为研究目的的论文,最常见的论证结构是三段论式结构,即提出问题——分析问题——解决问题;以分析描述某一事物客观状态为目的的论文,其结构根据该事物的特点依次安排;以回顾理论制度发展史为目的的论文,根据历史发展顺序依次排列。

本科生撰写的论文,常常在本论部分会出现结构混乱的问题,如在一篇题为《"银发浪潮"下养老服务产业的供给侧改革思路研究》的论文中,第三点"我国养老服务产业的现状及存在的问题"中还包括了"供给侧改革的重点"这一部分内容,这样的结构安排存在明显的问题:一方面,"供给侧改革的重点"并不属于"养老服务产业的现状及存在的问题的范畴",该部分的标题根本无法涵盖此点内容;另一方面,论文对养老服务的研究是以供给侧改革为背景的,所以供给侧改革的重要性及内容理应是论文的一个重要的部分,应当至少作为一个大点来写,而论文却仅仅将其作为一个小点来进行研究,与其作为论文的研究基本背景的地位格格不入。所以对于这一部分内容来说,论文应当将"供给侧改革的重点"这部分内容单独作为一个大的部分进行较为详细的研究。

此篇论文在结构方面存在的另一个问题是第四点"国外养老服务产业的优势"中将"中国学习芬兰的可行性"放在了对芬兰教师服务模式介绍的内容前面。从研究的一般顺序来看,对于国外制度和经验的借鉴,首先应当是对这一制度或经验的充分了解,然后才能考虑是否能够学习借鉴的问题,而不是先考虑能否学习借鉴,再去了解这一制度是什么。所以"中国学习芬兰的可行性"应当放在对芬兰教师服务模式介绍的内容之后,才符合各部分之间的逻辑关系。

《"银发浪潮"下养老服务产业的供给侧改革思路研究》论文提纲

一、前言
(一)研究的背景
(二)研究的意义
(三)文献综述
(四)研究的方法
二、基本概念及理论基础
(一)基本概念
(二)理论基础
三、我国养老服务产业的现状及存在的问题

（一）我国养老服务产业的现状
（二）我国养老服务产业存在的问题
（三）供给侧改革的重点
四、国外养老服务产业的优势（以芬兰为例）
（一）中国学习芬兰的可行性
（二）芬兰的养老服务模式的选择
（三）芬兰的养老服务模式的优势
（四）芬兰的养老服务模式的成果
五、我国养老服务产业的供给侧改革思路
六、结论

二、结构不完整

一篇合格的论文需要有完整的结构，结构不完整即意味着作者的研究不完整，这会导致论文缺乏说服力。完整的论文结构要求作者将所有与选题有关的重要问题都作为论文的一部分，不能有所缺漏。当然结构的完整并不意味着与论文选题有关的所有问题，无论重要与否都要作为论文的内容，而是只限于与论文选题相关的主要问题，对于那些细枝末节、不太重要的问题在论文中可以予以忽略，或者一笔带过。

在本科学生论文写作中，结构不完整是一个较为常见的问题。很多同学在撰写专业论文时，会因为对选题的研究不完整，导致论文结构出现不完整的情况。比如一篇名为《信访的法治思考》的论文作者最初提交的稿件如下：

《信访的法治思考》论文提纲

一、信访现状及存在的问题
（一）信访制度产生的背景
（二）信访问题产生的原因：公民"信访不信法"
1．受传统文化和体制的影响
2．信访案件居高不下，是司法权威不够
3．信访的程序简单，信法则比较复杂
二、信访是落实民主的体现，民主是建设法治的本质
（一）信访制度的发展
（二）信访制度在实现民主方面的体现
三、尽善尽美方能实现法治
（一）将信访纳入法治化轨道，尽早颁布相关立法
（二）推进全社会普法
（三）加强监督，建立"阳光信访"

从该论文的提纲所反映出的情况来看，文章结构存在着严重的缺漏。论文选题既然是从法治的视角研究信访的问题，则首先必须详细阐释当前信访制度与法治相冲突的问题，但论文中却没有这部分内容；同时文章第二点"信访是落实民主的体现，民主是建设法治的本质"，从标题来看这部分是要研究信访、民主、法治的关系，但从本部分具体内容来看，却完全没

有对信访与法治、民主与法治的关系进行分析。当然除上述结构不完整的问题外,这篇论文的结构还存在结构混乱的问题,如作者信访制度的发展安排在了第二点之下,而这一点研究的是民主、法治、信访之间的关系,与信访制度的发展毫无关联。

再比如,一篇研究植物人离婚问题的论文初稿结构如下:

《植物人离婚的法律问题》论文提纲

一、植物人离婚的价值分析
(一)植物人离婚的合理性
1. 什么是植物人
2. 植物人离婚的合理性
(二)植物人离婚的争议
1. 植物人配偶能否请求离婚
2. 植物人配偶可以请求离婚
二、植物人离婚程序的启动
(一)离婚的类型
(二)植物人的民事能力
1. 植物人的民事权利能力
2. 植物人的民事行为能力
3. 植物人的诉讼权利能力
4. 植物人的诉讼行为能力
(三)离婚程序的启动
1. 植物人配偶作为原告
2. 植物人作为原告
三、判断离婚的标准
(一)我国离婚判定的标准
(二)判定植物人离婚的标准
四、植物人离婚的后续问题
(一)若植物人苏醒所带来的问题
(二)植物人离婚后的抚养问题
五、关于植物人离婚的立法思考
(一)我国关于植物人民事行为能力界限不明确
(二)我国关于植物人法定代理人的不明确
(三)植物人离婚救济制度的不完善
六、结语

此篇论文的结构存在着一些明显的问题:一方面,结构较为混乱,如第一点标题是植物人离婚的价值分析,但作者却将植物人离婚的争议即当事人能否提出离婚这一与价值毫无关系的问题包括了进去。另一方面,论文同样存在结构不完整的问题,在"植物人离婚的争议"的部分,只有两个内容:"1. 植物人配偶能否请求离婚";"2. 植物人配偶可以请求离婚"。这两点从本质上来说是一个问题。但是婚姻关系当事人有两个人，植物人也是婚姻关系的一方主体，在分析了植物人配偶能否请求离婚之后，当然需要对植物人能否请求离婚也进行分析方才完整。

三、结构多余

学术论文中的各部分内容应当是研究论文主题所必需的，既不能少，也不能多。论文中只应当包含那些与主题有关的必不可少的内容，而不能将那些可有可无的内容，甚至是与论文主题毫无关系的内容也包括进去。如果论文中出现了与主题无关的内容，就会导致内容与论题不符的问题；如果论文中包括了大量虽与主题相关但却无须深入研究的内容，则论文就会显得松散、冗长，不够紧凑。

就本科阶段学生所撰写的论文而言，结构多余是一个普遍的现象。大多数本科阶段的同学因为理论水平所限，在撰写论文时常常想到哪儿写到哪儿，只要与论文主题相关的内容都会写到论文之中，甚至还会将一些与论文主题无关的问题也写在论文之中，而不去考虑这些问题是否与主题有关，或者是否值得进行研究。

本科专业论文中常见的多余结构是基本概念的分析。对于大学生而言，接触最多的文献资料就是教材，教材在各部分的结构安排上有一个基本的模式，就是先进行概念分析。教材的这种分析问题的模式对于学生的影响非常大，反映在论文中就变成了无论研究什么问题首先进行概念分析的套路。当然，如果论文所涉及的概念本身需要澄清，明确其内涵，则专门对这些概念进行分析是必要的，但是对于大多数论文所涉及的概念而言，学术界早已有了定论，而作者对这一概念也没有新的解释，因为论文的读者都是拥有基本专业知识的人，因而这些基本概念的分析对其没有价值，此时论文就无须再对这些基本概念进行分析。如在一篇题目为《公共危机管理中的政府形象塑造》的论文中，作者首先就分析了公共危机与政府形象这两个基本概念，而从论文对这两个概念的分析来看，作者并没有提出新的观点，当然这部分内容就应当从论文中删除。

除上述情形外，论文中还常常会出现与论文主题无关的内容。如一篇题目为《互联网时代消费者维权难问题》的论文的提纲如下：

《互联网时代消费者维权难问题》论文提纲

一、消费者的基本权利和经营者的基本义务
（一）网上购物的含义
（二）消费者的基本权利
（三）经营者的法定义务
二、消费者的维权方式
（一）消费者的维权、索赔方式
（二）网络购物消费者的维权
1. 直接侵权人商家承担责任
（1）网络直销模式
（2）电子商务中介经营模式
2. 间接侵权人网络服务商承担责任
三、出现网购维权难的原因

（一）消费者的自身因素
1. 举证难
2. 异地网购
（二）经营者方面的原因
（三）国家未出台完善的法律法规对网购进行规范
四、大时代下电子商务发展的新形势和对我国法律对其监管的建议
（一）大时代下我国经济发展的新形势
1. 移动电子商务业务不断增长
2. 移动电子商务激发企业转型
3. 移动电子商务催生了新的商业模式
（二）对我国法律及相关机构完善的建议
1. 考虑本国实际情况
2. 利用现有法律体系，保持其完整性与稳定性
3. 电子商务的立法过程中，充分发挥政府各部门作用
4. 遵循国际惯例，接轨国际
5. 加强税收管辖权
6. 充分发挥司法、行政执法、仲裁及国际组织的作用

无论是从论文内容，还是从论文结构来看，这篇论文的质量都很差。单从结构来看，很多部分与论文主题"互联网时代消费者维权难"问题无关，如第一点中的"消费者的基本权利"和"经营者的法定义务"的内容；另外，第四点中"大时代下我国经济发展的新形势"同样与论文主题没有任何关系。这些内容对论文主题的研究没有任何作用，都应当从论文中删除。

四、重点不突出

任何一篇论文都需要有一个中心议题，这个中心议题就是论文的研究重点，即论文的选题。撰写论文的目的就在于对这个中心议题进行论证，当然论文的各部分都必须围绕着论文的中心议题展开。在论文的结构上，论文的各部分都应当以中心议题为中心进行安排，突出论文研究的重点。对中心议题因为要进行详细、深入的论证，所以这些部分应当占到论文的大部分篇幅，其他部分应当只占论文的小部分篇幅。

在本科生撰写的学术论文中，重点不突出的问题也很常见，主要有以下几种情形：

第一，论文没有重点。论文没有重点指的是论文各部分内容之间没有主次之分，各部分内容之间处于平行的关系，每一个部分相对于其他部分都是独立的，在论文选题过大时就会出现这种问题。如一篇题为《见义勇为的法律思考》的论文，由于选题本身就很大，为了使论文内容与题目相符，作者在论文中不分主次地研究了见义勇为的含义、见义勇为的构成要件、见义勇为的法律性质、见义勇为的救济机制、见义勇为的立法思考等问题。虽然看起来很全面，但每一个问题都只是进行了简要的分析，对于见义勇为这一问题没有多少学术价值，远不如围绕着一个主要问题如见义勇为的构成要件进行深入研究来得有用。

第二，论文重点部分与非重点部分所占篇幅比例失衡。对于研究重点，论文当然要详细深入地进行研究，反映在篇幅上就表现为论述论文主题的内容要占到论文的大部分篇幅。但

是在学术论文中，常常因为作者缺乏对论文各部分主次关系的认识，或者对于论文主体部分无法进行深入研究，从而出现论文重点部分与非重点部分所占篇幅比例失衡的结果，非重点部分如背景介绍、概念界定等占据了论文一半甚至一多半的篇幅。如在一篇题为《大众传媒对大学生政治素质影响及对策研究》的论文中，作者花费了一多半的篇幅去分析论文研究的背景、研究的意义以及媒体、政治素质等基本概念，而论文的重点"媒体对大学生政治素质的影响及对策"却只用了很少的篇幅进行论证。这在结构上是就是失衡的。

第三，论文各部分与中心议题之间缺乏关联。如前所述，论文中所有内容都应当是为主题服务的，虽然论文内容有主次之分，但论文中次要部分同样需要服务于论文主题。在本科生撰写的论文中，经常会出现论文基本部分与主体部分之间缺乏关联的情形。这种关联性的缺乏有两种表现，其一，该部分内容与论文主题完全无关，这就是前文所说的结构多余；其二，该部分内容虽然与论文主题有关，但作者在论文中却没有将这种关联性表述出来，这里所谓的缺乏关联指的就是这种情况。如有同学的论文题目是《行政公益诉讼的主体》，在论文中作者用很大篇幅研究了国外公民诉讼的问题，虽然公益诉讼的概念包括公民诉讼，但在论文中作者却并没有进行任何的说明。这就会使对公益诉讼制度不熟悉的读者误认为二者是两个不同的概念，进而对论文的观点产生怀疑。

第三节 观点方面存在的主要问题

一篇论文是由不同的观点组成的，论文观点的质量，决定着论文的质量，因此，在观点方面必须做到新颖、客观、完整、清晰与具体。在论文写作过程中，这四个方面也常常出现问题。

一、观点陈旧

前言已述，论文的创新性要求体现在四个方面，选题、观点、方法和材料，一篇有价值的学术论文必须在这四个方面其中之一有所创新。这四个方面的创新要求最重要的是观点的创新，因为无论是选题、方法，还是材料其最终的目的都是为了得出新的观点，学术的发展主要是由论文的观点的发展所推动的，选题、方法和材料只是我们获得新的观点的手段。因此，一篇学术论文其创新性的核心是观点的创新。

如何才能够在论文中获得新颖的观点？一方面，选题、方法和材料的创新性必然会带来观点的创新。新的选题即意味着论文研究的是一个全新的问题，自然文中的观点也会是全新的；新的方法的采用，使问题的研究摆脱了传统的旧的研究套路，也会带来新的观点；而新材料的使用，为问题的研究提供更多、更丰富的研究资源，当然也会带来观点上的更新。另一方面，如果在选题、方法和材料方面无法实现突破，则论文必须在现有研究的基础之上实现观点的突破，这一点难度比较大。在大多数本科学生撰写的学术论文中，选题、材料和方法都无法实现创新，但是由于研究能力所限，在论文观点上进行创新的难度较大，所以就会出现论文观点陈旧的问题。

观点陈旧的问题在本科学生撰写的论文中普遍存在，如一篇题为《我国农村城镇化进程中的环境保护法律问题》的论文，该文首先从选题上来看并不新颖，而且所使用的研究方法和研究材料也没有创新之处，因此只能从论文观点本身进行突破。从文章内容来看，论文首先研究了"我国农村城镇化进程中所存在的环境问题",包括"城镇人口增加所带来的环境问题",如"生活垃圾所带来的环境问题"以及"生活污水所带来的环境问题";"大力发展工业所带来的工业污染环境问题"。其次,论文分析了"我国农村城镇化进程中存在的环境问题的原因",包括:(一)我国农村城镇化规划不合理;(二)我国农村城镇化进程中对于环境保护的专项立法不完善,具体包括"相关环境问题立法的空白及不足"以及"相关环境保护的立法可操作性差";(三)农村城镇化进程中环保执法部门执法力度不够强,司法不够完善;(四)推动我国农村城镇化的相关企业及公众环保法治意识不强。再次,论文提出了解决我国农村城镇化进程中环境问题的建议,包括:(一)对于农村城镇化进行合理规划;(二)完善我国农村城镇化进程中对于环境保护的专项立法;(三)农村城镇化建设中加强执法力度,完善司法制度;(四)加强督促农村城镇化相关企业环保法治意识的树立,倡导公众树立环保法治意识。虽然文章结构较为完整,但从文中主要观点来看,基本上是对已有观点的重复,没有自己独到的见解。所以,该文在创新性方面存在缺失,学术价值不高。

当然,需要注意的是,观点的创新性的要求,并不意味着文章中所有观点都要新颖、有创新,只需要论文核心观点和结论有创新性即可,因为毕竟一个问题的研究不可能不借助于已有的研究成果,任何新成果都是在他人研究成果的基础之上取得的。

二、观点偏颇

学术论文作为学术研究的成果的载体,其观点都应当是作者严格论证,谨慎做出的。论文中的观点既不能像文学作品中的观点带有丰富的个人的感情色彩,也不能像政治类作品过分强调政治观点的正确性,更不能未经严谨论证就妄下结论。

在本科学生专业论文中,常常会出现观点偏颇的问题,主要表现在:

第一,观点带有过多的个人感情色彩。在学术论文写作中,作者必然会将自己对某一事物的感性认识带入论文观点之中,感情色彩的存在使得论文的观点不再是冷冰冰的,更容易为读者所接受。但是,过多的感情色彩也会影响论文的中立性,使论文的观点丧失客观性。在本科学生撰写的毕业论文中,这种情况十分常见。

如在前述《信访的法治思考》一文中,作者在介绍信访制度存在的问题时,有以下一段话:

虽然省市县各级设立了相关的信访局,信访接待室等,可无故拖延、不作为等现象依然频发,各层级领导干部之间相互推诿,相互包庇,使得百姓问题得不到解决,进而引发更加严重的社会问题。曾经由于农村征地导致我家受到了不公平的待遇,我向县政府投递过一封信,可是发送完毕直到今天依然杳无音讯,这发生在自己身边的事情也更坚定了我选此课题的决心。

这段话中前半部分作者基本上是以一种中立的、客观的态度在进行描述,但后半部分却以自己的亲身经历来进一步对前面的观点进行论证。而这后半部分作者的主观感情占据了主导地位,作者在未对所遭遇的问题进行任何说明的情况之下就断言"我家受到了不公平的待遇",并且在对所寄信件是否已经由县政府接收未做查证的情况下就认定是政府不作为,这些都反映出作者对信访问题中立性的丧失。这无疑会削弱论文观点的说服力。

第二,在未经过详细论证的情况下得出结论。论文中的核心观点作为整篇论文的精髓,其要想有说服力,必须进行细致、精密地论证,在未进行严谨论证的情况下贸然得出的结论是没有说服力的。在本科同学所撰写的学术论文中，这种情况也十分常见。

如在题为《大学生人格养成与人格教育》的论文中，对"国家和社会对大学生人格教育仍不够重视"这一导致大学生人格缺陷的原因是这样论证的：

"在提倡素质教育的当下，国家和社会虽然对大学生的人格教育已经开始着手。但是对于大学生的具体的人格教育仍然不够细化。换句话说，国家和社会对于大学生的人格教育只是给了一个大致的轮廓，并没有具体的对大学生的人格教育方式手段进行细分。这就导致了教育者在教育的过程当中，缺少具体的指导，也就不能够对大学生进行细致的人格教育。"

这段话虽然是围绕着大学生人格教育不受重视这一观点展开的，但却不够具体，这段话中既没有当前人格教育的具体实施情况，也没有相应的事例作为佐证，全部都是结论性的论断，这无疑是没有说服力的。要想让读者对于这一观点予以认同，作者必须详细、严谨地对其进行论证。

第三，对策建议部分的观点不合理，无法实现。在以解决现实问题为目的的论文中，最后都会针对问题的解决提出一定的建议。既然这些建议是以解决问题为目的的，当然这些建议必须要合理，要能够实现。但是在很多的论文中，作者所提建议往往是根据自己的主观认识，在未经合理论证的情况下提出的，所以就出现了建议不合理，根本无法在实践中推行的情况。

如在一篇题为《规制职场性骚扰的法律思考》的论文中，作者最后提出了几点建议，其中一个建议是"给受骚扰者提供有力的保障"，具体内容如下：

"根据调查报告显示，有七成的女性曾受过职场性骚扰，但是敢对职场性骚扰说不，并将加害人告上法庭的却寥寥无几，原因在于取证难，胜诉率低。由于我国在职场性骚扰方面的法律法规的不健全，以及受传统思想的影响，怕被人指指点点，所以大部分女性选择隐忍，选择忍气吞声。对于职场性骚扰发生的地方隐蔽性强的问题，用人单位应当在办公地点安装摄像头，且不要留下死角，不要让加害人有机可乘。还有，对于受害人而言，立该多注意保留证据的问题，比如用录音笔录音，比如截图保存聊天记录。"

这些建议看似能够起到很好的效果，但仔细分析就会发现，这里所提的建议大多不具有可行性，如文中建议在办公场所安装摄像头，不留死角。这一建议的不合理之处在于：一方面，无论国家机关还是经济组织，都存在保密的需要，要求所有办公场所都安装摄像头会带来泄密的风险，必然不会被采纳；另一方面，职场性骚扰不仅仅存在于办公场所，卫生间、休息室、更衣室等场所同样也会出现性骚扰，而这些场所因为涉及个人隐私是不能安装摄像头的，这样也起不到杜绝职场性骚扰的作用。文中所提的另一个建议是"将管理层的办公室的墙换成透明玻璃，让职场性骚扰暴露在阳光下"。这个建议相较于前一个建议更为荒谬，除了与上一建议存在同样的问题外，其存在的另一问题在于，在市场经济之下，国家权力无权对经济组织办公场所的装修风格进行干预。所以这些建议都是不合理的，都是作者未经论证的主观看法，不具备实践的指导意义。

三、观点不完整

一篇好的学术论文观点必须完整，即与论文主题相关的观点必须完整，不得有缺漏，方才具有较强的说服力。如果存在观点上的缺漏也即意味着论文的研究并不完整，应当研究的问题没有进行研究，这样论文的学术价值将会受到影响。观点不完整在学术论文中较为常见，主要有以下几种情况：

第一,相关理论观点介绍不完全。许多学术论文因为涉及概念的界定或理论的争议,需要对不同的理论观点进行梳理,进而得出新的观点。这就需要对相关理论进行全面的梳理,不能遗漏重要的理论,否则论文基于理论分析所得出的结论将缺乏说服力。相关理论观点介绍不完整,在本科同学撰写的论文中较为常见,其最主要的原因就在于本科生由于专业知识所限,未能全面了解相关理论。如在一篇题为《特别权力关系理论与公务员权利救济》的论文中,作者对特别权力关系理论的发展史进行了梳理,对传统特别权力关系理论及第二次世界大战后针对其缺陷所提出的基础关系与管理关系理论进行了介绍,但却遗漏了德国宪法法院在20世纪70年代提出的极其重要的另一个理论——重要性理论,使得这一学说史的梳理不够完整,影响了后面观点的说服力。

第二,对外国制度与理论的分析过于简单。鉴于中国在人文社科领域的很多方面仍然比较落后,所以在进行学术研究时,借鉴外国制度与理论,就成为了很多论文的必备内容。但是,在论文写作过程中,本科生常常存在一个问题,即对外国制度与理论分析过于简单,无法全面、系统地对该理论或制度进行介绍,因而起不到学习、借鉴的作用。因为要想学习国外的理论或制度,首先必须对这一理论或制度有深入的了解,如果作者本身对其一知半解,如何对其进行借鉴并提出可行的建议呢。

如在一篇题为《论我国审前羁押制度的改革》的论文中,作者专门对国外审前羁押制度进行了介绍,但这部分介绍内容十分简单,论文用1000多字介绍了美、英、德、日四个国家,平均一个国家只有一两百字。如对英国审前羁押制度的介绍:

"在英国羁押有两种类型:一是由治安法官授权警察实际执行的逮捕,称之为有证逮捕;二是对于那些破坏公共秩序和犯下犯罪行为的,每个公民都可以任意逮捕,这些逮捕被称为无证逮捕。一般正常情况下,若警方认为有必要逮捕犯罪嫌疑人的,就要先向法官解释理由,然后法官根据具体情况决定是否予以逮捕,若决定予以逮捕则签发逮捕令,此时,警察才能执行逮捕。"

第三,原因分析不全面。在学术研究过程中,如果要探究某一现象或问题产生的原因,则必须分析透彻,不能有遗漏,否则会影响对策建议的完整性,并最终影响问题解决的效果。在本科生撰写的论文中,原因分析不够全面,也是一个常见的现象。

如在一篇题为《维稳的法治困境及其对策》的论文中,作者在分析维稳中的问题产生的原因时认为:

其一,当下维稳的主体仍然是政府,而不是其他,而民众对权利利益的诉求则被放到了维稳的对立面,这种预设,简单地将民众对自身利益的诉求而实施的抗议行为界定为对社会秩序和稳定的扰乱,进而采取一切手段进行威逼利诱,或采取强制手段进行打击和压制,或进行资源财产上的补偿。这是一种资源补偿型、运动型、事后型的维稳模式。这样的维稳模式所产生的结果便是政府投入大量的人力、物力、财力,却陷入"越维越不稳"的尴尬境地。其二,目前,我国社会整体上是稳定的。然而,中国目前正处于社会转型的深水区和攻坚区,各种矛盾多发,社会矛盾层出不穷,加大了政府维稳的难度。其三,群众权利意识觉醒,利益诉求增加,而合法、可控、有序的诉求机制体制还没有在全社会建立起来,合理有效的维权途径并不畅通,导致我国现今政府维稳的压力加大,财政负担加重,而民众的合理诉求却仍不能得到及时有效的解决。只有通过上访,组织群体性事件等途径来维权。

上述原因虽然也是导致维稳问题频发的因素,但作者却遗漏了一个重要的也是与论文主题直接相关的原因——当前维稳采用的是人治而非法治的模式。正是因为这一缺漏，论文最后建议部分缺少了将维稳从人治模式向法治模式转换的建议，论文的实践价值大大降低。

第四，对策建议有遗漏。论文中的对策建议部分是为解决问题而存在的，因此，要想彻底解决论文所提出的问题，所提对策与建议除要有针对性外，还必须全面，不能缺少重要的对策建议。在学术论文中，对策建议部分不完整的情况主要有两种：

1. 遗漏重要对策建议

之所以会出现这种问题，主要原因在于论文在分析所存在的问题时不够全面。如在《校园暴力的成因分析与应对措施》一文中，作者在文章最后提出了校园暴力的应对措施：① 完善青少年立法，包括：完善附条件不起诉制度与适度降低刑事责任年龄；② 健全少年司法制度建设；③ 建立健全校园暴力的社会防控综合机制。但从解决校园暴力的角度来看，单纯依靠这三点还远远不够，论文还缺少了遏制、消除校园暴力的一个重要手段，即严格的法律处罚机制。而之所以对策部分缺少了这一点，其根源就在于作者在进行原因分析时，就未对校园暴力的处罚机制进行分析。

2. 对策建议与问题部分脱节

一般而言，我们在写论文时，首先要对某一事物所存在的问题进行分析，然后再根据分析出的问题有针对性地提出建议或对策，因此，对策建议与问题应当是一一对应的，一个问题应该对应一个对策。但在许多论文中，对策部分与问题部分并非一一对应，存在脱离的情况。如在《论征地拆迁的法治问题》一文中，作者首先分析了征地拆迁中存在的问题产生的原因，包括：有关征地拆迁的立法体系上不够完整，监督机制缺乏，被拆迁者的法律意识不够。然后提出了解决这些问题的对策，包括：完善立法体系与具体的法律法规，完善拆迁程序，完善救济制度，完善具体补偿制度。仔细分析会发现，这篇论文中的问题与对策部分是脱节的，对策部分"完善立法体系与具体的法律法规"与原因部分中的"有关征地拆迁的立法体系上不够完整"相对应，"完善拆迁程序"的建议从内容上来看与"监督机制缺乏"这一原因相对应，这是没有问题的。但是"完善救济制度"与"完善具体补偿制度"这两项建议却没有针对的原因，而"被拆迁者法律意识不够"这一原因又没有相应的对策。这就造成了原因与对策的脱节，既导致原因部分不完整，也导致对策部分不完整。

四、观点模糊

学术研究要求严谨与精确，学术论文作为学术研究成果表达的载体，文中观点必须清晰、明确，要做到立场鲜明，内容具体。模棱两可、含混不清的观点与学术研究的严谨性格格不入，在论文中要尽量避免出现。由于自身研究能力所限，在本科生所撰写的论文中，观点含混、模糊也是常见的一个问题。在论文中观点模糊主要体现在以下两个方面：

1. 观点不明确

一是某一观点其内涵究竟是什么含混不清，如某一概念或制度的内涵（内容）是什么，未能澄清。如在一篇研究《失踪儿童预防干预系统》论文中，作者认为"失踪儿童预防干预系统"包括发生前的预防、发生后的应急处置以及案件破获后的刑事责任追究，而事实上，论文选题所指的"失踪儿童预防干预系统"仅仅指的是发生儿童失踪后的应急处置。正是因为作者对这一概念的内涵认识的模糊,导致论文大部分内容与主题无关。

二是对某一问题解释的几种观点,作者到底支持哪一个,不做说明,也未提出自己的见解。如在一篇研究单次小额受贿如何定罪的文章中,作者对现有的三种主要观点分别进行了介绍,并分析了各自的缺点,但自己却并未提出更合理的观点,也没有说明自己支持哪一个观点。而从其论文对如何具体定罪的分析来看,应当是将其中两个观点进行结合来确定如何定罪。正是因为论文中对定罪标准的观点含混不清,影响了论文的学术价值。

三是两个事物之间究竟存在什么关系,无法厘清。当论文是在探讨两个事物之间的关系时,清晰地界定二者之间的联系至关重要。但是在很多的论文中,作者却无法完成这一工作。如在一篇题为《从网约车新政看中国法治》的文章中,作者从始至终都未能说清网约车新政的出台与中国法治的关系是什么,而是花费了大量篇幅分析网约车的概念、网约车的监管模式与监管政策等一些次要问题。这样的论文无疑是不合格的。

2. 观点不具体

所谓的观点不具体指的是作者虽然在论文中提出了一个正确的观点,但却缺乏对这一观点的详细解释,导致这一观点的含义、内容却含糊不清,影响了其理论与实践价值。在学术论文的对策建议部分尤其要注意这一问题的出现。本科同学所撰写的论文中的对策建议部分存在的一个普遍问题就是,单纯地从其核心观点来看较为合理,但这些对策建议往往十分笼统,具体包括哪些内容,如何实施都不清楚,最终导致这些对策建议沦为空谈。

如论文《论征地拆迁的法治问题》中,作者提出了解决当前征地拆迁中出现的问题的对策,其中一项对策是"完善立法体系与具体的法律法规",具体内容如下:

"我国当下正处于社会转型期,在要求法治国家的前提下,应该首先制定和完善相关法律法规,使基层政府在进行土地拆迁过程中有法可依,文明执法,使被拆迁者在拆迁过程中有法可循,严格守法,只有坚决按照法律程序办事,减少人治,才能避免更多的问题出现。因此,应加快修改现行的《城市房屋拆迁管理条例》,使之与宪法、法律的规定相一致,以保障被拆迁者的最根本利益和权利。同时,对征地拆迁工作中出现的社会问题和矛盾统一收集和整理,对现行有关土地征地拆迁的政策规章进行筛选,从中取其精华,弃其糟粕,尽快制定出专门的《土地征收法》。"

从这段话的内容来看,作者虽然提出了一个合理的建议,但是这一建议的具体内容,包括制定、修改哪些法律,这些法律中应该规定哪些内容等具体问题都没有论及,这样的建议没有多少实际价值,因为对于大多数人而言,制定或修改法律当然是解决问题的重要途径,这毋庸赘言,真正需要研究的恰恰是具体如何制定、修改法律的问题。

第四节 材料方面存在的主要问题

论文中的研究所使用的研究材料对观点的深入论证和结论的做出有着重要的作用,因而在论文写作过程中必须对研究材料予以重视。论文中作为论证依据的材料必须具备真实性、完整性、准确性与关联性这四个要素。所谓真实性是指论文中的材料应当是真实存在的,不是杜撰编造的;所谓完整性是指论文中必须有论证观点所需要的重要材料;所谓准确性是指论文中使用的材料应当准备无误,不能存在错误;所谓关联性是指论文中所使用的材料必须与论题相关，与观点无关的材料不能进入论文之中。只有具备了这四个要素的材料才能够成为论文论证的依据。在学术论文中，材料方面存在的问题都集中在上述四个方面，主要包括以下几种情况：

一、欠缺一手材料

材料的真实性要求决定了在论文中如果使用某一材料，应当优先使用一手材料，即作者本人亲自获取的材料，尽量避免使用他人论文或著作中的二手甚至三手材料，因为这些材料并非作者亲自收集，而他人在收集材料的过程中可能会在无意中造成材料的错误，甚至还有可能会出现某些研究者为了论证其观点而刻意编造、篡改材料的情况。

笔者曾经在撰写一篇研究台湾地区行政公益诉讼的论文时，需要关于台湾地区环境行政公益诉讼案件的数据材料，本准备引用已经发表的某篇论文中汇总的数据，但仔细与自己所收集的部分一手材料相对比发现，该汇总数据存在明显的错误，将一些本不属于行政公益诉讼的案件也作为公益诉讼案件进行了汇总，导致论文数据不可靠。最终，笔者不得不亲自收集一手材料，对相关数据进行了重新汇总，避免了使用错误材料带来观点不严谨的问题。

在本科生所撰写的论文中，大多数情况之下所使用的研究材料都不是一手材料，这就需要作者一方面尽量亲自去获取第一手的材料，另一方面如果确实获取一手材料困难，那么在使用二手材料前要对这些材料的真实性和准确性进行评估，确定材料真实无误后方才能够使用。

二、欠缺关键性材料

所谓关键性材料是指与论文中心论点有关的材料，这部分材料不可或缺，因为它们是中心论点得以成立的基础。如果缺少了这些材料，论文的中心论点将成为武断的主观性结论，缺乏说服力。对于本科生而言，论文中欠缺关键性材料的情况虽然并非像其他问题一样成为一个普遍性的问题，但也常常出现。

如某位同学在撰写一篇题为《设区的市地方立法权行使中存在的问题》的论文时，在提交的论文初稿里，对于设区的市地方立法权行使的现状没有进行分析，既没有对拥有地方立法权的设区的市的情况进行说明，也没有对这些设区的市在拥有地方立法权后所做的立法工作进展情况进行调查，而是依据《中华人民共和国立法法》修改之前学者们对于较大的市的立法情况的研究，分析设区的市立法存在的问题，寻找对策。正是因为论文欠缺与设区的市地方立法权行使相关的关键性材料，导致论文后面的问题与建议部分的观点欠缺合理基础，成为了伪命题。在修改过程中笔者要求其必须对设区的市行使立法权的基本情况进行细致调查，并以此作为论文其他部分的依据，该同学在根据要求进行修改后，论文的问题与建议部分发生了根本性的变化，论文的学术价值也有了很大的提升。

三、材料不可靠

材料作为论文观点的基础，其准确性会直接影响论文观点的正确与否。错误的材料会对研究造成误导，导致论文观点的错误。一篇严谨的学术论文应当尽量避免使用不可靠的材料，保证论证的材料的准确无误。在学术论文中，有时也会出现材料不准确甚至是错误的情况，这种现象在本科生撰写的论文中最为常见。之所以材料不可靠一种原因是研究者在收集一手材料时出现了纰漏，或者所使用的材料是二手材料未经甄别；另一种原因则是作者在撰写论文时，为了使材料与观点更加匹配而有意编造材料。

如在一篇题为《××市行政诉讼集中管辖的现状与问题》的论文中，作者在对行政诉讼集中管辖的实施情况进行分析时，由于未通过实际调查收集一手材料，在论文中使用了新闻报告中所披露的一些数据，但这些数据一方面统计并不完整，另一方面也比较陈旧，所以导致论文这部分研究所采用的材料不够准确。如在论文初稿中，法院集中管辖受理行政案件的数量是：2015—2016年××市行政诉讼集中管辖共审理了行政案件460例，而事实上，根据法院工作报告中的统计数据，2015年行政诉讼集中管辖案件有464例，2016年行政诉讼集中管辖案件有479例，与论文中的数据相差甚远。这一错误的出现就是因为作者在收集论文材料时出现了纰漏，没有对所使用的二手材料进行甄别。

而在一篇题为《商业保险在我国农村发展的现状分析——以××镇为例》的论文中，出现的则是另一种情况。这篇论文作者采用的是实证研究方法，通过问卷调查与访谈了解当地农村商业保险的发展情况。文章中既有统计数据，也有访谈记录，但在答辩中通过提问却发现，这些统计数据与访谈记录都是作者编造的，作者根本没有进行过任何的调查。论文中这种虚假数据，一方面违背了基本的学术规范，另一方面也使得论文的观点与结论变得不可信，成为伪命题。

四、材料多余

在学术论文中，与论文主题无关的部分应当剔除，同样与论文主题无关的材料也应当摈弃。论文中所使用的材料应当与论文的内容密切相关，凡是无关的材料都不能出现在论文之中。在本科生撰写论文时，有的同学有时为了使自己的论文看起来内容更加丰富，会将一些与论文主题无关的材料也放到论文之中。

如有同学在撰写研究我国行政诉讼审判现状的论文时，不仅收集整理了近五年来全国行政诉讼案件审理的数据，还收集了全国行政复议和国家赔偿案件的数据信息，一并将其放在论文之中。而该文内容并未涉及行政复议和国家赔偿的问题，将这两类材料放在论文中对于论证论文中的观点没有任何作用，反而会影响论文内容的紧凑性，给读者一种凑字数的感觉。

第五节　研究方法方面存在的主要问题

论文的研究方法是指在对论文选题进行研究时所采用的工具和手段，论文的研究方法是在不断地学术研究过程中，逐渐总结、归纳出的具有较强规律性和稳定性的研究方式。研究方法选取是否恰当，将直接影响论文选题研究的成效。恰当的研究方法的采用能够有效地推动研究活动的开展，提高研究成果的质量，提升研究效率。对于政法类专业的学术研究而言，学术论文的写作过程就是学术研究的过程，因此，一篇合格的学术论文必须有恰当的研究方法才能够达成研究目标。

在学术论文中，研究方法方面存在的问题主要有：

一、缺乏总体研究方法

如前所述，一篇好的学术论文必须有恰当的研究方法。因此，在撰写学术论文时，首先必须确定论文的总体研究方法，在总体研究方法的基础之上再选择具体的研究方法。如我们可以首先选择实证研究方法作为总体研究方法，然后再根据实证研究法选择调查法作为具体的研究方法。

在实际的论文写作中，很多同学不太重视研究方法的选择，在撰写论文前不确定研究总体的研究方法，导致在论文写作过程中，由于缺乏恰当的研究方法指引，研究难以推进下去，或者研究效果不佳。在本科生撰写的学术论文中，这种情况十分普遍，常常出现论文选题是实证性选题，论文内容却采用规范分析方法，或者论文前半部分采用定性分析，后半部分采用定量分析方法的情形。这些都会对论文的研究产生不利影响。

二、文献研究不深入

文献研究法是学术论文写作中常用的方法之一。在很多学术论文中进行文献研究是开展研究工作的前提条件。如前所述，进行文献研究必须建立在大量、充足的文献分析基础之上，即在采用文献分析法进行研究时，文献样本数量必须充分，样本范围必须全面。

在很多的学术论文中，作者在使用文献研究法进行文献分析时，存在的一个普遍的问题就是样本数量不足、范围狭窄。如某同学要对中国近代民事诉讼法律制度进行研究，这一研究必须需要对近代民事诉讼相关法律规定进行文献分析，但是在论文中，作者却仅分析了清末和南京国民政府时期的立法文献，并没有分析北洋政府时期有关民事诉讼的立法规律，这样的文献研究就是不全面的。

文献研究不仅要全面、广泛，而且还必须在此基础之上，进行深入的分析。对文献的深入分析一方面要求要对文献的内容进行全面的描述，另一方面还要对文献进行归纳，分析不同文献之间的关系，发掘文献中存在的问题。

这一要求并非所有论文都能够做到，许多论文中的文献分析往往不够深入，或者对文献仅仅只作表面的简单描述，只罗列其名称、出处，不对其内容和观点进行分析；或者对不同的文献不进行比较；或者只对文献的优点进行分析，不分析其缺点等等。

三、实证性选题无实证性研究方法

论文的研究方法应当与论文的选题相匹配，才能有效推动研究活动的开展。由于政法类各专业都与社会生活密切相关，所以大量的论文选题是实证性的问题，即通过分析客观现象、归纳总结规律，解决实际问题。对于这类实证性选题，当然应当采用的是实证研究的方法。不过由于研究能力所限，在本科阶段的学术论文中，常常出现实证性选题无实证研究方法的情况。

有的论文选题虽然要求要采用实证研究方法，但由于调查研究难度较大，或者没有调查时间，论文内容全面采用规范研究方法，没有任何实证研究内容。还有另一种情况更为常见，即作者在论文中自认为采用实证研究方法，但实际上仍然是规范研究。这主要表现为，在论文中首先有观点，然后作者列举了几个典型的案例或者一组简单的数据以证明观点的准确性。这种研究方法并不是实证研究法，实证研究法要求要在调查研究的基础之上得出结论，归纳观点，而不是先有抽象的结论再举例论证。

四、推理不遵守推理规则

在学术论文写作中，要注意遵守推理规则。推理规则是人们所总结出来的具有客观性、必然性和普遍性的一种解决问题、得出结论的规则。严格遵守推理规则是保证论文观点准确的前提。在学术论文中，有时也会出现作者不遵守推理规则随意得出结论情况。

因为推理规则运用不当导致的结论错误的情形很多，这里只以推理中常用的三段论推理为例。三段论推理包含一个一般性的原则，称为大前提，一个附属于前面大前提的特殊化陈述，称为小前提，以及由此引申出的特殊化陈述符合一般性原则的结论。三段论推理时，首先必须确定大提前，大前提确定后，再寻找其内含能够被完全包含于大前提的小前提，最后得出结论。如具有 A 特点的都是动物（大前提），B 具有 A 特点（小前提），则可以得出 B 也是动物的结论。三段论推理是一种最简单的推理，在学术论文中常常使用。

但是，有些学术论文中，在使用三段论推理时，常常会出现一些错误，如在一篇研究深圳市"禁摩限电"政策的论文中，作者在初稿中得出结论认为，深圳"禁摩限电"政策的制定与实施违反了行政法中的法律优先与法律保留这两项基本原则，但在论文中进行论证时作者所举事例却均完全不属于法律优先与法律保留原则的内容，而是诚实守信原则的内容。这就是典型的小前提错误，在小前提错误的情况下得出的结论是不可靠的。推理规则运用错误，必然导致论文结论发生错误，因此，在论文论证时，必须严格遵守推理的规则。

第六节 语言表述方面存在的主要问题

学术论文是由语言文字组成的，研究者对某一问题研究的成果必须通过语言文字表述出来，如果没有熟练的语言文字表达技巧，即使研究的成果具有很高的学术价值，也不一定会得到他人的关注与认可，因为一篇学术论文不仅要具有思想性，而且还必须具有可读性，可读性是保证读者能够愉悦地将论文读完的前提，而论文中所包含的思想也只有在论文被读者阅读完毕后才能传达出去。所以，语言表述的规范与否会对论文的质量造成直接影响，会影响到论文学术价值的有效传播。

在学术论文的语言表述方面，常常出现的问题有以下几类：

一、论文的语言文字缺乏学术性

这里所谓的学术性是指学术论文的语言文字应当与学术研究的性质相适应，采用论述性语言，不能过度使用口语性、文学性、新闻报道性或政府公文性语言表述。每一门学科都有自己的专业术语和表达方式，口语性语言表述过于随意，无法清晰、明确地对学术问题进行分析；文学性语言带有极强的感情色彩，与学术论文的客观和中立有时会发生冲突；新闻报道性语言侧重于描述现象，而学术论文则重在对现象进行分析；公文性语言往往较为死板、空洞，与学术论文所要求的具体性相悖。

对于初学专业论文写作的本科生而言，学术论文语言表述在学术性上常常会出现上述问题。如在一篇研究彝族德古调解制度的论文中，关于德古制度的现状和价值，作者是这样论述的：

听祖先们说，之前德古几乎不管民族间的事，地位和作用也很低微。但是近几年来随着社会民众对德古期望越来越高。德古的权威和协调作用重新被认可。目前在凉山一般来讲，每个家族或每个地方，小到每个村落都有一个或多个德古。他们在彝族人心目中有很大的威望，在凉山彝族聚居的地区，除了重大的杀人案件以外当地的其他纠纷，主要为民事、婚姻方面的纠纷，多是由德古来协调解决的。很多纠纷是当事人双方自愿请德古来解决的，也有一部分纠纷是因为当地的乡村干部解决不了而邀请德古进行调解的，在当地很多彝族人都不相信资历较浅的年轻干部，但是他们很相信德古的调解，因为在他们心目中德古是公正无私刚正不阿的。

……

德古调解都会给予纠纷双方当事人回旋的余地。去年我们有这样一个案例，一群人一起去西藏打工，其中一个人在西藏和汉族人打架。结果被当地公安给扣压，领头的人回来后，把消息告诉他家里面人，被扣押的家属要求领头人想办法从公安局将人救回来，否则就给他们家儿子5万，当成是打工的费用。我想这个案件依照国家法律，责任是很明确的，法律不会让没有责任的人承担责任，不可能让没有责任的当事人赔偿。但经过我们那儿德古的调解，德古考虑到大家都是一个村落的人，低头不见抬头见，并且以后还会一起生活，如果反目成仇，会产生矛盾，所以做出双方都能接受并可化解矛盾的调解，让领头人赔偿2万。因此，我们认为德古的调解更多的是主张大事化小、小事化无，希望矛盾调解后，双方还能正常相处。所以这样的调解更有利于彝族社会的和谐，更利于国家和谐社会的发展。

上述引用的两段内容，存在的最大的问题就是文字表述口语化严重，作者在分析德古调解的现状，尤其是德古调解的价值时，全部以一种口语化的文字表述出来。这种表述一方面缺乏条理性；另一方面也未能充分地运用法学理论对相关问题进行解释和分析，导致论文学术性缺乏。

在另一篇研究行政诉讼案件相对集中管辖制度的论文中，作者对当地法院在推行相对集中管辖制度时采取的举措进行了说明：

1. 加强同党委、政府的联系，加强内部的组织领导。××市自开展行政诉讼集中管辖试点以来，成立了多支试点工作领导小组。领导小组由院长任组长，副组长是分管行政审判工作的副院长，行政庭庭长、立案庭庭长、执行局副局长等成员则负责对试点工作的组织领导。在领导小组下又在行政审判庭设立了办公室，行政庭庭长负责日常工作事务。试点工作领导小组，主要负责研究制定具体工作方案，建立季度报告、年度总结等制度，××市中级人民法院分管领导多次到市中区、峨眉山市两个集中管辖法院进行调研指导，研究解决新类型、新情况、重大复杂的行政案件。除设立领导小组外，试点法院还积极召开党组会议、部门负责人会议和全院干警大会，将试点工作纪要完整传达。试点法院主动向××市市委、人大汇报工作。2014年7月14日，××市人民政府还与××市中级人民法院就关于"全市各级各部门全力支持与巴掌法院开展试点工作"联合制定下发了《关于建立司法与行政良性互动机制促进法制政府建设的意见》。同时，中院行政庭通过实地走访调研，与市政府办、法制办召开联席会议，积极组织集中管辖法院进行专题讨论，将相关意见收集、整理、分析、论证之后形成了指导意见，相对统一了部分案件的裁判尺度。

2. 巡回审判，落实司法便民。其中，在非集中管辖法院的立案窗口醒目处会公告集中管辖相关事宜，方便当事人查阅，并且设置了专门人员来负责集中管辖的协助配合工作。为了减少当事人的诉讼成本，其可以选择向原管辖法院递交起诉状，由该院代为转交至集中管辖法院；集中管辖法院在审理案件时，原则上应采取巡回审判的方式，开庭审理、调查取证时尽可能到原告所在地进行。同时，集中管辖法院还加大保障力度，配备了巡回审判专用车辆用于开展巡回审判。

3. 提高司法透明度，利用媒体提高试点影响力。××市中区人民法院及峨眉山市人民法院先后召开新闻发布会，向社会通报试点工作的相关情况。利用官方网站、微博向社会公开行政案件受理范围、发布案件审判信息、公开生效裁判文书，让社会更多地了解试点工作、支持试点工作，从而扩大行政审判试点法院的工作影响力。此外，试点法院工作人员积极向媒体投稿，以参与者的视角描述试点工作进展，让群众对行政诉讼集中管辖有了更直观的感受。

这段内容存在的主要问题就是政府公文式的语言表述。与学术语言不同，政府公文往往立足于政府管理的角度强调对某一问题的全面分析，因此，政府公文中的很多内容与论文主题并无多少关联，这段内容中的第一点"加强同党委、政府的联系，加强内部的组织领导"中的许多内容都属于这种情况，应当删除。另一方面，政府公文尤其是工作报告类的公文往往内容较为空洞，无法充分透彻地说明问题。这从这段内容中也可以看出来，论文虽然看似十分详细地对法院推行行政案件集中管辖的工作进行了阐述，但许多重要的问题并未论及，如当地法院进行行政案件集中管辖试点的法律依据的取得、上级法院批示同意的过程、当地法院就相对集中管辖制定出台具体实施细则的过程等。

而在一篇研究造血干细胞捐献相关法律问题的论文中，在文字表述上存在的则是另一个问：新闻报道式语言。在分析造血干细胞捐献志愿者"反悔"的原因时，作者引用了一个案例：

2012年3月5日，患急性淋巴细胞白血病的靖江女孩蒋某安静地躺在苏大附一医院，她戴着黑边眼镜，身体有点肿胀似的发胖。骨髓配型成功后，她被送进无菌仓中，开始大剂量注射药物，她原有的造血系统将全部被摧毁，捐赠者的骨髓也计划在6日注入她的体内。3月1日，医生告诉她的父母，上海捐赠者反悔了，捐赠的新骨髓不能按时移植。不过3月5日一大早，蒋静家人得知，捐髓者又同意捐了。上午，激动的蒋静父母专程前往上海想当面感谢一下志愿者女孩，但仅仅数小时后，又有消息传来，捐髓者再次反悔，蒋静只能慢慢地在无比的痛苦中艰难地等待。

这一案例虽然确实能够反映出造血干细胞捐献中存在的一些问题，但作者在进行案例描述时，完全照搬了新闻报道的原文。这种做法虽然对于作者撰写论文而言较为便捷，但却存在着严重的问题。因为新闻报道往往采用文学性语言来描述问题，而且常常会带有作者自身的个人感情，这与学术研究的中立性是冲突的，同时，新闻报道中的很多内容，也往往与论文主题无关。因此在学术论文中，引用新闻报道时，作者必须对新闻内容进行重新编辑，根据论文研究主题的需要，剔除无关的内容，对关键内容进行提炼，以严谨的学术性语言将其重述，方能满足学术论文的要求。就上述案例而言，在论文中应当仅对捐赠者同意、反悔、再同意、再反悔的过程和捐赠者反悔的原因进行描述，案例中的其他部分都应当剔除。

政法类专业所研究的内容往往与国家政策、国家政治制度相关，或者是在国家政策背景影响下出现的新问题、新需要，如近年来有关"一带一路"相关问题的研究；或者这些问题的出现与解决与国家政治制度密切关联，如网络新媒体的管理。但是，在大多数情况下，这些政策与制度仅仅只是我们所研究的问题的一个背景，而非其具体内容。所以我们在研究相关专业问题时，仍然必须从专业的角度去分析研究问题，而不能简单地从国家制度、政策层面进行宏观地研究。在政法类专业论文中，常常出现的一种表述上的问题即在研究某一个问题时,论文不是从专业角度研究具体问题,而是从国家政策、政治层面空洞地对该问题研究的目的、意义等进行论述。

如在一篇题为《群体性事件的公法预防》的论文中,作者在文中这样论述研究的意义:

> 在社会主义现代化建设的新时期,在全面建成小康社会的新标准,在实现共同富裕的严要求下,预防和根治群体性事件,打造一个和谐有序的经济社会变得尤为重要。人心不稳,工作就不好开展,中国梦就不好实现,因此,在预防群体性事件的时候需要一个具有可操作性的系统性的预防体系,笔者希望以上提出的建议能够在预防群体性事件的时候具有切实可行的可能性。

这段话就是上述问题的典型体现。作者连续从小康社会、共同富裕、中国梦实现的层面就群体性事件的预防的意义进行了强调,虽然群体性事件的预防与规制确实会影响到国家政治、经济的稳定和发展,但论文中的这种表述缺乏详细的论证,十分空洞,使这段话沦为了政治口号;同时,小康社会、共同富裕、中国梦等这些政策也与群体性事件的预防并无直接关系,对论文主题也无任何助益。这段话除了体现政治正确外,并无任何作用,反而因其空洞、无关影响了论文的学术性。因此,在学术论文撰写时,应当避免在不必要的情况之下,过多地将论文主题与国家政治、政策关联,导致论文空洞无物。

此外,在很多学术论文中,还常出现另一种语言表述方面的问题:主观性表述。即作者并非通过客观分析得出结论,而是在论文中从主观愿望出发表达自己对某一问题的个人看法。如在一篇研究错案追究制度的论文中,有如下一段论述:

> 对法官"办案质量终身责任制"的提出,应该说是应对司法腐败的一大利器,然而是否可以解司法体制的"燃眉之急",还要看在今后的实施过程中所起到的作用多大或者说影响的程度多深。但是我们应该相信现状是绝对可以被改变的,任何国家无论是行政机关还是司法部门,都会存在体制上的缺陷,或许是腐败问题,或许是落后、跟不上国家发展步伐问题,唯一的不同是这些问题存在的程度,因此,在自我探索的过程中,不仅仅只看自己,还应该放眼世界,在其他国家的政治、司法体制中寻找方法,借鉴运用。作为中国这一巍巍大国的公民,我们能做的就是知晓法律,遵法守法,不做有违法律之事,相信我国法制道路会越走越好。

从这一段文字来看,作者主要是在对冤假错案追究制度的效果和借鉴国外经验的必要性进行说明,与论文主题密切相关。但本段最后一句却是最大的败笔,这句话完全是从作者的主观意愿出发,表达自己的态度和愿望,而这些态度与愿望又与论文主题毫无关系,只是作者的自说自话。这样的表述对于论文而言,没有什么价值。

二、论文语言缺乏专业性

体现学术论文的专业性特点的一个重要方面就是语言表述的专业性。所谓专业性的语言,指的是学术论文的语言必须使用专业术语与表达方式,不能随意使用非专业术语代替。对于大多数经过数年专业学习的论文作者而言,使用专业性的语言描述、分析问题一般都能做到,但有时也会出现学术论文语言缺乏专业性的情况。如在一篇以信访制度为研究主题的论文中,作者在论述信访制度的便捷性这一特点时写道:

> 信访仅需几张材料就可以进行,或者通过电脑等操作,曾经我的家里也遭遇过不公平的待遇,父母东奔西跑,了解相关政策和询问是否符合补助受领条件,可一直得不到村干部的

解决，父母无计可施，而我也不在家，由此便想到信访，大概因为信访可以在电脑上完成，不用像诉讼那样烦琐需要到处寻找证据资料，也不必受到地域管辖等诸多限制，相比之下，信访着实简单容易得多。尽管信访同样存在时间不确定的因素，但这并不影响当事人再次向其他个人或组织信访。而诉讼则不一样，除了程序上较复杂之外，在诉讼时限、诉讼对象、诉讼请求方面也有了更高的要求。事实上，要通过诉讼解决一项矛盾绝非易事，少需几个月，多达几年，这样长时间的焦急等待与信访的不确定性做比较，当事人宁愿对信访保持憧憬的态度也不愿将自己困顿在一系列纷繁复杂当中。

这段话存在着很多的问题。首先，语言文字缺乏学术性，口语话特点十分明显；其次，文字也不够通顺，有很多语法上的错误；此外，这段话的文字表述在专业性上也存在问题，部分专业术语使用错误，如"证据资料"应当为"证据材料"，"诉讼时限"应为"诉讼时效"，而"诉讼对象"则并非法学名词，其内容也不明确。这些专业术语的错误使用，反映了作者在专业基础知识方面的匮乏，直接影响了论文的质量，削弱了论文的学术价值。

三、论文语言缺乏严谨性

科学研究作为探索事物客观规律的活动，严谨性是其基本要求，而学术论文作为科研成果的载体，同样也必须具备严谨性的特点。学术论文的严谨性除体现在选题、内容、方法、材料等方面外，论文语言表述的严谨性也是其基本要求之一。

学术论文语言表述的严谨性是指学术论文的语言表述应当精确、谨慎。所谓精确，是指学术论文中的语言应当准确，不能含混；所谓谨慎，是指学术论文中的语言表述应当经过认真思考，尤其是一些词语的使用，必须经过推敲。学术论文中的语言的严谨性首先要求论文应当使用学术性语言，使用专业术语和表达方式，因为学术性语言和专业术语都是在学术研究中逐渐形成并为大家所公认的严谨性表达方式。但是，在学术论文中仅要求表达的学术性与专业性还不足以保证学术论文语言的严谨性。在论文中常常还会有一些一般性的表述内容，这些内容在学术性与专业性方面要求较低，如时间、地点、数据等。这些内容作为论文的重要组成部分，同样必须严谨。在论文中，有关时间、地点、数据的文字表述必须准备，不能模棱两可，似是而非。

如在一篇研究言论自由的论文中，有如下一段话：

言论自由有利于实现个人权利，保障人权。一切人在他自身的人格发展过程中，均有形成自己信念和意见的权利，同时，他也拥有表达这些信念与意见的权利，表现是思想发展、知识探求与自我认识不可或缺的部分。

从总体上来看，这段文字基本上符合论文语言的学术性与专业性，但在严谨性方面，这段文字却存在着一个明显的问题。在这段文字中，作者引用了白岩松的案件作为论证材料，在交代该案件发生的时间时，论文中使用的是"不久前"这一表述。学术论文作为学术传承与交流的形式，其生命是十分长久的，一篇有价值的学术论文在写作完成、公开发表之后，常常过几十甚至几十年、几百年仍然会有读者阅读。因此，论文中的时间，不能使用不久前、几年前、前段时间、近期等不确定的表达方式。因为对于论文写作的时间而言，某一事件确实是生在"不久前"，但是如果读者是在30年后才读到这篇文章，则这一事件发生的时间就不是"不久前"，而是很久以前了。

对于读者而言，"不久前"的表述方法也会给其带来困惑，无法获知该事件发生的具体时间。这段文字中使用"不久前"这一表述无疑也会造成上述问题。此外，从该案例实际发生的时间来看，作者使用"不久前"这一表述也是不够严谨的，因为该篇论文写作的时间2016年距离所谓"白岩松醉酒"的事件发生的时间2008年已经有8年时间，无论如何也不属于不久前发生的事了。而作者在引用该案件时，对于"不久前"这一词语的使用并无仔细推敲，直接予以使用，导致本段内容严谨性缺乏，影响了论证的质量。

在另一篇研究消费者维权困境的论文中，作者则是在地点方面表述不够严谨：

> 据市消委会提供的资料，去年我市682件网购投诉案件中，消费者普遍经历了1个月的漫长等待，才得以解决。卖家与买家往往不在同一省份，在协商维权方面欠缺了在实体店购物的直接、当面、快捷的维权优势，虽然全国消法系统有一套异地协助的机制，但由于地域管辖的限制，真正实施起来耗时耗力。

由于学术论文面对的读者是整个学术圈，因此，论文中关于地点的语言表述不能像地方新闻报道一样，用"我市""我省""我区"等词，学术论文的读者分布在全国各地，这种表述方式会给读者造成理解上的困难。对于地点而言，学术论文中应当尽量写明其名称，如四川省成都市武侯区。如果在论文中不便透露地点名称，也尽量不使用"某地""某省""某县"等称谓，应当使用代号代替，如L省D市。

对于论文中的数据而言，其严谨性一方面要求数据必须准确无误，另一方面则要求数据要精确，尽量避免出现"大概有……""可能有……"等模糊的表述方式。不过如果数据确实无法精确统计，前述模糊性的表述也是可以出现在论文中的。

四、论文语言表述逻辑性差，不通顺、流畅

学术论文作为传播学术研究成果的载体，其所包含的学术成果要想被他人理解，获得学术界的认同，论文的语言表述首先必须通顺、流畅，能够为他人所理解；其次，论文的语言表述还必须有逻辑性，即论文的语言表述必须紧密围绕所要论述的问题，句与句之间应当有逻辑关联，不能前言不搭后语。只有通顺、有逻辑的语言才能将所要表达的内容准确地表达出来，并为人所理解。

对于大学生而言，在接受了十几年的语文教育之后，都已经基本具备了文字表达能力，学术论文中的语言表述都能够做到通顺、流畅。但也有部分学生因为语文基础较差，在写作学术论文时，会在语言表述的流畅性与逻辑性上出现问题。

如学生撰写的关于法人终止的法律问题的论文中就存在严重的语言表述问题：

> 国外对法人终止理解为法人主体资格消灭后成的相关法律制度，在日本对法人终止以及其他法律制度的规定中，法人终止的原因就有所体现。而我国《民法通则》第一百六十五条规定："如果法人有下列情形之时，我们可以解散有关的法人：（1）法人章程规定中民事主体消灭是部分法人因其主体资格消灭事由出现；（2）法人在决议解散；（3）因为其他法人终止中有些合伙人需要解散的，"这一规定不能包括《民法通则》中所有对法人终止原因的规定，如果法人破产，从而导致了法人在权利义务得不到法律的支持从而使法人权利丧失；其次，法人终止中仍不能完全导致法人终止，使得法人在相关的法律条文上缺乏合理的解释，从而导致了法人主体资格消灭的现行规定的不尽之处，所以在法律中制度不一从而导致了法律之间的冲突。所以法人终止制度的缺陷是民事主体在行政或司法途径中民事得不到相应的完善，无法在法人解散中终止法人的原因。使得法人在相应存续的条件中进一步改进，按照法人民

事主体资格,其本质上法人与其他法人取消资格在民事主体资格的相应解释。这一规定没有完整地解释出法人终止的原因,即是在法人本身的规定中提出了另一种可能导致法人终止的原因,即法人在破产,该原因可能来自法人或者相关当事人合意造成的结果。

这段话从语言的学术性和专业性上来看基本符合要求,但从语言表述的流畅性与逻辑性方面来看,存在严重问题。整段文字句与句之间没有逻辑联系,大多数句子文字都不通顺,甚至引用的《民法通则》的条文都存在问题(而且所引用的条文还是虚假的),读完整段话之后,根本无法理解作者想要表达什么意思。这样的表述根本无法传达作者的意思,当然也起不到学术交流的作用,不应当出现在学术论文之中。

五、标点符号使用不正确

标点符号无论在学术著作还是在论文中都十分重要,正确地使用标点符号,能够使论文语言表述更加严谨,层次也更加清晰。标点符号作为写作时必须用到的书写符号,在基础教育阶段倍受重视,每一个人从小学开始就要学习标点符号的使用,并进行大规模的使用练习。然而,我们会从学术论文的写作中发现,很多大学生仍然不会正确使用标点符号。关于标点符号的正确用法,可以参考颁布的国家标准《标点符号用法》(GB/T 15834—2011),这里不再赘述,以下仅就在论文中常见的一些标点符号的错误用法做一简要说明。

在本科生撰写的学术论文中,常见的标点符号的错误主要集中在引号、书名号、括号、破折号、省略号等几种。引号使用错误的情形主要有:(1)直接引用他人文字时,应当使用引号而没有使用;(2)引文中已有引号时原有引号应当调整为单引号而没有调整,如:"试点单位严格干部选拔纪律,将新提拔干部的财产进行监督,避免"带病上岗"现象的举措,有助于提高拟任干部的公信度,加强干部队伍的廉洁意识。"这句话中的"带病上岗"应为'带病上岗'。

书名号使用错误的情形有:(1)应当使用书名号时而未使用或使用引号等其他标点。如"1940年,巴西通过了现行巴西联邦共和国刑法",本句应当修改为:"1940年,巴西通过了现行《巴西联邦共和国刑法》";(2)在应当使用双书名号时使用单书名号。除特殊情况外,书名号一般应为双书名号。如《中华人民共和国宪法》不能写作〈中华人民共和国宪法〉。(3)和引号的使用一样,如果书名号中已经有书名号,则此时原有书名号应当调整为单书名号。如"该案件应当适用《最高人民法院关于执行〈中华人民共和国行政诉讼法〉若干问题的解释》"。而不能写作"《最高人民法院关于执行《中华人民共和国行政诉讼法》若干问题的解释》"。

括号的错误使用也主要出现在双重括号套用的情况,在括号内还有括号的时候,外面的括号和里面括号不能使用同一种。如"国外实行版税制(图书定价×版税率×销售(印)数)"中的内外括号都使用圆括号就是错误的用法,内括号应当更改为六角括号"〔印〕",如果外括号使用的是六角括号,则此时内括号应当更改为圆括号。

学术论文中使用破折号时常常出现的错误是破折号书写不正确,破折号应当是"——",由两根短横线"—"连接而成,而在有些论文中被写作"—",还有的写为"-----"或"ーーーー"等形式,这些都是错误的写法。

省略号和破折号一样,论文中的错误也主要是书写错误,省略号是由两个"…"组成,写作"……",在论文中常常被错写为"…""。。。""……"等形式。

标点符号的错误使用会影响作者意思的表达,也会影响读者阅读论文的兴趣。如在一篇本科毕业论文中,有如下一段内容:

2010年5月26日,中共中央办公厅、国务院办公厅联合发布了"关于领导干部报告个人有关事项规定",此一文件规定,领导干部除应报告本人的工资及各类奖金津贴、补贴及劳务所得收入外、还需报告本人、配偶、共同生活的子女房产情况及投资或持有金融理财产品的情况,以及配偶、共同生活的子女投资企业的情况,与此前的财产申报制度相比,新规定有了很大的改进,申报财产的内容包含广泛,既包含收入,也包含财产,既有个人财产情况,也有家庭财产情况。

这段文字就存在乱用标点的问题,整段文字没有句号,许多标点符号的使用也不正确。读者在阅读这段文字时不仅会因为标点符号的错误而无法迅速理解其要表达的意思,还会因其层次不明、逻辑不清而丧失继续阅读论文的兴趣。如果标点符号使用正确,则此段文字表达会更清晰,层次也会更分明:

2010年5月26日,中共中央办公厅、国务院办公厅联合发布了《关于领导干部报告个人有关事项规定》。此一文件规定,领导干部除应报告本人的工资及各类奖金津贴、补贴及劳务所得收入外,还需报告本人、配偶、共同生活的子女房产情况及投资或持有金融理财产品的情况,以及配偶、共同生活的子女投资企业的情况。与此前的财产申报制度相比,新规定有了很大的改进:申报财产的内容更为广泛,既包含收入,也包含财产,既有个人财产情况,也有家庭财产情况。

六、论文段落篇幅过长

论文是由一个段落一个段落组成,论文之所以要将句子组成长短不等的段落,是因为通过将围绕一个问题的句子组成独立的段落,可以使论文的层次更加鲜明,结构更加紧密,对读者而言更容易阅读和把握论文内容。

论文的段落应当有合理的长度。一个段落的合理长度,要根据该段落所论述的内容确定。论述的内容较多,则段落应当长一些,如果论述的内容较简单,则段落可以很短,甚至只有一句话。在撰写论文时,不要将研究几个不同问题的内容放在一个段落里,否则论文看起来就会结构不明、层次不清、内容混乱,读者也无法快速准确地理解和把握论文中的主要观点。

一般而言,一个段落只表达一个意思,论述一个问题。但是也会出现一种特殊情况,即该段落所论述的问题较为复杂,内容很多,这时就会出现一个段落篇幅很长的情况。这时就需要我们对这部分内容进行分段处理,如果不对这一段落进行分段,则论文该部分内容看起来会十分臃肿,影响读者的阅读兴趣。所以,学术论文段落的长度不应过长。

学术论文段落的长度限制没有具体的标准,但从论文层次感和逻辑性方面来看,论文各段落长度一般不应超过500字,从政法类专业各核心期刊所刊载的论文来看,大多数论文的段落长度在300~400字之间。在撰写论文时,如果论文中某一段落长度超过四五百字,就应当根据内容进行分段。

段落不能过长,但是可以很短,一句话也可以是一段。不过要注意的是,学术论文中的段落不能全部都很短。一方面因为学术论文中要研究的问题,并非全部都可以用一两句话阐释清楚,所以必须大多数段落都是由多个句子组成;另一方面,论文短段落过多,会给读者一种论文内容零碎、没有深度的感觉。所以，学术论文不能全部都由很短的段落组成。一篇好的文章，段落应当错落有致，长短结合。

在学术论文中，最常见的就是段落过长。在一些论文中，有的段落长达一两千字，整整一两页都是一段，看起来密密麻麻，让读者无法把握到底这一段研究了几个问题，研究了些什么问题。

如在一篇研究弃婴权益保障的论文中，作者提出了保护育婴权益的措施建议：

（三）政府应该积极完善相关社会保障体系。首先，需要发展完善社会救助制度。在我国，"弃婴"行为很多情况下都是低收入家庭走投无路的选择。被遗弃的婴儿大多都是患先天性疾病或者残疾的儿童，需要巨额医疗费来治愈，且有的是无法治愈的，这样巨大的经济压力和精神痛苦往往不是一个普通家庭所能承受的，迫于残酷的现实，他们不得不遗弃亲生骨肉。而此时，社会救助制度就是社会保障体系的最后一道"安全网"。针对许多病残儿被抛弃的事实，加快医疗救助制度的建立应是当务之急。要通过政府的直接或间接领导，并同时依靠社会救助力量建立面向城镇和农村的特殊困难群体的医疗救助制度。切实保障这部分社会特殊弱势群体的最低医疗需求。全面建立起一个覆盖全方位的制度化的救助渠道。其次，应尽快建立起儿童医疗保障制度。目前，我国的医疗保障制度仅仅是针对劳动者的，并没有专门针对儿童的医疗保障体系。由于没有儿童医疗保障制度，当孩子身患重病或是残疾时，昂贵的医疗费让不少父母不堪重负，甚至会因病致贫，拖垮了一整个家庭，他们实在是迫不得已才做出遗弃行为。那么，当务之急是政府应该构建起患重大疾病、重度残疾的儿童救助及其家庭扶助体系，且有关儿童福利机构的建立、经费保障、人员配置等方面立法及措施也应当尽快完善。可以采取政府倡导与民间组织运作并行的模式，由政府职能部门给予政策支持和相关保障，由社会福利机构予以组织实施。与此同时，为了缓解弃婴岛承受的压力，我国的收养制度也亟待完善。我们应放宽收养人的资格限制，同时加强后期的监管服务。我国的收养制度应是既能鼓励人们帮助弃婴，又能保护被抚养婴儿的合法权益的制度，这才是我们设立此制度的目的。目前，大量的弃婴都集中在福利院供养，而这种集中供养的模式显然不利于婴儿的成长，所以我们要打破现有的制度上的束缚，采取家庭收养或认养等方式，帮助弃婴健康成长。民政部作为弃婴的监护人，民政部举办的儿童福利机构则实际承担着弃婴的监护责任。家庭养育模式必然使监护人和被监护人分离，形成监护责任的转移。因此，监护人必须通过有效的监督管理才能使被监护人的合法权益得到切实保障。

这段话近一千字，但是却只有一段，从阅读的角度看，如此长的段落读者必须花费很大的精力才能理清作者到底写了几个问题，这无疑会影响其继续阅读的兴趣。如果我们根据这段话的内容进行合理的分段，则其所包含的意思会清晰地展现出来，这段文字的内在逻辑性和层次也会显现。

（三）政府应该积极完善相关社会保障体系。

首先，需要发展完善社会救助制度。在我国，"弃婴"行为很多情况下都是低收入家庭走投无路的选择。被遗弃的婴儿大多都是患先天性疾病或者残疾的儿童，需要巨额医疗费来治愈，且有的是无法治愈的，这样巨大的经济压力和精神痛苦往往不是一个普通家庭所能承受的，迫于残酷的现实，他们不得不遗弃亲生骨肉。而此时，社会救助制度就是社会保障体系的最后一道"安全网"。针对许多病残儿被抛弃的事实，加快医疗救助制度的建立应是当务之急。要通过政府的直接或间接领导，并同时依靠社会救助力量建立面向城镇和农村特殊困难群体的医疗救助制度。切实保障这部分社会特殊弱势群体的最低医疗需求。全面建立起一个覆盖全方位的制度化的救助渠道。

其次，应尽快建立起儿童医疗保障制度。目前，我国的医疗保障制度仅仅是针对劳动者的，并没有专门针对儿童的医疗保障体系。由于没有儿童医疗保障制度，当孩子身患重病或是残疾时，昂贵的医疗费让不少父母不堪重负，甚至会因病致贫，拖垮了一整个家庭，他们实在是迫不得已才做出遗弃行为。那么，当务之急是政府应该构建起患重大疾病、重度残疾的儿童救助及其家庭扶助体系，且有关儿童福利机构的建立、经费保障、人员配置等方面立法及措施也应当尽快完善。可以采取政府倡导与民间组织运作并行的模式，由政府职能部门给予政策支持和相关保障，由社会福利机构予以组织实施。

与此同时，为了缓解弃婴岛承受的压力，我国的收养制度也亟待完善。我们应放宽收养人的资格限制，同时加强后期的监管服务。我国的收养制度应是既能鼓励人们帮助弃婴，又能保护被抚养婴儿的合法权益的制度，这才是我们设立此制度的目的。目前，大量的弃婴都集中在福利院供养，而这种集中供养的模式显然不利于婴儿的成长，所以我们要打破现有的制度上的束缚，采取家庭收养或认养等方式，帮助弃婴健康成长。民政部作为弃婴的监护人，民政部举办的儿童福利机构则实际承担着弃婴的监护责任。家庭养育模式必然使监护人和被监护人分离，形成监护责任的转移。因此，监护人必须通过有效的监督管理才能使被监护人的合法权益得到切实保障。

这段话根据内容可以分为四段。第一段是标题，说明这部分内容的研究主题；第二段是第一个具体措施：完善社会救助制度；第三段是第二个具体措施：建立儿童医疗保障制度；第四段是第三个措施：完善儿童收养制度。这段文字经过分段，其研究的内容更加清晰，逻辑性和层次性也更强。对于读者而言，阅读难度也会大大降低。

第七节　格式方面存在的主要问题

一篇合格的论文不仅需要注重选题、观点、材料、方法等内在的问题，同样也需要重视格式规范的问题，一篇好的论文必然是"内外兼修"的。之所以要重视论文的格式，原因在于一篇论文要想吸引读者阅读，除了需要有独到的学术价值之外，还需要有较强的可读性，这种可读性一方面要求在论文语言表述上要严谨、流畅，另一方面则要求在论文格式上的规范性。一篇论文如果排版没有做好，会给人一种作者对论文不重视的感觉，也反映出作者做学问缺乏严谨、认真地态度。论文格式的规范性要求较多，具体可参考附录中的"毕业论文规范化要求"，这里不再赘述，下面仅就论文写作中常见的格式问题做简要说明。

一、字体不规范

在学术论文的不同部分，字体要求是不一样的。对于学术期刊而言，不同的杂志要求有所不同，对于毕业论文而言也是如此，各高校对于学术论文的字体要求并不完全相同。因此，学术论文中字体如何选择，并没有一个固定的标准。从论文排版的美观考虑，论文中的字体可以采用如下标准：论文标题使用黑体字，摘要、关键词和尾注使用楷体字，正文和脚注部分使用宋体，英文部分使用"Times New Roman"字体。

在字体设置方面，论文中常出现的问题有：

（一）字体不一致

出于美观与清晰的考虑，论文中不同部分的字体往往不一致，但是，同一部分内容的字体应当是一致的。如论文正文部分如果使用宋体，则所有正文中的段落都必须使用宋体，不能出现字体不一致的情况。在本科生撰写的论文中，常常会出现字体不一致的情况，尤其是在论文引用他人观点或者材料时，很多时候作者会不修改直接进行复制。如在某篇毕业论文的初稿中，就出现了字体不一致的情形：

在地方立法的过程中，很多立法项目的出台只是为了与其他设区市进行攀比，单纯去追求一个立法的数量，很少人能去思考是不是有必要去立这些法，或者现在立这些法的时机是不是成熟的。如若是对这样的现象不管不顾，数量众多的低质量立法将会影响立法的执行，进而不仅浪费了大量的立法资源，还会破坏法律的权威性。"其实，在《立法法》修改过程中，就有过各种不同的声音，其中就有人认为，普遍授予设区的市地方立法权，将'会使规范性法律文件数量激增，导致整个法律体系陷入混乱，不利于法官适用和民众掌握，并损害法律的权威性。'"怎样去引导和纠正地方立法泛滥的趋势，是目前地方立法的关键问题。

从这段内容我们可以发现，论文的字体如果不一致，论文从形式上来看会显得非常凌乱，读者阅读论文的兴趣会大大降低。当然，如果在论文中确有必要通过不同字体区分不同的内容，也可以使用不同的字体，但同样必须注意字体的统一。

（二）字体选择不恰当

学术论文作为一种十分严谨、专业的文体，文中的字体也应当是严肃和正式的。如前所述，学术论文一般使用黑体、宋体、楷体等正式字体，而不能使用一些艺术性字体。一段正式的文字如果选择字体不恰当，会影响论文的严肃性。如：

《行政诉讼法》第五十三条规定："公民、法人或者其他组织认为行政行为所依据的国务院部门和地方人民政府及其部门制定的规范性文件不合法，在对行政行为提起诉讼时，可以一并请求对该规范性文件进行审查。"

这段话使用的是一种艺术化的字体，如果单独来看这段文字的排版是很美观的，但是如果将这段文字置于学术论文之中，则看起来就不够正式，与学术论文的严肃性不符。

二、字号与颜色不符合规定

在对学术论文进行排版时，不仅要注意字体的选择，还需要注意字号的合理性与文字颜色的一致性。

同字体一样，一篇学术论文的究竟应当使用几号字，并没有统一的要求。从论文排版的美观性与阅读的便利性上考虑，一般而言，论文中不同部分文字的字号可以采用以下标准：论文题目使用二号或小二号字；论文正文部分使用小四号字或五号字；正文中的一级标题字号比正文大一号（四号字或小四号字）；论文摘要、关键词、注释、参考文献比正文小一号（五号字或小五号字）。

学术论文在字号方面常见的错误主要包括字号不统一和字号不恰当两种情况。首先从字号的统一性要求来看，一篇学术论文不同部分文字的字号应当适当区分，但是很多本科生撰写的学术论文其字号往往是完全一样的，有的甚至题目和内容的字号都一样。之所以不同部分文字的字号要有所区别，其主要原因一方面出于排版的美观，另一方面更重要的是能够通过与字体结合，清晰区分论文的不同部分，展现论文的结构层次。如果字号完全一致，就会影响论文美观性和层次性。

而从论文字号的恰当选择上来看，论文中的字既不能过大，也不能过小。字号过大占用页面过多，比较浪费纸张，而字号过小又不利于阅读。在学术论文中，尤其是本科生毕业论文初稿中，经常会出现字号选择不恰当的情况。一种情况是字号过大，很多同学受党政机关公文的影响，将论文正文字号设定为三号字。党政机关公文的字号较大的主要原因在于：一方面机关公文常常需要向社会大众张贴公布，其内容必须醒目；另一方面党政机关公文往往也比较短，大多为几百字或者一两千字。而学术论文则不同，一方面学术论文主要是进行书面的学术交流，无须张贴；另一方面学术论文往往都比较长，大多数为几千字到一两万字。所以，如果选择较大的字号，既不必要，也会在打印时造成浪费。一般学术论文的正文使用小四号字或者五号是比较合适的。

除了字号外，论文中文字的颜色也要注意。学术论文不同于广告、海报，其文字颜色除有特殊需要外，一般只使用黑色。在学术论文中文字颜色一般而言不会存在问题，但在有些本科生写的论文中还是会发现文字颜色不一致的情况。这主要是出现在论文中使用了互联网上的资料的情形。很多同学在使用网络资料时，都是直接进行复制。姑且不论这种做法是否符合学术规范，复制到论文中的资料常常由于网页设置的原因，其文字颜色并不是黑色，如果不重新进行设置，该部分文字颜色就会与其他部分颜色不一致。对读者而言，出现这种情况就可以判断出论文作者学术研究态度不严谨，水平不高。

三、行距不合理

在学术论文中，行距的设置也是影响排版美观与否的重要因素。行距设置无论过大或者过小都会影响论文排版的美观与阅读体验。行距过大，论文内容会显得十分松散；行距过小，又会使论文内容看起来非常拥挤，影响阅读。一般而言，学术论文中行距设置为 1.5 倍最为恰当，既不会显得拥挤，也不会看起来过于宽松。

有些作者不太重视行距设置，所以在一些学术论文中，就会出现行距过大或过小的情况，还有一些论文甚至会出现行距不一致的问题。这些都反映出作者对待学术研究和学术论文的不严谨负责的态度。如以下一段内容就存在行距设置不一致的情况，虽然内容观点没有问题，但形式上存在的不足会仍然会导致对其评价降低。

（三）被申请人下落不明

司法救济途径是每一个案件当事人的最后保障选择，当担保物权人不得不选择向法院申请的方式救济担保物权的时候，却发现被申请人早已不知所踪，人民法院对是否采用公告送达的选择直接关乎到担保物权能否顺利的实现。现行的法律条文中并没有关于实现担保物权案件的法律文书送达的规定，因此导致各地法院在具体案件中没有一个统一适用的标准，具体处理方式也不同。实践中大多采用以下两种方式：

1. 公告送达

有些法院认为,当被申请人下落不明时可以采用公告送达,这样既避免送达程序的缺席,又保证了被申请人应有的知情权与参与权。

然而这种方式耗时漫长,与担保物权实现制度所追求的便捷迅速有着本质上的差异,与其立法精神相冲突,所以不宜采用。

四、页边距与文字缩进不合理

为了保证论文排版的美观,不能整个页面都占满文字,所以学术论文在排版时,都会在页面上下左右部分留有一定的空白,所留空白的大小取决于页边距的设置。页边距数值大则所留空白也大,反之亦然。页边距数值如何设置才合理,并无统一标准,一般使用默认值即可。页边距过大或过小都会影响页面的美观,过大会使论文页面显得过于空旷,同时在打印时也会造成资源浪费,过小则会使论文文字看起来十分拥挤。

除页边距外,在学术论文中更容易出现问题的是文字缩进。在论文中常见的文字缩进有两种,一种是首行缩进,另一种是段落缩进。

首行缩进即每一段落的第一行向右缩进,其余各行不缩进。首行缩进在学术论文中十分重要,因为汉语书写规范要求每一段落第一行必须要空两字,而首行缩进的功能就在于此。在学术论文中常常遇到的一个问题就是段落首行不空格(不缩进),尤其是在论文标题段中,很多作者误以为标题段不需要空格,而直接顶格书写,这是不符合书写规范的。如上一点所举事例中的"(三)被申请人下落不明"即存在这一问题。论文中的所有段落,除论文题目等需要居中设置的内容外,其余内容均须首行缩进两个字符。

段落缩进是指将某个段落整体向左或向右缩进,如本节前文所举的几个事例即是如此。段落缩进在学术论文中一般不经常使用,其只在某些内容需要特殊排版以区别于其他内容时才会使用。

论文中各段落排列应当是整齐划一的,不能出现不规律的部分段落缩进,部分段落未缩进的情形,否则论文页面会显得很不整齐。如:

> 公共危机管理是指政府和非政府组织通过对公共危机的预防、控制、处理达到避免、减缓和弥补危机损失的行为过程,最终保护社会、公民的人身和财产安全,维护社会稳定和国家安全。公共危机管理一般具有如下特征:

第一,预防性。预防性是在公共危机发生之前所做的准备工作,根据以往的数据以及存在的问题,对即将发生的危机做最大程度的防御。

第二,应急性。由于危机发生具有突发性和不确定性,所以在进行公共危机管理过程时要综合考虑各种因素,整合相应资源做出科学及时决策。

> 第三,整体性。在危机发生后,必然会对社会造成一定的威胁,危害到部分人的利益。因此,在公共危机管理中应该从大局考虑,注重整体利益。

五、序号不规范

论文中的序号对于初写论文的新手来说很容易用错。根据汉语标点符号使用规则,人文社科类专业的学术论文或著作标题序号使用规则如下：

一级标题序号使用一、二、三、……；

二级标题序号使用（一）（二）（三）……；

三级标题序号使用1. 2. 3. ……；

四级标题序号使用（1）（2）（3）……；

在论文中经常出现的标题序号的问题是二、三、四级标题序号。很多人将二级标题序号错写作"（一）、概念界定；（二）、文献分析"。在论文中，四级标题序号的使用和二级标题出现的错误基本相同，也是在括号后增加顿号，如"（1）、立法理由；（2）、立法形式"。应当注意的是标题序号中如果有括号，括号后面是无须再添加其他标点符号的。

三级标题的序号也容易出现错误，主要表现在很多人将阿拉伯数字后的标点误用为句号或顿号。如"1、我国环境公益诉讼的立法；2。我国环境公益诉讼的司法实践"。正确的用法应当是阿拉伯数字后加句点。如"1. 立法前评估的概念；2. 立法前评估的价值"。

六、不按规定使用文字底纹与页面底纹

与字体颜色存在的问题一样，在一些学术论文中，由于直接复制引用了互联网上的资料，因此出现了以下两种排版上的问题：

例1：

行政诉讼被告范围的界定也是一个重要的问题，因此，与行政诉讼被告有关的行政组织、行政机关及行政官署（厅）的概念的澄清也是十分必要的。

例2：

早期学者对行政组织的定义为"行政组织者，组立行政机关之谓"。后来将其定义为"是指行政机关内部的结构及其职权的建立而言"。"国家之行政组织，通常合行政首长、行政官署及自治团体之三种而成。"可见，行政组织是一个上位概念，它包括行政机关和行政官署。

前者称为字符底纹，后者称为页面底纹。在学术论文中，除有必要增加底纹标示内容外，一律不能添加底纹或背景。如果一篇学术论文存在以上问题，可以直接判断作者缺乏严谨的治学态度，因而该论文质量也难以得到保证。

第二篇　知识、能力篇

第四章　政法类专业论文的选题

选题是科学研究的第一步。许多著名学者都认为："找到一个好的选题，就等于成功了一半。"那么，在科学研究中，选题究竟具有什么样的重要意义？怎样去选题？怎样判断一个选题的优劣？怎样去逐步深化完善一个选题？本章将主要回答这些问题。

第一节　选题的意义和基本原则

一、选题的意义

一般情况下，我们把选题看作是"提出一个有价值的问题"，但是选题并不是在一瞬间完成的，确切地说，选题是一个过程，有时候甚至是一个相当漫长的过程。

选题在科学研究中占有非常重要的地位。爱因斯坦曾经说过："提出一个问题往往比解决一个问题更重要，因为解决一个问题也许仅仅是一个数学上或试验上的技术而已。而提出新的问题、新的可能性，从新的角度去看旧的问题，却需要创造性的想象力，而且标志着科学的真正进步。"[①]这一段话，是每一个有志于从事科学研究的人必须铭记并奉为座右铭的。

选题本质上是使用专业的语言来定义一个问题。所谓问题，首先是相对于已有的知识库存而言的，是现有的知识库存不能解决或者难以解决的问题（所以我们强调在选题的时候应当重视文献回顾，并注意选择"弱理论"作为突破点）。而在我们发现了问题以后，如何去解决这个问题，以及解决问题以后可能产生的社会影响等，本身也构成了一些问题：从这个意义上我们可以说，问题是与科学研究相始终的。

研究阶段的问题总是奠基于学习阶段的问题。我们通过学习掌握了一定的方法和理论，当我们把这些方法和理论应用到社会生活的实践之中去，或者审视理论本身的自洽性的时候，发现了某些不如意的地方，因此转入了研究阶段的问题。因此，研究阶段的问题与学习阶段的问题是紧密相连的，不可能截然区分。没有对已有知识的学习，是谈不上在研究阶段上提出一个好的问题的。曾经有人认为，由于学习已有的知识可能会约束我们的思维，因此在研究阶段上应当抛弃已有的知识。实践证明，在这种看法的指导下进行的"研究"常常因为没有真正有价值的问题和可靠的方法而归于失败，甚至成为一些可耻的骗局，如各式各样的永动机、水变油、人体特异功能研究等。

从研究方法的角度上看，选择和确定研究课题的重要意义首先在于选题实际上决定了研究的方向或者目标，即研究课题一旦确定之后，就要加以具体的规定，其中包括研究范围、

---

① A. 爱因斯坦，L. 英费尔德：《物理学的进化》，上海科技出版社1962年版，第66页。

研究对象、研究内容等，从而决定了整个研究的方向、价值、成败。每一项研究，必然都是针对特定社会领域的特定问题而展开的。没有特定的问题，就不可能有特定的研究，而只有泛泛而谈。

　　一项研究课题的选择反映了研究者综合的研究能力和水平。在选择研究课题的过程之中，受到四个具体因素的影响：专业理论知识，研究方法的知识和各种操作技术，对社会生活的观察能力，个人对问题的洞察能力。一般来说，初学论文写作的本科学生在上述四个方面的综合能力不是非常强，因此我们不强调选题的时候选择过于重大和全面的课题，而提倡从小处入手、把具体的问题讲清楚。将来科研综合能力提高以后再去选择重大、全面的困难课题。一般来说，评价一个选题的价值、指标之一就是选题是否涉及重大的理论或者实践问题，但是不能由此推论说宏观选题价值就大、微观选题价值就小。微观选题也可能具有重大的理论和社会意义。

　　一项研究课题的选择和确定还影响到研究的过程以及方法。一旦确定了课题，也就确定了研究的目标和方向；而如何达到研究的目标，又取决于研究方法的采用以及对研究方法的操作能力。一个课题，根据它的特点，我们可能采用文献研究的方法，可能采用问卷调查的方法，可能采用个案研究的方法，可能采用深度访谈的方法，可能采用实验的方法。方法本身没有优劣之分，关键在于它是否适合课题的需要。比如有人研究乡镇政府的不合理行政支出，他采用问卷调查的方法，效果就不是很好，可能深度访谈的方法就更合适一些。

　　研究课题的选择直接影响到研究的质量和结果。比如，一个课题，如果前人已经有了大量的研究，对于课题的各个侧面已经做了相当的研究，后来的研究者除非能够有把握在前人的结论和方法上有所突破，选择这样的"强理论"风险常常是很高的。另外，选题的时候应当尽可能考虑自己的主客观条件，不要过多地超出自己的研究能力。没有经费或者经费有限的课题就不应当考虑进行实地考察或大规模抽样调查的方法。比如，一个地市级的研究单位去研究乡镇可能就更熟悉一些，而去研究大国之间的政治博弈困难可能就比较大。这是选题的谨慎性原则。

　　总而言之，选题是科研的第一个环节，也是一个基础性的环节。有的人甚至说，选题成功了，科研就成功了一半。但是应当注意不要把选题看作一个孤立的事情，以为选题就是冥思苦想、随手抽签或者灵感爆发。选题是一个人科研能力的综合体现，它本身也是一个反复深化的过程。在本科生的毕业论文写作中，大多数同学都是事到临头了，才从老师给出的选题指南中随手抽取一个题目，选了题目之后才发现自己根本深入不下去。出现这样的问题，根本原因是对选题的意义重视不够，或者对选题的困难性认识不足，平时缺乏长期的准备。

　　有人认为，不需要什么选题，只要我们到了问题的现场，接触到了实际的情况，就一定可以获得更新的认识。他们把这个称为唯物主义的方法。这个看法是不对的，是对唯物主义的肤浅理解。这样会导致对什么东西都有所了解，但是实际上对什么东西了解都不深入。即使是探索性的研究也要确定选题，只不过选题的面稍微宽一点罢了。有人担心选题一旦确定，思维就可能被束缚。这样的担心也是不必要的。研究的任务、对象、范围、地点等，都是课题及其要求所决定的，任何一项研究，开始都必须明确地提出问题，科学地制定问题。

二、选题的基本原则

著名教育家陶行知诗云:"禽兽不如人,只在不会问。智者问得巧,愚者问得笨。"这里不仅强调了问题意识的重要性,而且指出了问题本身也有好与不好。好的问题可以使我们事半功倍,不好的问题将浪费我们的时间和精力。可是,如果我们进一步追问"问得巧"与"问得笨"的区分标准何在,我们就碰到了一个重要而复杂的问题。

宋林飞指出,从我国社会调查研究的状况来看,有两个问题要引起重视:一是选题平庸、日常化、无甚意义;二是方法简单、一般化、偏误甚多,从而使得相当一部分研究的科学水平与研究质量不高。他建议,在选题上应当多下一点功夫,不要纠缠于经不起分析、没有多少价值的问题,不要心血来潮、想到什么就去调查什么[①]。这个看法,其实是可以推广到整个社会科学研究的。不过,宋林飞先生并没有深入讨论判断一个选题是否有价值的标准何在。应该说,必须要解决这个先决性的问题。

有不少的专著(尤其是出版时间比较早的著作)都谈到选题和假说应当正确,并将其列为选题的第一个基本的要求。这样的说法十分可疑。因为论文的写作是一个科学研究的过程,一个论点之正确与否,往往不是作者一厢情愿就能判断的。这个问题甚至在论文的研究与写作的整个过程之中都不能解决,它只能在文章发表以后等待有关方面的批评和检验之后才能够得到解决。企图在论文选题的时候就确定自己的选题和假说是否正确,无疑是太早了。强求选题和假说正确最可能的结果是大量优秀的科研成果胎死腹中。我们只能要求,根据现有的资料,某个选题有一个为正确的概率。

有的人会说:选题的正确就是不能违反公认的科学原理和常识。可是我们都知道,一个具体的结论是否正确常常是有待检验的。大家都接受的常识不一定就是真理。黑格尔说得好:所谓的常识,往往包含了它那个时代的全部偏见[②]。有的学者甚至提出,研究成功的基本原则之一,就是我们的科学思考实现同常识的"区隔"[③]。这是很有道理的。也有人说:选题的正确就是不能违反逻辑。但是,我们知道,逻辑只管推理方法的正确性,对于一个独立命题本身的正确性它常常是不过问的。不可能用逻辑来保证选题的正确性。笔者建议,只要一个命题能够经得起已有经验的检验,言之成理,持之有故,就可以大胆地发表自己的看法,不必过分顾忌"正确与否"。如果一定要等到所有问题都得到确定无疑的正确答案的时候才开始研究工作,事实上就扼杀了科学研究。

可见事先去确定选题的正确性是把结果提前了。因为选题的正确性正是研究要证明的结果,我们不能把它当作一个前提来使用。只要我们根据初步的材料"预感"到自己的选题是正确的,就应该大胆地把这个选题确定下来。至于选题可能是错误的,这是研究中无法避免的风险。

我们认为,判断一个选题的优劣,应当遵循以下四个基本的原则:

1. 创造性

完全没有创造性的选题是没有任何科研价值的(但是作为科学普及的课题可能是有价值的)。这种重复性的选题应当通过严密的文献综述来加以避免。如果我们的知识存量不够,我

[①] 宋林飞:《社会调查研究方法》,上海人民出版社 1990 年版,第 108 页。
[②] 列宁:《哲学笔记》,人民出版社 1956 年版。
[③] 毕恒达:《教授为什么没告诉我?——论文写作枕边书》,法律出版社 2007 年版。

们可能会把一些前人早已解决了的问题或者前人早已证明其为错误的所谓选题当作一个"重大发现"来进行研究。那只能是浪费时间和精力。比如对一些数学上著名的猜想的证明，有很多的数学爱好者宣称自己已经破解了这些难题，但是专家指出，绝大多数人都是在重复前人已有的错误。科学研究的本质任务是增进人类对于世界的理解。从这个意义上说，为了实现科研选题的创造性，就必须站到巨人的肩膀上去，并尽可能占有最新的资料和方法。有的人把创造性表述为在选题的时候感受到这个问题是"不可思议的、至少是新鲜而有趣的"，首先是对自己有趣，其次是对学术圈子内的其他高素质人群也是新鲜而有趣的。这当然是一个比较高的要求。其实，依笔者之见，所谓新奇、不可思议，实际上就是发现了一个自己的知识存量不能解决的问题的时候在心理上的一种反映。

衡量创造性的标准有三个方面：首先，本课题所研究的课题在现有的知识库存中还不存在，是开创性的、填补空白性的。其次，一个课题具有创造性，也可以是采用新的理论或者方法对一个已经被大量研究的问题给予新的诠释。第三，研究课题的创造性有时还表现为随着社会生活的发展，已经做过的研究课题的研究对象可能发生了重大的变化，或者原有的理论已经不能有效地解释新的社会现象。

2. 重要性（价值性）

一般来说，只要一个选题能够超越现有的知识库存，增进人类对于世界的理解，那么这样的选题或多或少都是有用的。但是，如果对这些有用的课题再进行一下排序，我们的依据就不能不是该理论的重要性。课题的重要性在理论取向和政策取向的研究中是不一样的。在政策取向的研究中，课题必须是紧迫的、亟待解决的问题。但是所谓紧迫的问题只是一个主观的判断，你必须向有关方面证明这个问题的紧迫性。在理论取向的研究中，课题必须具有广泛而普遍的适用性。建立一个琐碎的理论是容易的。比如，奥尔森在《集体行动的逻辑》中证明了人类集体行动的困难性，建立了"搭便车"的概念。他的课题对于所有人类集体活动都是适用的，因此具有重大的意义。相反，在当前的农村研究中，不少研究者局限于个案，提出一些非常琐碎的理论，被人讥讽为"走马观花又一村，一村一个新理论"，其价值是非常有限的。理论具有的广泛而普遍的适应性，不仅仅指它涉及的现实事务的范围，而且也是指它影响既有理论的程度。一个根本性的改变现有理论的课题，其重要性要远远大于对现有理论进行修修补补的课题。

重要性还表现在这个问题包含了极其深广的内容，在一个相当长的时间之内可以不断地得到发掘和积累。伊丹敬之曾反复强调应当选择一个可以"做十年的题目"[①]，要给自己的学术思维提供一个稳定的支点，以免注意力漂移。这个意见也是值得重视的。

需要指出的是，对价值性的理解不能过于庸俗，甚至理解为世俗意义上的"有用"。在应用性研究中，价值性很可能直接等同于"有用"；但是在基础研究中，一个课题之"有用"与否，往往很难直接判定。一个基础研究课题的社会经济价值，往往要通过数十年甚至更长时间的转化才能够体现出来。据说当年法拉第完成了电磁实验，英国首相问他这个研究有什么用？法拉第回答说："我猜您将来会对电征税。"在实际工作中，过分重视选题的直接社会经济价值是不好的。中国作为一个世界大国，应当逐步加大对基础研究课题的支持力度，唯其

---

① 伊丹敬之：《创造性论文的写法》，社会科学出版社2008年版，第119页。

如此，我们才有可能成为一个创新驱动的领先国家。

3. 研究的可行性

也许一个课题是原创的，也可能具有重大的意义，但是如果你没有能力去对它进行研究，最终形成有说服力的理论，那么这个选题对于你来说仍然不是一个好的选题。研究的可行性包括研究能力、研究条件、社会因素等三个方面。研究能力是一个综合性的因素，不仅包括研究者的社会经验、知识结构、研究经验、组织能力、分析能力等，甚至还包括研究者的年龄、性别等纯生理的因素。其中最为重要的是研究者的知识结构、社会经验、理论洞察力、组织能力等。一般来说，选题最好不要超越自己的知识结构，在自己熟悉的领域内选择自己最有把握的题目，是最容易出成果的。在申报课题的时候，一个重要的评判原则也是看申报者在这个领域之内的学术积累。作为大学生，在选择毕业论文选题时，最好不要盲目地去追热点，而忽略了自己的经验和知识积累。选题的时间最好自己自觉地提前，以便进行知识积累。

概括起来说，一个选题的研究可行性主要包括以下几个方面：一是研究条件，主要包括研究经费、研究者队伍、研究时间、研究资料的取得等因素。大学生的毕业论文研究通常是没有经费资助的，因此进行经验研究的困难相当大，主要是进行文献研究，有的可能会进行一些个案观察。二是社会因素，主要是指影响研究的社会政治、法律、道德等等方面的因素。如果一项研究不被当前的政治和法律等因素所许可，进行研究是相当困难的。另外，研究还有一些伦理方面的问题，比如可不可以通过欺骗的方法来获取试验数据。一些相当经典的心理学和社会学研究的项目在学术史上曾经引起了广泛的争议。另外，在不同的对象群中展开研究，其社会因素往往是不相同的。比如在农村进行入户访谈可能是比较容易的，但是在城市高档社区中进行相同的研究则可能有很大的困难。

但是，应当注意的是，强调选题的可行性不是说一定要在自己的能力范围之内。对于比较年轻的研究者来讲，应当允许研究课题有一定的难度，其中的非核心部分是可以处于自己的研究能力之外的。这样，在研究的过程之中可以不断地积累自己的知识，提升自己的研究能力。

4. 清楚确定的表述明确性

伊丹敬之认为，选题"应当能够用一句话讲清楚"，大体上也是一个意思。我们在前面已经谈到，选题本身是一个漫长的过程，初步地感觉到问题的存在还不能被称为一个选题。只有当我们对问题的思考已经到了一个相当的深度，获得的资料已经足以支持一个初步的假说的时候，这个问题才可以被称为一个确定的选题。比如有人主张"腐败在一定条件下是有益的"，你可能感觉到不赞成他的这个观点，但是为什么不赞成呢，你并不是十分清楚。直到有一天你看到一个贪官在法庭上为自己辩护，说我的贪污对社会是有益的，你可能才恍然大悟：腐败有益论的一个大问题就是为腐败分子提供了心理的支持。这个时候，你反对腐败有益论的"意见"才真正地转化为了一个课题。那么，这样一来，选题和假说岂不是混为一体了吗？事实上，科学研究的过程本身就是一个连续的过程，要想截然分断它是不合理的。在理论上把各个阶段进行分断只是为了论述的方便。

最后，研究者对自己选择的问题一定要有充分的兴趣和热情。研究者应当感到问题确实在吸引着自己，并且为自己发现了某个问题或者答案而感到兴奋。完全没有兴趣，即使在技术上满足了上面所说的四个标准，往往也做不好。

有的学术期刊编辑部明确提出鉴别学术论文质量的标准是"新深真谨"四个字。其实新和深是一个问题，就是创造性；真和谨是一个问题，就是规范性。同学们进行论文写作，也应当遵循这样的基本标准。

三、选题的类型

选题按照不同的标准，可以有不同的划分。了解选题分类的知识，可以使我们迅速地把握住一个选题的基本特征，并决定相应的研究方法和途径，最大限度地避免研究上的盲目性。

按照目前的研究与前人研究的关系进行划分，可以把研究选题划分为承续性选题、再生性选题、热门性选题、创见性选题和开拓性选题。

1. 承续性选题

承续性选题是进一步研究他人已经提出的问题，在他人研究的基础上提出更有广度或者深度的问题。可以是对他人论点的补充、深化、纠正错误。也可以是补充新的材料，也可以是改进研究的方法。承续性研究由于问题已经被别人提出和定义了，且又有一定的研究基础，因此做起来相对比较容易，对于初学者来说是一个入门的捷径。但是，对于这样的选题高水平研究者也不能偏废。知识总是一个渐进积累的过程。绝对的原创性成果是罕见的，绝大多数选题都是一些承续性的课题。

2. 再生性选题

再生性选题是为了比较而研究他人已经提出和完成了的课题。应当注意这类课题不是简单重复他人的研究成果。单纯重复性的工作是不能成为研究工作的。例如，假设美国已经有人研究了大学生的家庭经济状况与政治参与的关系，我们把他的方法运用到中国，然后比较这些结论的差异，探索发生差异的原因。因此再生性课题几乎总是同比较方法联系在一起的。在不同的学科做再生性的课题，有时候可能会刺激理论的移植。

3. 热门性选题

热门性课题是一旦有人提出以后，其他人纷纷响应，在一定时期内有很多人参与的课题。这类课题具有两面性。一方面社会关注度高，产生的影响比较大，发表可能性大；另一方面很多人参与，竞争性也强。不过，因为是比较新的课题，初学者和权威往往站在一个相近的起点上，因此初学者容易脱颖而出。作为初学者来说，热门课题提出问题难度不大，资料易得，发表概率相对大一些，是值得重视的。但是作为高水平的研究者来说，选择热门的课题则利弊参半，应当根据具体题目确定。

4. 创见性选题

直接用新观点标示的选题，即是创见性的选题。这类选题不是以问题的形式出现，而是以通则性的假说形式出现的。在他人反复研究、几成通说的领域，也可以提出创见性的选题。著名的或者成功的研究选题，创见性选题所占的比例很大。例如张康之、张乾友《对"市民社会"和"公民国家"的历史考察》[①]，就是对于一个大家几乎已经习以为常的问题提出质

[①] 张康之、张乾友：《对"市民社会"和"公民国家"的历史考察》，载《中国社会科学》2008年第3期。

疑，提出新的看法；潘绥铭等人明确提出《问卷调查中不宜设置开放性问题》[①]，对于人们习惯的在问卷中设置开放性问题的做法提出了严厉的、但却逻辑严密的质疑。创见性选题的研究者要能在人们习以为常的思维中发现问题，对研究能力的要求很高，一般并不适合初学者选择。但是并非绝对不能选择。如果初学者真能发现这样的选题，还是应该努力把它做出来。

5. 开拓性选题

开拓性选题是前人完全没有涉足的领域，目前的研究带有拓荒的性质。这类选题适合于一些全新的情况，或者虽然存在、但是长期被人忽视的问题。这类领域通常是从零起步，对人的知识和研究能力要求较高。但是正因为从零开始，所以大家都在一个起跑线上，对初学者也不一定是坏事[②]。上述的各类课题构成了一个金字塔。绝大多数选题是承续性、再生性和热门性的。我们应当努力寻求创见性与开拓性的选题，但是这样的选题往往是长期积累、偶然得之的结果，是难以强求或者"规划"的。

第二节 选题的来源和基本方式

一、选题的来源

从选题的思维方法上讲，最重要的是要敢于并且要善于思考和怀疑。中国教育体制的弊端在于，在应试教育模式下，我们必须给出一个标准答案，这样才能够进行客观的描述；而假定谁是"标准答案"，实际上就是赋予一个学说以不可怀疑的绝对真理的地位。学生擅长于记忆，但是却不擅长于思考，尤其不擅长进行原创性的思考。在这一点上，波普尔的学说也许是有用的：一切学说都不过是有待证伪的假说而已。明白了这一点，才可以用开放的心态去看待一切成说，从而敢于怀疑它，敢于建立自己的假说。问题意识（以及理论建构意识）欠缺是中国科学界的重大缺陷之一。张康之教授曾经不无调侃地说："中国学者的最大特点就是：凡事都要到古人和西方那里去寻找出处，不相信自己还有什么创造力。"[③]判断是绝对了一点，但是却一针见血。

从历史唯物主义的观点来说，一个选题本质上是来源于理论不能满足实践的需要。因此要找到好的选题，必须对理论和实践两个方面均保持高度的熟悉。选题的"问题意识"的形成依赖于研究者的知识结构，尤其是理论知识结构。没有理论，就不可能有科学的、理性的怀疑。因此，"问题意识"又是和理论意识紧密关联的，即在一定的理论概念下思考和分析特殊的社会现象。怀疑固然是建立在对社会生活的观察的积累之上的，是在对社会生活的观察过程之中提出自己的疑问。但是，对社会经验的疑问是否是有效的问题，还取决于这个问题在人类已有的知识库存之中是否已经得到了解决。因此，对社会生活的观察和文献评述是研究课题的最重要、最根本的来源。

---

① 潘绥铭等：《问卷调查中不宜设置开放性问题》，载《社会科学研究》2008年第1期。
② 宋林飞：《社会调查研究方法》，上海人民出版社1990年版，第109-110页。
③ 张康之为李传军《管理主义的终结——服务型政府兴起的历史逻辑》一书所作的序，中国人民大学出版社2006年版。

二、选题的基本方式

我们认为,选题的基本方式主要有以下三种:

1. 推荐性选题

在许多情况下,都有人为我们提供一个选题指南,或者直接向我们提出一个有待解决的问题。例如各类科学研究基金每年都会发布一个选题指南;针对大学生和研究生的毕业论文,学校也会组织教师提供一个选题指南。选题指南往往是相关实务部门或者专家学者根据理论和实践的急需提出来的,大多具有较大的价值。在科学史上,也曾经有学者依据选题指南做出了杰出的学术工作。例如卢梭的名著《论人类不平等的基础和起源》就是根据第戎科学院的选题指南确定的课题。

多数情况下,选题指南只是为我们指示选题的大致方向,我们可以根据自己的兴趣和能力确定一个更为明确的选题。但是不能脱离指南太远。

推荐性选题的优点是方向明确,缺点是可能与自己的兴趣和能力差距比较大。

2. 自选性选题

自选性选题是根据自己的知识、能力和感悟选择一个最合适的课题。大多数课题都是自选性选题。

自选性选题的优点是比较自由,一般来说也比较有把握;其缺点是不够明确,尤其是在学术上的价值不明确,需要通过文献综述来予以确定,不能草率从事,否则容易造成研究工作的低水平重复。

3. 复合型选题

复合型选题是指有关部门或者专家学者提出一个大的方向,然后研究者再云选择一个具体的课题;或者有关部门及专家学者提出若干的选题,然后研究者对这些选题进行进一步的综合,等等。对大学生来说,在条件具备的情况下,应当努力选择复合型的选题。

第三节 自荐性选题的基本途径

我们认为,自荐性选题的基本途径主要有以下三种:

一、经验感悟法

对经验现象的简单归纳也许是获得课题最常见的方法。假定甲乙丙都属于集合丁(甲乙丙可能是丁的全部也可能只是一部分),甲乙丙都具有性质 A,那么可以推论整个集合丁都具有性质 A。尤其是当我们发现的性质 A 与既有的理论或者普通经验相反的特性的时候,我们可以猜测"集合丁具有性质 A"是一个有价值的课题。我们把这种方法称为归纳—对比方法。对这个方法我们后面有专节论述。当然,用有限的个体来推断总体的性质是有一定风险的,它需要大量的技术手段来加以保障。这个问题我们在后面将进行深入的讨论。

生活经验的日常琐事看似简单,但是实际上背后隐藏着需要研究的问题。因此一个研究者要善于从每时每刻都在发生的、司空见惯的甚至是熟视无睹的现象中发现需要研究的问题。能够从常识之中去发现某些不正常的东西或者提炼出一个全新的理论概念,乃是一种非常了不起的能力。它常常要依靠研究者的直觉和洞察力。

经验生活包括三个方面：个人的生活经历、个人对周边世界的观察和通过阅读而获得的各种信息。个人生活经历总是具有一定的特殊性的，应当尊重个人生活特殊经历的启发作用。在某些特殊情况下，由于缺乏特定的生活经历，一些研究者甚至还可能"假扮"某种社会角色以便取得相应的社会生活经验。这就是我们后面将要讨论的观察、体验、个案参与等研究的方法。个人的生活经历永远是有限的。因此我们应当勤于对周边世界的观察，尽可能去体验他人的世界。与他人交流的能力是学术研究上的一个重要能力。对社会生活的更为广泛的体验方法是阅读。我们通过阅读一些非学术性的著作来增加我们对于世界的体验。如苏力的名著《法治的本土资源》，就大量借助了对非学术性著作的阅读来弥补自己生活经验的不足。有一位研究者采用社会学的理论和方法，研究作家余华的小说《活着》，分析了20世纪50年代到70年代的中国农村生活（董国礼，等，2001）。涂尔干的名著《自杀论》就是根据法国官方对于自杀的统计资料写成的。笔者的一位朋友曾撰写一篇论文《意识形态的必需与困惑》，就是根据他在成都一家都市报上看到的市民访谈而完成选题的。

但是，从生活经验中得到的问题是不可靠的，因为它可能已经被前人解决，或者被前人证明是一个错误的、无意义的猜想。为了检验从生活经验中得来的课题是否在学术上具有意义，就必须进行文献查阅和综述。另外，日常生活经验的提炼和理论化建构也是一个复杂的过程。

二、比较寻疑法

人类科学知识的最先产生，就是通过比较的方法产生的。人类最早都是以小型部落的形式存在的，每一个小型部落都把自己的生活经验奉为绝对正确甚至神圣的东西。直到他们与其他部落的生活经验发生接触，他们就会开始比较自己的经验与他人的经验，就会对自己经验的绝对性发生怀疑，进而就会进行更深层次的理论思考。

比较有多种方法：

第一，理论与理论的比较。每一种理论，都是从特定的角度或者侧面来描述客观世界。穷尽真理的、绝无瑕疵的理论是不存在的。因此，把各种理论进行比较，常有助于我们去发现问题。

第二，现实与现实的比较。现实生活是人们对于客观世界的一种适应方式。每一种现实都有其合理的一面，也有其不合理的一面，因此通过现实与现实的比较也有助于我们发现问题。长期局限于一种生活经验之中，对于头脑是一种禁锢。中国古人说"读万卷书，行万里路"，讲的就是生活经验扩大的重要意义。

第三，理论与现实的比较。一方面，理论是对于现实的抽象；另一方面，理论必须落实到现实。实践是检验真理的唯一标准。把理论与现实进行比较，是发现理论的漏洞、局限与空白的最好方法。一般来说，是理论服从于现实，而不是现实服从于理论。不能因为迷恋一种理论而无视现实的反驳。

三、拟想验证法

人类的文明已经经过数千年的发展，因此对于大多数问题，我们都不会从零开始，而是已经具有一个基础。后人在研究的时候，就可以从前人的研究基础上进行"拟想"。例如，一个重球和一个轻球，从同一高度下落，哪一个球落得更快？亚里士多德的想法（也是大多数人的想法）是：重的球落得更快。于是我们就可以进行拟想，有三种可能性：重的球落得更快；轻的球落得更快；两个球落得一样快。要提出这三个猜想并不困难，要验证这三个猜想也不困难，困难的是突破"常识"和"直觉"的羁绊。

第四节 选题之确证：文献综述

一、文献综述在选题中的作用

我们在初步获得了选题之后，决不能一时兴起、率尔操觚。因为我们这时还无法确定选题的价值、新颖性与可行性。如上述三点尚未确证就动手研究，很容易造成学术研究的低水平重复。要确证上述三点，就必须进行学术文献的定向阅读与综述。

研究者必须养成一个良好的学术习惯，就是经常性地阅读各类学术著作，并做好相关的读书笔记，包括资料的记录和自己思考的记录。因为"学术上的新见解总是最先发表在杂志上刊登的论文，进入学术专著，多半是比较晚的事情了。每一位学者都应当尽量多地、尽量及时地阅读中外有关的杂志。在阅读中，认为观点正确，则心领神会；认为不正确，则必有自己的想法。阅读既多，则融会贯通，逐渐形成了自己的新见解，对自己的一门学问会有所推动"[①]。那种不阅读或很少阅读学术著作，反对"在杂志缝里找文章"，看起来似乎很重视创新，实际上无从创新。在阅读的时候，不仅要看到作者说了什么，还要进行深入的思考，就是作者的研究是采用什么方法来完成的，作者的研究是否可靠、是否还有改进或者拓展的空间，等等。在阅读的时候完全不进行任何思考，最后只是做一个流水账式的阅读记录，最后写成一篇"文献综述"以满足学术规范的要求，通常是没有意义的。这样的"研究综述"经常与研究主题脱节，明眼人一看就知道是拼凑之作。对于大学生来说，在阅读文献资料的时候不要过分看重作者的学术身份，学会"平视"那些著名的学者，这样才有可能解放思想，获得有效的选题。

具体来说，查阅文献主要有三大作用：

第一，可以使研究者详细了解研究课题所在领域的学术成果。简单地说，如果你不能发现已有研究存在的问题，那么你的课题就没有研究的必要。因此，通过查阅文献可以把自己的研究放在现有的研究背景之中，明确自己的研究在这个领域中的地位，说明自己的研究对本学术领域的贡献是什么。在课题申报中，以及某些学术刊物（如《科学社会主义》），都要求研究者明确描述课题的创新点。

第二，通过查阅文献可以为研究者形成自己的研究思路和研究方法提供启发。在分析已有成果的研究方法的时候，需要特别注意：研究者的理论分析工具或概念是什么；研究假设是什么；重要的理论概念是如何解释的；经验资料是怎样上升为理论的。还要注意，研究方法是定性的还是定量的，其使用的方法是否准确规范。还应当特别注意一篇论文的创新点和可供自己借鉴的思路，以便为自己的课题提供帮助。总之，阅读学术文献不是为了消遣，应当带着明确的研究目的去阅读。

第三，查阅文献可以帮助建构自己的理论框架，在更大的理论和研究背景之下分析、解

---

① 季羡林：《文章的题目》，载《季羡林谈写作》，当代中国出版社2007年版。

释自己的研究成果。在解释同一个研究对象的时候，往往存在着很多的研究理论框架，但是，由于中国学术的特点，我们一旦研究一个问题的时候，常常把理论焦点过分集中于某些热点概念（比如最近的社会资本、国家-社会二分、协商民主、多元社会分层），结果造成理论视野过分的狭窄。为了克服这个问题，就必须有意识地借助文献阅读来拓展自己的理论视野，这样会有助于构建自己的理论框架和新的概念。

二、如何做文献综述

查阅文献和文献综述需要有一定的方法。如果确定了一个选题，然后到图书馆随便翻阅几种杂志，或者在网上随便找两篇文章读一下，这只是为自己的研究增添了研究规范性的装饰，起不到支持创新的作用。

查阅文献基本上属于一个技术性问题，并且应当在"文献检索"课程中得到介绍，故本书对其不做深入讨论。

由于现代社会信息量巨大，以传统的私人藏书方式进行文献查阅虽然也有其价值，但是局限性会很大。我们的私人藏书应当集中于少数的几个专门课题，力争就某一个专题的藏书做到特别完整和丰富。我们一般采用图书馆计算机查询，通过输入相应的信息（关键词、作者、书名等）获得文献资料。在网上查阅就更为简单，在 Google、百度等搜索引擎中输入关键词就可以了。这种检索不够全面，但是却是最简易的办法。但是对于网上的资料应当进行严格的核实，不要轻易使用。一般来说，不赞成使用网上没有确定来源的资料。另外，目前有一些数字化期刊群，比如中国知网（CNKI）、维普资讯、中国数字化期刊群、龙源期刊网等，检索起来也非常方便。这几大数据库重复率很高，一般只要检索一种就可以了。

英文的论文检索工具主要有 SCI 和 SSCI，中文检索工具主要有：《全国报刊资料索引》（哲学社会科学版）；中国人民大学书报资料中心出版的《复印报刊资料》及其索引；《中国社会科学文摘》《高等学校文科学报文摘》也是很常用的。《新华文摘》也有文献检索的功能，但是覆盖学科太广，每一门学科信息量不足，应用起来有一定的局限性。另外，要注意官方公开发布的统计资料等信息。这些信息很容易获取，也有比较大的价值。

除了这些完整、系统的资料收集方法之外，应当对于其他各类信息来源中关系到自己选题的信息保持足够的敏感，不间断地进行收集，以期做到聚沙成塔、滴水穿石。有人说做论文的时候应当"动手动脚找资料"，这是颇为形象的。事到临头才去查阅各类工具书和数据库，多少有点临阵磨枪的意思，效果并不好。

不过，阅读文献的第一个真正的难题其实不是获取文献，而是如何去评价文献的优劣。因为一个主题的研究文献常常是浩如烟海，你根本不可能全部阅读；而其中大多数文献都是"垃圾"，也根本没有必要全部阅读。一位数学家就指出，她阅读一个主题的文献常常只选择最有代表性的几篇或者最多十几篇文献就可以了，但是这就要求研究者对于文献价值有很高的辨别能力。这并不容易。一般来讲我们用下列的原则评价文献价值（注意：并不绝对！）：

- 研究的相关性：越是与本课题研究紧密的文献越是应当关注；
- 发表的时间：越是最近发表的文献越是应当关注；
- 作者的学术地位：尤其应当关注某一个学术流派的代表人物及其新作；
- 尽量不使用一般报刊上的文献和因特网上的文献；
- 刊物或者出版社：一般来说，北京大学图书馆出版的中文核心期刊目录上的刊物，其刊发的文献应当关注，尤其是《中国社会科学》和中国社科院各个研究所主办的刊物（通常称为一级期刊或者 A 类核心期刊）应当特别关注。就出版社来说，商务印书馆、三联书店、上海译文出版社、社会科学文献出版社的出版物，质量是有一定保证的。

• 引用率或者评论率：可以使用文献回溯的方法大致确定文献的引用率。引用率或评论率越高的文献，通常越应当给予关注。引起广泛争议的文献一般来说值得重视。

上述标准只是一些表面的东西，真正评价一篇文献的价值，我们使用两个标准：创新点和规范性。一篇优秀的学术论文应当在问题、假说、理论、方法、资料这五个方面至少有一个方面是最新的。通常来说，五个方面全新的论文，价值要高于新方面比较少的论文。假如连一个新方面都没有，则可以确定该论文没有阅读价值，不管它是谁写的、哪个刊物发表的。规范性主要指的是学术论文在什么样的基础上开展自己的研究工作。一般来说，引用的文献越多、越权威，其文献价值也就越高（当然，这里要注意引用的必要性问题；要注意区别某些"伪注"和"友情援引"）。

要特别注意掌握少数高质量的文献，优先阅读。宋楚瑜先生认为："题目决定之后，接着最重要的工作就是设法找一两篇有关这个主题的文章，俾对此问题做一般性的了解，并借以导入主题。……看了权威性的文章，不但使我们对所要研究的问题获得背景性的认识，同时也会引发灵感，帮助设定所要研究的范围以及一些基本构想,甚至可以继续追踪研究的论点。""假如第一本阅读的书籍，内容不正确或窄或差，无疑会导致一个错误的方向。所谓'失之毫厘谬以千里'，便是这个道理。以后要看许多文章，才能将原来的想法纠正过来，这是一个难以弥补的损失。"[①]这个看法是相当有道理的。本科生写论文，不大管参考文献的价值，往往是什么文献顺手就用什么文献，结果费力不讨好。

经上述方法选择出了若干优秀文献之后，就要对文献做进一步的综述。从本质上讲，文献综述是对于自己已有思路和假说的一个检验，看它是否有新颖性，是否能够成立，是否需要做进一步的调整；同时它还可以进一步梳理你打算使用的材料。如果没有一个确定的假说和思路而盲目地对一大堆文献进行"综述"，常常是劳而无功的。如果说文献的收集是对于选题和假说的第一次深化，那么文献综述就是对于选题和假说的第二次深化。文献综述通常需要对以下的问题进行回答：

• 综述与研究课题有关的理论背景、研究框架，看本课题能否对学科建设有所推进。
• 综述已有文献的研究方法，尤其是定量研究的方法更要仔细评论；看本课题在方法上能否成立或者有所推进。
• 综述已经取得了哪些成果，这些成果都达到了什么样的水平，看本课题能否获得新的成果。

另外，做文献综述特别要注意以下几个问题：
• 要注意穷搜最新文献，但是掌握代表性文献可能更为重要。
• 不能述而不评，完全看不到综述者的意见；不能把文献综述搞成了文献资料汇总。
• 综述不能同研究课题脱节；不能为综述而综述，把综述搞成了研究规范性的"例行公事"。
• 不要一篇一篇论文孤立地进行描述，要把它综合起来，理清其脉络。
• 要用自己的语言进行评述，一般不宜大段大段地引用原文。

---

① 宋楚瑜：《如何写学术论文》，北京大学出版社 2014 年版，第 13 页。

下面我们举一个例子来说明如何获得和选择课题。

江晓原的论文《科幻：从悲观的未来想象中得到教益》是这样确定自己的课题的[①]：

最近三四年来，我观看了数百部美国的、欧洲的以及在美国影响下的日本、韩国、中国香港等地的科幻影片。在这数百部科幻电影之中，我注意到一个令人惊奇的现象，那就是——所有这些电影中幻想的未来世界，清一色都是暗淡而悲惨的。

早期的科幻小说，比如儒勒凡尔纳在19世纪后期创作的那些作品，其中对未来似乎还保有信心；……就是凡尔纳晚年的作品，也开变得悲观起来……而中国的科幻小说基调则是欢快的。

（根据一项调查），法国青少年更愿意生活在当今，而不是未来；中国青少年则反之。

问题：为什么会有这样的差别？这样的差别背后又有什么原因？

（注意：作者在引言部分只是提出了问题，而并没有给出假说。问题和假说被严格地分离了）。

第五节　选题的进一步展开：假说和研究方案

一、什么是假说

准确地发现了问题，但是由于知识和研究能力的限制，不能形成有效的假说和研究方案，因而导致研究失败的例子，并不是一种罕见的现象。笔者在这方面是小有教训的。2007年，笔者在阅读有关协商民主的材料的时候，就发现了一个问题：协商民主理论强调在公共空间内理性意见的讨论，最终达成共同意见的可能性，但是却没有人回答一个问题：协商和决策之间的关系就究竟是什么？换言之，如果久议不决、意见僵持怎么办？如果意见过于分散怎么办？少数人的意见如何得到保护？等等。但是由于知识和经验的限制，笔者在很长的时间内并没有能够提出一个有效的假说来解决这个问题，于是这个问题就被搁置起来了。后来笔者在《学习时报》2008年7月14日上看到了何包钢的文章《怎样联系决策与协商？》，他根据自己的研究提出了一个虽然不是很令人满意、但是却很具体的假说。可见，笔者与何包钢在研究上的成败殊途，关键不在于问题，而在于假说。

可以这样讲：对于特定的研究者来说，如果不能把一个问题转化为有前途的假说，那么对于他来讲这个问题仍然不是他自己的真正的问题，虽然他在形式上确实提出了这个问题。

假说是人们在已有知识的基础上，对在实践中观察和研究到的一些现象在理论上提出假定的解释的思维形式。它是对旧的理论或某个认识对象提出的一种尚待证明的思想或者观点。门捷列夫指出："假说是科学，尤其是科学研究所必需的。它能提供一种没有它便很难达到的严整性和单纯性。整个科学史都证明了这点。因而可以大胆地说，提出一个将来是靠不住的假说总比没有假说好。假说使科学工作——探求真理——容易正确，就像农民的犁使得谷物容易栽培一样。"[②]

一篇论文的假说可以是单一的，也可以是复合的。比如，我们给出一个命题：因为日本奉行儒家学说，所以日本的经济得到飞速的发展。这是一个单一的假说。我们也可以给出一

[①] 参看《解放日报》2007年10月21日。
[②] 华·柯普宁：《假说及其在认识中的作用》，上海人民出版社1955年版，第3页。

个命题:因为日本奉行儒家学说,所以日本人重视家庭;所以他们搞终身雇佣制。但是在美国的文化条件下,终身雇佣制对于雇员的生产效率刺激作用并不明显。这是一个比较复杂的假说体系。在初学写作论文的时候,由于对于复杂的逻辑关系的把握能力不足,因此我们一般不提倡大家使用复杂的假说体系。如果确实想表达一个复杂的假说体系,可以适当地把它分拆成几个单一的假说。但是复杂的假说体系常常表现出比较完整的逻辑体系,其逻辑力量是比较强的。我们应当逐步学会去把握它。

二、假说的提出过程

首先是假说的提出与验证。一个完整的假说应当由以下步骤完成:假说的提出,假说的推演,假说的验证,根据验证的结果做出相应的结论。

假说的提出要以观察、实验了解到的一定事实和基础,要以已有的科学知识为根据。否则,容易成为没有事实的主观猜测,称不上真正的假说。一是假说应当与科学的世界观,即辩证唯物主义不相矛盾。二是假说不能与该领域内业经证明为真的科学结论相一致。比如像永动机之类的假说,无需再次证明即可认定其为假。三是假说应当与逻辑的要求相一致。但是,上述的要求不是要我们向常识屈服。"最常用的思维方式可能最有碍于社会现象的科学研究。"[①]

假说的推演就是以一些假说为前提,逻辑地和必然地引申出一系列的结论。笔者觉得这个过程其实已经超出了单纯的假说提出,而是一种假说的展开。一般来说,这个过程之中特别强调遵守充分条件假言推理的要求。

假说的验证就是把从假说中推演出的结论,交给社会实践(包括科学实验)去验证其真假。假说经过验证以后,大致有三种情况:一是事实证明了假说的正确。二是观察和实验获得的事实与假说基本一致,只是在细节上略有出入。三是,观察和实验得到的事实证明假说为错。四是,观察和实验获得的事实基本上与假说相违背,但是在细节上或者偶然事件上与假说一致。对于第一、三两种情况自不必说,值得注意的是第二、四两种情况。对于第二种情况,要么考虑调整假说,要么应当考虑有某些未知的第三方因素干扰了假说的成立。找到这个第三方因素有时候也可能获得重大的成果。对于第四种情况,对于原有的假说固然应当放弃,但是其中可能包含着另外一些重大的假说。比如,梅奥等人进行的著名的"霍桑实验",就是放弃原有假说,但是根据获得的经验事实重新进行假说建构的实例。

三、假说的基本要求

应当区分科学假说与错误假说。所谓科学假说,是针对假说所遵循的思想路线而言的,而不是针对它的具体内容而言的。一个科学的假说可能是错误的。同样,非科学假说也是针对其思想路线而言的。不能因为某个假说的结论与当前的通说不符合而简单地将其认定为不科学的假说。

第一,科学的假说是建立在实践的基础上的,是从观察实验社会调查获得的大量感性材料中,逻辑地引申出来的结论。通常我们的假说总是有一定的可靠的经验材料为基础的

[①] 迪尔凯姆:《社会学方法的准则》,商务印书馆1995年版,第2页。

（虽然这些材料可能还非常不充分）。比如不明飞行物（UFO）研究直到今天都还不被主流科学界所认可，一个重要的原因是"存在UFO"这个假说都还缺乏确实可靠的经验材料的支撑。

第二，科学的假说必定是在一种科学的世界观的指导下进行的。如以前关于人体特异功能的研究、关于不同于物质世界的"负世界"的研究，都由于违反了世界的物质性的基本原理而宣告失败。

第三，科学的假说必须接受实践的检验，并且可以确定地被实践检验出真伪。如果完全拒绝实践的检验，或者根本不可能进行检验，那么一定是非科学的假说。其具体情况有两种：一是含混其词，模棱两可，不管发生什么事情都可以"通过检验"。二是现实生活中根本不可能具备对假说进行检验的条件。在科学上来说，可检验的标准是：其他人运用相同的方法可以得出相同的结果，即研究的可重复性。

第四，科学的假说通过实践的检验与批评者的发展，最终是可以得到正确的结果的，也就是说，科学的假说具有开放性和发展性。完全不允许批评和检验的假说，必然要借助于信仰来支持自己，最终是走向信仰主义。

提出科学的假说应当遵循以下的要求：

第一，必须以一定的经验材料为基础，切忌空想。当然经验材料不一定是第一手的。不论什么样的假说，如果缺乏证据表明其现实性、真实性，便只能是空想。只写空想性的东西，或许能够成为"读物"，但是却不能称之为论文。从这个意义上讲，假说与证据是一个不可分割的整体。

第二，必须了解历史，知道在这个领域之中前人以什么样的方法做了什么样的工作，目前还存在什么问题。切忌情况不明决心大，去做一些重复性的工作。

第三，克服对于前人成说的崇拜心理，要敢于提出一些在一般人看来是"异想天开"的东西。一定要坚持实事求是的原则，既不要哗众取宠去做所谓的"翻案文章"，也不要唯前人之马首是瞻。

第四，假说提出以后，应当让它接受实践的检验。不要去选择材料，让事实来服从理论。一个假说一旦经过研究者提出和论证之后，就应当把它交给社会实践去论证。一篇论文之于作者，犹如孩子之于父母，一旦孩子出生并长大，他就有了自己独立的人格与生活，父母往往是干预不了的。父母过于溺爱回护，其实往往是害了孩子。

第五，根据检验的结果，勇于修正自己的假说，或者提出新的假说。作为一个严肃的科学工作者，应当明白自己绝不可能穷尽全部的真理，对自己的成果应当有一种积极开放的心态。

研究课题的具体化设计如何提出问题。即对研究课题的具体界定，把比较含糊的想法变成明确的问题，把比较宽泛的研究范围变成特定范围或者特定的领域，把笼统地研究对象变成可以操作的具体对象（风笑天，2001：56）。课题的具体化，实际上是思想的一个逐步明确和收敛的过程。

有的人似乎有很多的想法，甚至宣布自己在不同的领域内有上百个选题，但是由于他不能把这些选题进一步具体化，因此严格来说他实际上还没有选题。因为此时他的思想仍然是不清楚的。在进行论文写作的时候，一定要避免一获得了这种夸夸其谈的"选题"就率尔操觚。通常课题不明确首先表现为研究范围过于宽泛。像《元朝与清朝的比较》这样的选题，一不明确比什么，二不明确怎么比，三不明确比的结论是什么，简直等于没有选题。这种宏大宽泛的选题要想在数千字到万把字的论文里面讲清楚，近乎不可能，至少是题目过于宽泛了。初学写作的大学生，尤其不宜选择类似题目。其次是研究内容不清楚。再次，可能是研究对象不明确。

可见，要使一个研究课题具体化，不外乎就是界定研究范围、明确研究内容、确定研究对象。界定研究范围，就是把研究范围由一个宏大的、缺乏研究条件的范围缩小到比较小的、具备研究条件的范围。以目前的农村研究为例，以前的研究是一种空洞的"宏大叙事"，即讨论"中国的农村如何"。后来人们认识到中国农村差异性太大，因此就缩小了研究范围，把中国农村划分为几个类型区；再到后来研究范围进一步缩小，产生了所谓的"家乡研究"，即研究者主要研究自己的家乡。因为他对自己的家乡比较熟悉，研究条件比较好。从表面上看，研究的"层次"在一步一步地降低，但是研究的范围却越来越具有操作性了。

明确研究内容就是把比较抽象的研究主题变为经验研究中可以操作的具体问题，有时候甚至可以把一个大的研究课题转化为若干小的课题。我们对一个问题的思考实际上是一个抽象—具体—抽象的辩证运动的过程。在思维的第一阶段，思考通常是零星空洞、不见系统的，因为我们对事物的内在系统性还把握不住。只有当对事物的研究进一步深入的时候，才可能得到具体的可操作的选题。有时候一个选题比较大，可能包含了很多个小的问题，则可以从这些小问题入手，逐一解决之后，再把它组成一篇篇幅比较大的文章或者专著。实际上，就一篇不大的文章来说，其内部也是由若干小问题构成的。

确定研究对象就是具体规定分析单位以及资料收集的对象。研究对象的最后确定，就是对于自己的研究对象给出明确的限定，获得一个具体的分析单位。如果研究对象的内涵过于宽泛、外延过于大，研究的时候往往就无从着手。比如要研究中国教育的特点，研究对象就不是十分确定的；如果进一步确定研究中国高等教育的规律，研究对象就进一步明确化了。但是应当注意这样一个逐步限定的过程不能使研究选题失去普遍性。如果我们只研究一个个体，那么，怎么保证从这个个体里面获得的结论具有普遍意义，反而又会成为一个严重的问题（本书后面对个案研究的方法有专节论述）。在研究对象明确以后，就应当着手收集资料了。收集资料有一整套的方法，本书后面安排有专门内容，在此不赘述。但是需要特别提醒一点，在收集资料的时候倾向性不要太强，简单地说，就是凡是对自己有利的东西就大肆渲染，对自己不利的东西就不提及。这种方法会使你的结论的可靠性受到很大的伤害。有一位大企业家在谈到自己的成功经验的时候就曾说：既要做"可行性报告"，也要做"不可行性报告"。陈云同志则用一句格言来表达了这个意思：没有反对意见，不做决策。

选题与研究假说是一个逐步发展的过程，伊丹敬之非常形象地把它称为一个"培育"的过程①。我们一定不要被一般人幻想的"灵感"所迷惑，以为一个假说突然一下就清晰完整地出现在我的头脑中了。当然，这种情况也有，但是更多的却是一个逐步发展的过程。特别地，伊丹敬之认为："证据也是培育出来的。几乎不可能从什么地方找到现成的合适的证据。其实，与自己的假说相吻合的、有说服力的证据，是需要培育的。"②这个看法与我们通常的看法不一样，但是非常深刻，值得我们认真地思考。梁启超也曾说，我国青年做学问，不像

---

① 伊丹敬之：《创造性论文的写法》，社会科学文献出版社2008年版，第128页。
② 伊丹敬之：《创造性论文的写法》，社会科学文献出版社2008年版，第12页。

外国青年那样有现成的工具书等可用，表面上看起来似乎是吃亏了，但是就培养研究能力而论，究竟是谁吃亏尚未有定论。

第六节　从选题到标题：选题的优化

选题的优化有两个方向，一个是标题的确立，一个是证明思路的基本确定，并进一步精选论据。这样的过程实际上是环环相扣的，中间并没有一条特别明显的分界线。本节在这里论述到的问题，在后面可能还有多处会展开论证。

一、如何确立文章的标题

论题与标题不一样。在确定标题的时候，还要考虑一个吸引人的问题。郑板桥曾说："作诗非难，命题为难，题高则诗高，题矮则诗矮。"这里讲的命题，主要指的是论题，当然用来强调标题的重要性也是可以的。题目不能过于宽泛和一般化，以至于读者根本不知道论文的闪光点在那里；但是题目也不能过于狭窄，否则将难以涵盖论文的内容。论文标题在措辞上要讲究修辞文法，必千锤百炼，"语不惊人死不休"。从比较实用主义的观点来说，一篇论文的题目撰写得好，是它获得成功的条件之一。因为一份在学术界声誉比较高的刊物（核心期刊，也包括一部分优秀的普通期刊），每两个月一期，刊发文章少则二三十篇，多则四五十篇，但是它们每两个月收到的稿件是多少呢？少则两三千篇，多则难以计数，也就是说刊发的比例不过百分之一。初审编辑要从数千篇稿件之中选出十分之一的稿件，恐怕看摘要都来不及，题目是吸引他的第一个因素。

1. 确定标题的基本原则

我们在这里简单地归纳一下题目的撰写方法，即拟题目的原则，第一是要同文章内容吻合，不能沦为哗众取宠的"标题党"；第二是题目的涵盖性要强，大体上要能够突出自己最希望传达的信息；第三是题目要精炼，不能过于冗长。第四是力求新奇或者有文采，力争让读者过目难忘。上述四个原则，优先级别是由高到低排列的。

2. 标题的基本形式

第一个类型：陈述式标题。这种标题，在比较严肃的政治法律类刊物运用是最多的。优点是直接、简洁、有力；缺点是平铺直叙，缺乏令人耳目一新的吸引力。运用这类题目的时候，考虑信息的准确传达比较多，考虑吸引人就比较少，实际上是假定读者都是关于这个问题的专家，其中蕴含的信息足以吸引他们。例如《试论中国特色社会主义的时代特征》[①]，直接陈述论文的研究主题，至于其中的假说则留给读者去阅读。这类题目，占政治法律类论文的大多数。

第二个类型：设问式标题。这类题目的特点是直接把问题提了出来，使读者能够以问题为中心来阅读文章、思考问题。其缺点是信息含量比较小，有问题无答案，需要读者去耐心探索。这个题目如果拟得好，让读者感觉到"我也有这个问题"，就能一下子抓住读者的注意力。

第三个类型：对比式标题。这类题目的优点是比较精炼醒目，一下子就能抓住读者的吸引力，

[①] 贾松青、涂秋生：《试论中国特色社会主义的时代特征》，载《社会科学研究》2008年第6期。

文章的观点也包含在其中了。但是这类题目对读者的要求比较高。如果读者的素养不够，领悟不到题目中包含的深意，往往会觉得莫名其妙。例如，《制度反腐与反腐制度》①，就鲜明地突出了"反腐制度并不是制度反腐的全部内涵，反腐制度要生存于更大的制度空间之中"这个假说。

  第四个类型：提示式标题。这类题目的优点是全面地提示了文章的内容，既指明了研究的问题，也指明了作者的假说，但是又留有思索的余地。这类题目的涵盖力比较强。例如《"腐败有益论"的内在逻辑及其风险》②就表明本文打算讨论"腐败有益论"的内部逻辑，而"风险"一词就已经表明了作者的态度。

  第五个类型：概括式标题，这类标题用简练的语句把文章内容做出一个概括，朗朗上口，一目了然，很符合汉语音韵美的特点，如《军中巾帼　信仰楷模——学习冯理达》③。如果能够把论文的内容高度浓缩为一个概念（一般就是创新点），作为文章的标题，就会更加简洁有力，例如《内发性发展——邓小平对中国现代化的独创性探索》④。

  如果主要题目不足以涵盖文章的全部内容，可以适当地添加副标题。但是标题无论如何不能太长，以三十个字以内为宜。一切不必要的字词都应当删除。如《政府诚信：政府公信力的源泉和基础——西方政府诚信研究及其启示》⑤就是当前比较流行的一个复杂标题模式。这个标题实际上包含了三个命题层次，太复杂了，也不够醒目，一般来说不宜采用。我们建议应当尽量把论文关键词包括在题目之中，这样比较有利于检索。

  政治与法律类的论文通常不采用文学性题目，也不主张采用夸大其词、哗众取宠的题目。在一些娱乐类的报纸杂志上、网站上经常采用的耸人听闻的题目（实际上文章内容多半贫乏），一般不要采用。但是并不反对引入一些经典的诗词文句等来为文章添彩。有时候这样一个题目还可以使文章增色不少。

二、如何论证文章的标题

  论证最简单地说就是运用材料，遵循逻辑，把道理讲清楚。如果说选题讲究的是"意料之外"的话，论证讲究的就是"情理之中"。选题要让人大吃一惊，"原来还有这个问题！"，但是论证就讲究丝丝入扣，让人觉得"果然是这么一回事"，感叹"我怎么就没有想到呢"。我们在确定了选题、明确了假说以后，就应当初步考虑论证的进路。这样一篇论文的骨架就有了。这个骨架要有整体性。正如毛泽东说："写文章要讲逻辑。就是要注意整篇文章、整篇说话的结构，开头、中间、尾巴要有一种关系，要有一种内在的联系，不要互相冲突。"⑥如果就证明的逻辑结构来讲，就是开头——论题的提出部分；尾巴——论题的归结部分；中间——论证部分。

  逻辑证明是间接认识的重要工具，是建立科学理论的必要条件。证明是传播真理、传授知识、反驳谬误与诡辩的重要手段，但是逻辑证明的最终结果，还是要等待实践检验的。因为逻辑证明中的某些谬误是需要实践的检验才能发现的，比如论据的虚假；另外，引用"已知为真"的判断作为前提，也是有风险的。所以逻辑证明的正确性，只存在于一定的实践条件下。

---

① 黄少平：《制度反腐与反腐制度》，载《唯实》2006 年第 5 期。
② 蒋政：《"腐败有益论"的内在逻辑及其风险》，载《攀登》2006 年第 6 期。
③ 吴胜利、刘晓江：《军中巾帼　信仰楷模——学习冯理达》，载《求是》2008 年第 16 期。
④ 傅义强：《内发性发展——邓小平对中国现代化的独创性探索》，载《中共四川省委党校学报》2008 年第 2 期。
⑤ 陈丽君、张存如：《政府诚信：政府公信力的源泉和基础——西方政府诚信研究及其启示》，载《宁波市委党校学报》2008 年第 3 期。
⑥《毛泽东选集》，人民出版社 1977 年版，第 5 卷，第 217 页。

按照根据的性质，可以区分为归纳证明和演绎证明。注意归纳证明只能使论题得到或然性的证明，是不可靠的，尤其不能从事件的总体之中随意选取一些事例进行"归纳证明"。列宁指出："罗列一般的例子是毫不费劲的，但是这是没有任何意义的或者完全起相反作用的，因为在具体的历史情况下，一切事情都有它个别的情况。"①英雄所见略同，波普尔也表达了近似的观点。论证是根据逻辑运用材料的过程。

根据证明的方法，可以分为直接证明和间接证明。间接证明又可以进一步分为反证法和选言式间接证明法。反证法的一般过程是：为了证明 A，假设非 A 成立；如果有非 A，则有 B，但是已知 B 不成立，所以非 A 不成立，所以 A 成立。

在选题的阶段，获得的是关于论证的初步构想，即我大体上采用什么方法来论证这个题目比较合适。但是这个初步的设想并不是最后定案。因为随着思考的深入、材料的进一步发掘、论证的实际展开，我们经常会发现原有的论证设想实际上并不可行。这就需要随时做出调整。因此在选题的阶段上考虑的论证方法和在实际写作的时候考虑的论证方法，在层次上是不一致的。在选题的阶段上考虑论证的方法不宜过细。

一个"问题"只有当我们能够清楚具体地表述它，并且能够形成清楚确定的假说，能够找到初步的证据，形成初步的论证思路，这个时候选题才算是初步完成了。一个人随便提出一个问题，但是不能具体化，实际上还不是一个真正的学术选题；一个小孩子无穷的追问固然可以使一个大科学家为难，但是也不是一个科学选题。屈原的《天问》里面提出了很多今天的科学技术也不能回答的问题，但是屈原提出的问题并不是科学选题。不同的人提出相同的问题，其内涵和价值可能大大不相同。这里面的道理，是同学们应当用心体会的。切不可随便提出两个问题，便以点子大王、思想大师自诩。有一个疑问当然比全无疑问好，但是仅有一个疑问并不表明你在学术上的能力。从问题到论文的完成，中间有很长的路要走，而且不同的人完成的质量是悬殊的。

第七节 政法类学生专业论文的选题范围

一般来说，在推荐性选题和复合性选题中，由于有选题指南的约束，不大可能发生严重超出选题范围的问题。无视选题范围的问题主要发生在自选性选题中。

在本科生的论文选题中，主要存在着两个问题：一是严重脱离本科专业范围。由于毕业论文是对学生本科学习期间成果一种检验，所以一般不主张选题过度脱离本科专业范围。例如，有一位思政专业的学生对于医学非常感兴趣，因此选择了《维生素与疾病》这样的选题。抛开其他方面的问题不说，这个选题范围就已经严重超出他的专业范围了，是很不妥当的。另一个问题是选题要求的技术能力超范围。例如，某些课题需要较强的定量分析能力，或者需要特定的信息渠道。对于这些选题，一般来说也应当慎重。严重超范围的选题，学生不应当去选择，指导教师也应当果断驳回。

一、思想政治教育类学生专业论文的选题范围

这主要包括：马克思主义经典作家的思想研究（尤其是关于思想政治教育方面的研究）；

---

① 《列宁全集》，人民出版社1990年版，第23卷，第279页。

其他学科的知识在思政专业范围内的应用与发展；社会上创造出的思政教育的新方法新案例；国外思想政治教育方法的研究与借鉴，等等。

二、管理类学生专业论文的选题范围

这主要包括：管理学经典著作的研究；企业管理方法在行政管理中的借鉴；最新的管理案例与方法的研究；管理学与其他学科的交叉研究，等等。

三、社会工作类学生专业论文的选题范围

这主要包括：社会工作的理论基础研究；国内外社会工作案例研究；国内尤其是本区域内社会工作的特殊需求的研究；社会工作在国内发展的方向研究，等等。

四、法学类学生专业论文的选题范围

这主要包括：法学基础理论及法制史的研究；司法案例的研究；法条的注释性研究；法学与其他学科的交叉研究（例如犯罪心理研究），等等。

当然，我们鼓励学生在条件许可的情况下进行交叉学科研究、新兴子学科研究、边缘学科研究、空白地带研究。这与选题盲目超范围是不一样的。但是学生在选择上述课题的时候应当慎重考虑自己的研究能力，不要仅仅考虑自己的研究兴趣，也不要盲目赶潮流。例如有一位学生少年时期受家庭中医传统的熏陶，又对武侠小说很感兴趣，于是写了一篇论文，题为《中国古代冷兵器的用毒》，获得了很大的成功。但是显然，这样的选题并不是一般的学生能够写的。

第五章 政法类专业论文写作的主要环节

写作是一个漫长的过程。从广义来理解,可以说,"科学研究的过程就是论文写作的过程";而从狭义来理解,它是指作学术论文从开始动笔到定稿的全部过程。这个过程大体上可分为四个步骤:第一步是拟定写作计划;第二步是拟定写作提纲;第三步是撰写初稿;第四步是修改定稿。

写作学术论文必须全盘考虑,谋篇构思,因此首先必须拟定写作计划,其基本作用就在于要保证学术论文写作的顺利开展,并最终取得成功。接着便是拟定写作提纲,使学术论文的整体谋篇构思详细化、具体化。然后是撰写初稿,就是把要作者的思维成果物质化、书面化、视觉化,进而成为有形的可视的学术论文,这是关键性的一环。最后是进行认真修改。修改是为了最终定稿,定稿前必须多次修改,修改才是真正的写作。修改完了以后,就可以基本定稿了。至此,学术论文的写作过程就基本完成。

第一节 拟定写作计划

一、什么是写作计划

计划是预先对特定时期内学习、研究、生产、工作等活动所做的一种科学性部署和具体安排。它是特定具体行动实施前行动者运筹构思的产物,是行为人未来行动目的、要求、任务、方法、步骤和完成时间等内容整体安排的具体化、条理化和书面化。

人们进行任何实际活动都不能盲目、草率行事,而必须按照预定的目标、任务,有计划、有步骤地进行。学术论文写作就是一项高度复杂的探索性创新工作,需要加强其计划性和步骤。一篇学术论文的具体写作计划,是对预定时期内必须完成的具体任务所做的科学安排,制定计划的初衷和目的,就是要使写作的具体进程有所规划,有所遵循,有所约束,从而避免出现忙乱,进而提高写作效率。

二、写作计划的作用

古人云:"凡事豫(预)则立,不豫(预)则废。"豫(预),即事先做好计划。在各项实际任务完成的过程中,计划都起着十分重要的作用。而且人们活动的目的性越强,实施难度越高,具体步骤越多,具体计划的作用就越大。一篇学术论文的完成绝非轻而易举的事情,而是要经过一个十分复杂的漫长过程。在作者正式进行写作之前,如果有一个经过整体考虑、周密安排和部署,把设想、打算和构思都以特定书面形式表达出来的具体计划,就能使人们明确研究和写作的具体范围和详细内容、要解决的具体问题,问题的具体核心突破点,需要检索哪些具体文献资料,要做哪些必要的实地调查研究以及采取何种科学的学术研究方法和研究步骤来解决，进而保证实际研究工作有条不紊、按部就班地顺利进行。为此，在作者确定了学术论文的选题之后，就必须拟定出一个科学的、合理的、具体的、完备的、切实可行的研究方案和详细写作计划。

三、写作计划的主要内容

学术论文写作计划一般采取分条分项的条文式写法。写作计划的具体内容就是指写作计划所包括的具体项目。每一份写作计划，其主要内容部分，都包括目标、措施和步骤，即人们通常所说的计划三要素，这是每个计划的核心所在。

目标——就是要"做什么"和"做到什么程度"，这是计划的灵魂所在。作者必须提出明确的、具体的目标和主要任务及重要指标。

措施——就是要"怎么做"，这是实现计划的具体保证。它要求写作者必须订出实施写作计划的具体手段、具体办法和部署。

步骤——就是指"什么时候做"，这是工作的具体进程和先后顺序。写作时我们必须成局在胸，科学有序，统筹兼顾，合理安排；分清轻重缓急，同时环环相扣，做到步步有序。

这就是对写作计划的一般性内容要求。就学术论文的写作计划而言，还有其特点。这种计划必须涉及课题研究内容的深化和层层展开，是科学思想的进一步发展，是一种学术思想或实验的模型和科学假设，是对研究工作和写作工作具有方向性的学术指导思想和指导纲领；这种写作计划在确定具体研究形式、拟定方法论工具、阐明学术研究逻辑的基础上，还必须进一步具体地提出学术研究的具体写作过程和组织落实相关实施方案等。这种计划具体由两个部分组成：第一部分是研究方向、研究方式、研究过程的基本设想；第二部分是具体实施方案。其中基本设想在研究过程中起着纲领性的作用，是写作计划的核心所在；具体实施方案是更为具体的、详细的组织和安排，是基本设想的具体表现所在，是写作计划的外层所在。值得注意的是，写作计划的核心部分是全局性的东西，必须具有相对的稳定性，一旦形成，就尽可能保持不变，即使要变也要少变。而计划的外层部分则是具体形式和局部的东西，具有相对可变性的特点，从而可以使写作计划更好地适应学术研究和写作过程的动态性发展。

一份开题报告，具体内容涉及以下五项基本内容：

（1）与选题有关的国内外研究现状及综述。即写作计划首先必须对选题做出具体的、详细的和明确的表述。这种表述必须将已有研究成果的内容与自己要完成的具体任务、准备解决的具体问题进行对比。同时还要避免出现语言和措辞上的不妥。

（2）选题的价值和意义。即对选题的目的、任务和准备解决的具体问题及具体要求，都必须清楚明白、详实。

（3）研究的主要内容。

（4）研究的思路和主要研究方法。这项内容是整个写作计划的难点和主体部分，必须尽量详细一些。由于写作的过程往往比较复杂，环节又比较多，这个项目就包括了若干个小的项目：一是搜集和占有材料。占有材料是写作的基础，这个具体项目必须写得非常详细，必须写明获取材料的基本方法、途径和手段。二是阅读、整理和深层次研究。必须写出准备采取的阅读方式、整理方式和具体研究方法。三是构思、提炼主题、拟定提纲、动笔撰写初稿。必须写出从行文准备到论文定稿的每一个环节及其具体安排。

（5）研究的进度及经费安排。一是论文完成的总体时间，因为每一个研究项目的进展都有大致的期限规定。因此科学地、合理地分配和安排写作时间，就可以避免时间上的前紧后松，从而保证写作工作的顺利进行。二是经费预算，即必须对整个研究和写作活动所需的经费进行大致估算，具体项目包括图书资料费用、会议费用、咨询费用、仪器设备费用、调查研究费用、实验费用、成果物化费用等。

四、拟定写作计划的注意事项

制定研究计划，拟定开题报告不是一件简单的事情，它是一项有关科学管理的系统化工程，因此对编制研究计划就有着共同的基本要求：

一是立足点必须高，指导思想必须明确；

二是要敢于大胆探索，要富有创造的精神；

三是必须求真务实，必须坚持实事求是的原则；

四是必须集思广益，要善于认真听取各方意见；

五是要精心构思主题和结构，使用语言必须准确、简明。

另外针对学术论文写作的特点，我们在编制研究计划时，还必须注意以下三点要求：

一是提倡"三严"。因为着手编制研究计划，就是研究工作和写作工作的开始，因而在起步阶段就必须做到"三严"：即严肃的态度、严格的要求和严谨的作风。

二是善于抓住重点。研究计划必须做到全面考虑、全面安排和全面实施，这是基本要求。但我们也不能忽视研究计划中的重点研究项目，比如选题的价值和意义、研究内容的完整性、实证材料获取的可行性、文献材料积累的范围、获取途径和方法等，都必须悉心思考，突出重点。

三是必须留有余地。制定出来的研究计划，虽然经过了作者的周密运筹，但在实施的过程中难免会遇到事先未曾预见到的各种新情况和新问题，因此，不要把计划说过头、说得太绝，必须留有一定的余地，以便需要时从实际情况出发对研究计划进行必要的临时调整、修订和补充完善。研究计划虽然是研究工作和写作进程必须遵循的依据，但也不要让它成为束缚作者思想的框框条条或者变通障碍。

第二节　确定主题

一、什么是学术论文的主题？

1. 课题、主题、题目

在前面我们谈到过学术论文的选题，选题是指选定自己学术研究的课题，它与主题是有着密切联系，但它还不是主题。在了解学术论文的主题这个概念前，我们必须先对课题、主题和题目三个概念具体加以区分。

首先就课题这个概念而言，它是指研究人员要研究、探索的具体未知问题。它具体规定了研究人员的研究和探索方向、范围及其具体对象。其次是主题这个概念，它是指课题研究的具体结论部分。在一篇学术文章中，主题就是这篇学术论文所提出的中心论点或者基本结论，是研究课题的深入化和具体化。一个研究课题可以写出一篇论文甚至多篇论文。但一篇学术论文则只能有一个主题或者一个中心论点。最后是题目这个概念，它就是指学术论文的具体标题。它是在特定研究课题选出来之后，在作者对课题进行研究的客观基础上，以整个研究成果或者其中的部分研究成果作为学术论文的题目。在实际研究工作中，部分学术论文的题目就是论文的中心观点，当然也有部分学术论文的题目就是论文的主要问题。

2. 主题的作用

文章的主题一旦由作者提炼形成，它就成为文章的统帅、灵魂和主脑。之所以叫统帅，是因为它能够指挥千军万马，由其调动、安排、指挥。比如材料的选择、结构的具体安排、论证方法的选择、语言表达形式的具体使用等都要由其调度和指挥。之所以又叫灵魂，因为文如其人，一个人如果没有灵魂，就如行尸走肉一般；而如果一篇文章没有灵魂，则全文如同一盘散沙。因此主题是灵魂，而材料则是血和肉，结构则是骨架，这就是主题至上。而之所以又叫主脑，是因为主脑支配着人的所有行为和活动，一篇文章的主题也是如此。

3. 主题的基本要求

文章主题的基本要求是必须具有正确性、鲜明性和新颖性。

关于正确性：主题的正确性就是指文章的主题必须准确地反映事物运动的客观规律，反映出事物内部固有的内部联系、本质特征及其发展变化的必然趋势。因此主题的正确性有着四个具体要求。

首先，正确性要求我们必须尊重客观事实，绝对不能凭个人主观好恶去进行主观臆断，而必须全面地、客观地把握事物自身的真实运动轨迹，让作者自己的观点尽量贴近真理本身。

其次，正确性还要求我们必须把社会系统的各种运行规律和现阶段社会的具体政治、经济、文化现象联系起来进行分析和研究，探寻我国社会主义建设的总体规律；进而结合我国实际国情，客观反映出我国社会主义现代化建设事业各个阶段的基本特点，特别是社会主义初级阶段的具体特点，包括改革开放以来现行体制的运行规律、运行特点及实际优劣，从而更加正确地表述我国社会主义建设事业的客观规律。

再次，正确性还具体表现在理论联系实际的各种要求上。一篇论文的主题有些是产生于社会实践，其材料也来源于社会实践，这类论文的写作就是为了解决社会实践中遇到的各种实际问题。同时即使是宏观方面的理论研究，也是为了指导具体实践，它也必须适应实践的新情况和新要求。完全脱离具体实际的理论创新毫无价值，同时也不可能存在。

最后，主题的正确性还要求我们必须反对错误的、片面的观点。一个主题的正确与否，与作者的思想水平、认识角度、认识方法有着十分密切的联系，但也同作者自身的理论功底、实践经验及其治学态度密不可分。这就要求我们必须在这些方面下大功夫，从而做到根深叶茂，避免学术研究中浮躁轻率的通病。

关于鲜明性：主题鲜明，就是指作者必须立场坚定、态度鲜明、倾向明显，旗帜鲜明地表达作者自己的主张、观点、见解和意见，明确地表达出自己赞成什么，反对什么，主张怎样，不主张怎样，支持什么东西，批判什么东西，决不能吞吞吐吐、似是而非、模棱两可。

主题的鲜明性在表达形式上有着四个方面的具体要求：

首先，作者必须通过特定判断形式简明扼要地表达出自己的观点，例如"坚决划清辩证唯物主义与唯心主义形而上学之间的界限""必须尽快让一部分人先富起来""思想道德建设任重而道远""必须把服务业的发展放在国民经济的首位""社会主义市场经济是中国特色社会主义的重要组成部分"等观点，都是相关文章中通过肯定式判断进行鲜明主题表述的。

其次，要把主题放在学术论文中相对比较醒目的地方，集中、完整地表达出来，防止主题东一句西一句，使读者不得要领。学术论文通常都把基本观点或者中心论点放在论文的开头、中间或者结尾部分。在文章开头部分提出的，就是开门见山，即在开篇就点题。主题放在文章中间的，常常是作者在论述了问题研究的意义之后，阐述怎样解决时提出来的，当然也有可能是在分析完现状之后，在阐述"怎么办"时提出来的。主题放在结尾的，这是一种水到渠成的表达方式，是在作者充分论证完支撑中心论点的各个分论点后进行的画龙点睛。

再次，主题的鲜明还要求我们在提炼和表达主题时必须抓住问题的主要矛盾或者问题主要矛盾的主要方面，在确立问题的基本实质时必须抓住关键所在，对主题的内涵和外延必须十分明确。

最后，主题的鲜明还要求一篇学术论文的主要观点只能有一个，一篇论文绝对不能同时涉及两个或者两个以上中心论点。如果一篇论文同时出现若干个中心论点，就不能确立到底哪一个是中心论点，不仅造成论点间的相互干扰，还会在结构上造成主次不分的严重错误。

关于新颖性：所谓新颖，就是指作者的观点必须是新颖的、独特的，能够深入揭示研究对象的本质并给读者以深刻启迪，而不是人云亦云、无病呻吟，或者泛泛而论、故作高深。无论是基础理论研究论文还是应用研究论文，作者都必须尽力反映出所研究课题的新见解和新成果，从而使文章更加具有实际性意义和科学价值，这是学术论文主题的基本出发点和基本要求。

二、主题的确立

论文主题的确立是一个十分复杂的过程，它的基础是实践和材料的积累，核心是创新思维的运用，而它的提炼则是感性认识上升到理性认识的结果。

主题的确立一般说来有以下三种常见形式：

（一）通过精选材料产生主题

材料是主题产生的基础，而要真正占有材料，作者就必须站在课题全局的高度去驾驭材料，这就要求作者必须精选材料，并从中产生主题。

在精选材料时我们必须注意以下五个方面的问题：

第一，必须吸收前人思想精华，要把与主题有关的材料，包括他人的论点、论据等都挑选出来，进行深入的、全面的分析和研究，探究前人成果的深层含意，并从新的视野和角度去挖掘新思想，从而阐发出新的观点和见解。

第二，尽量选择获得的独家材料，并提炼出新的观点。通过对典型独家材料加以提炼，就能让独创的思想得到突出的展现，从而形成作者异常深刻的独特见解。

第三，必须正视材料的难疑点，通过多种角度加以辨析和突破。作者通过研究材料的疑难点，进而认识其中的深奥之处，让主题的形成达到一个新的高度。

第四，把握争论焦点，明确材料间的因果关系。必须综合各家各派争论的焦点，寻找出其共同点。这就要求作者详细列出各家各派的观点、论据材料、论证方式和方法，全面地进行比较和权衡，进而把握各家各派的成功之处和不足，最终形成自己的独特见解。

第五，充分挖掘材料的疏忽欠缺，并以此作为突破口，把那些没有做深入分析、论证的问题，或者结论不全、论证平淡、论证角度有偏差的问题，以及受主客观条件的种种限制而存在缺漏的材料，作为自己探索和创新的目标，认真对它们进行归纳、总结、分析和完善，并最终提炼出自己的独特主题。

（二）运用创造性思维产生主题

通过创造性思维产生主题，是指通过对所占有的材料进行分析、归纳、推理，进而产生出新的主题。而所谓创造性思维，就是指作者对精选出的材料，再根据特定的目标和任务，通过多维面、多角度、多层次的认识，进行再分析、归纳和推理，从而提出独到的见解、设想、具体方法和具体方案的整个逻辑思维过程。

运用创造性思维获取主题的具体方法主要有以下三类，一共六种：

1. 运用发散性思维和收束性思维获取主题

发散性思维又称扩散性思维、多角度思维，它是指从各个侧面、各个角度进行逻辑思维，从而求得解决问题的多种方法和多种途径。它的基本特点是不受研究对象范围的限制，不拘泥于已有成说，是从已知探索未知。而收束性思维又称集中性思维，它是把发散性思维所提出的各种可能性，包括各种具体方法和具体设想、具体方案集中起来，分别加以分析、比较、鉴别和选择，从而最终确定谁优谁劣。这两种创新思维合并使用，有助于作者在选题、确立主题时，以及确立结构篇章和草拟文稿时，拓宽思路，多角度、多维面、多层次、全方位地进行思考和研究，并最终获得最理想的课题、主题和写作思路。

2. 运用求同思维和求异思维

求同思维是指作者依据相同的结构要素，站在相同的立场和角度，从相同的方面去思考问题，进而遵循他人的思维导向去解决问题的一种逻辑思维办法。它的基本特点是体现事物发展的统一性和继承性。而求异思维是指作者站在与已有经验、理论、框架不同的角度，用逆推法得出与已有范式不同的甚至是相反的结论的一种创新思维方法。

在确立学术论文主题的过程中，我们可以运用求同思维和求异思维来推出新的观点。但在使用这两种方法时，一定要注意使用的前提条件是否满足。即运用求同思维必须满足相同的结构要素、相同的立场和角度这三个相同性前提条件，否则你得出的结论很大程度不能成立。反之，运用求异思维必须满足与已有经验、理论、框架不同这个前提条件，否则你的结论就很有可能是错误的。比较常见的做法是同中求异，因为现有的任何理论和观点都肯定有一定的局限性，都不可能是绝对真理。受时代、作者自身情况和相关资料获取等因素的限制，任何人都不可能准确地把握未来，同时一个学者也不可能全面涉及各个研究领域。因此，我们就可以在肯定作者原有基本观点的情况下，去努力发现其不足之处，进而找出偏颇之处和作者尚未涉足的一些新问题。运用这种同中求异的逻辑创新方法挖掘出新的观点，从而丰富和完善前人的理论和观点。而求异思维则更具新颖性和独创性。对同一个问题，如果我们变换研究角度，或者再上升一个层次去探索，均可以得出更加深刻的见解和全新的结论。

3. 运用顺向思维和逆向思维

所谓顺向思维，就是指按客观事物的产生、发展、成熟、壮大、衰落和死亡的特定历史过程进行逻辑思考的一种创新思维方法。其最突出的特征就是时序性，即按照事物时间的先后顺序来考察事物的过去、现在和未来，从而明确事物发展的进程性和不可逆转性，进而发现事物的来龙去脉，同时还可以对事物的过去和现状进行比较分析，从而推断其将来发展趋势，从整体上把握事物的全部发展状况。而逆向思维则是由结果反向推导原因，是由已知探索未知的特殊逻辑思维方法，这就是人们常说的"反思"。就是抓住互为因果的两个具有可逆性的现象，以甲和乙的这种因果关系，反向推出乙与甲的另一种因果关系，其原理是唯物主义辩证法的对立统一规律及否定之否定规律在创新思维过程中的具体应用。

在确立学术论文主题的过程中，我们可以运用顺向思维去发现研究对象在时间上的运动轨迹，或者其发展进程中出现的谬误及时间顺序上的矛盾，并以此作为突破口，推导出新的主题；当然我们也可以运用逆向思维来抓住与研究对象相对立的论题，包括否定原主题的思维线索，从而得出全新的逻辑结论。

（三）通过寻求因果关系提炼主题

这里的"因"指的是原因，指产生一定现象的原因；这里的"果"指的是结果，指由于特定原因引起的特定现象。因果联系，它是客观事物之间一种十分普遍的联系：任何客观事物都是由一定原因产生的特定结果，而该结果同时又是产生另一结果的原因。世上没有无结果的原因，也没有无原因的结果。自然界产生的现象和人类社会领域产生的现象，总是按特定的规律性和必然性重复地发展着。在现实中，由于事物相互之间的普遍联系和相互制约性，具体的因果关系在形式上表现得十分复杂，最简单是一因一果，但复杂一点是一因多果、一果多因，最为复杂的是多果多因互相融合及互为因果。

而寻求因果关系的具体逻辑创新方法，就是从事物发展过程来揭示事物之间前赴后继、相互制约的因果关系。因为因果关系具有固定的时间顺序上的特性和特定的因果互生性：一是具有时间顺序上的先后性，总是原因在先，而结果在后。因此我们要善于从先产生的有关现象中去寻找特定结果的原因；二是在相同的条件下，相同的原因总会引起相同的结果，反过来相同的结果总是缘于相同的原因。

据此，英国著名哲学家穆勒总结出了五种确定事物间因果关系的逻辑思维方法，简要介绍如下：

一是求同法。所谓求同法也称契合法，它是异中求同。即如果某一现象在不同的场合发生，而在这些场合又只有一种情况是共同出现的，那么，这个共同出现的情况A就是此现象产生的全部或者部分原因。

而求同法的具体步骤是：首先找出某一现象在不同场合发生的一切可能性原因，即先行情况；然后再将不同场合中的先行情况进行具体比较，从中找出哪些是共同的，哪些是不同的。不同场合出现的不同情况不是某一现象产生的具体原因，我们可以不加注意；最后再根据不同场合找出的共同情况A做出逻辑结论，这个共同情况A就是某一现象（a）发生的真正原因。

求同法的具体公式如下：

场合	先行情况
甲	ABC
乙	ADE
丙	AFJ

因此：A是a的原因。

在具体运用求同法时，我们必须全面了解某一现象产生的所有可能性原因，因为特定现象即使是发生在不同场合，它肯定会有同一原因。因此，我们必须尽量掌握被研究的某一现象出现在不同场合的具体情况资料，并从中发现它出现的共同情况。这样我们得出的逻辑结论就会非常可靠。当然事实上由于我们受到各种主客观条件的制约，我们不可能对于一个复杂现象出现的不同场合的情况完全了解；同时同一个结果可能由同一原因引起，也可能由不同的原因引起，因而各个场合的共同情况不一定就是被研究的某一现象产生的原因；另外还有一种极端情况，就是被研究的某一现象出现的不同场合中的共同情况可能不止一个。正因为如此，运用求同法所得出的逻辑结论，常常具有或然性，它在很大程度上是一种概率，必须通过具体实践方式进一步加以检验求证。

二是求异法。而求异法又称差异法，它是同中求异。即如果同一现象在一个场合产生，而在另一个场合没有产生，假设这两个不同场合其他所有情况完全相同，而只有一个情况A不同，那么这个不同的情况A就是该现象在某场合发生的全部原因或者部分原因。

求异法的运用必须满足下列条件：在两种不同的场合中，一个现象是否产生，只取决于一个不同的情况A，所以它的结论是完全可靠的。反之，如果出现了两个或者两个以上不同情况，我们就必须通过反复的试验和逻辑分析，进而排除掉那些与被研究对象完全没有因果关系的各种特殊情况，最后才能确定情况A是产生被研究现象的特定原因。

三是求同求异法。所谓求同求异法又称契合差异法。这一方法既求同又求异，是求同法和求异法的综合性运用。它首先通过求同法来确定某一现象出现时各个场合的共同情况A，再运用求异法来确定某一现象不出现时的各种场合是由于不具有该情况A，最后即可得出结论A是某一现象的特定原因。

四是共变法。所谓共变法是指如果某一现象A变化之后，另一现象也随之发生变化，那么，第一个现象A就是第二个现象（a）产生的特定原因。其公式为：

场合　　先行情况
甲　　A1BC
乙　　A2C
丙　　A3BC

所以：A是a的原因。

其实共变法就是在共同变化中去求原因。它不仅能判断出各种现象间的因果联系，同时还能显示出不同现象之间因果关系的具体数量关系。因而它不仅可以作为判断不同现象间因果关系的逻辑方法，还可以作为判断两种现象具体量的差异的辅助逻辑方法。

在具体运用共变法提炼主题时，我们首先要注意在先行情况当中，当某一特定现象发生变化时，其他情况是否也发生变化，只有其他情况没有产生变化，那么得出的逻辑结论才比较可靠。反之如果其他情况出现变化，甚至客观情况是"一果多因"，那么得出的逻辑结论就具有或然性。其次要特别注意共变现象的适度性，如果某一现象的变化超出了共变量的范围，那么两个现象之间不仅不会持续共变，反而会适得其反，根本达不到测试的目的。

五是剩余法。所谓剩余法就是指在已知某一复杂现象是另一复杂原因引起的情况下，通过把其中互有因果联系的部分减去，那么其余剩余部分也必然互为因果。

剩余法在实质上是用排除手段通过余果推及余因，这个方法必须以前述几个方面所推出的结果作为基础，所以该方法只能用来研究某些复杂现象的具体原因，其得出的逻辑结论也必须以前提作为标准：如果前提真实，那么结论就必然可靠；如果前提不真实，那么结论则必然具有或然性，只有一定概率性。

第三节　拟定写作提纲

在写作时，为了让学术论文的中心突出、逻辑严密、层次清晰、详略得当，我们必须在动笔之前对论文进行一个整体的规划，为论文构建一个基本骨架，这就是通常所说的拟定写作提纲。就写作的具体程序而言，它是作者动笔行文前的必要准备阶段和必经的具体步骤；而就写作提纲本身的内容而言，它是作者整体构思和整体规划的具体表现。因此，拟定写作提纲，就是运用简洁、明了的语言和特定逻辑结构去安排论文的整体结构。安排学术论文整体结构的方法虽然很多，如随想法、片段法等，但提纲法却是写作实践过程中运用得最为普遍、最行之有效的方法。

一、提纲的含义

所谓提纲就是论文的框架和蓝图，而拟定提纲，既是梳理作者自身思路，帮助作者记忆论文重要线索的手段，同时也是作者安排论文具体布局和结构的必要准备程序。因此提纲就是作者根据自己确立的中心论点和分论点，在选取相应的有关材料基础上，把观点和材料梳理排队，进而将其综合成一个层次分明、思路清晰、结构完整、能够说明研究问题的论文基本轮廓。

这个基本轮廓在具体写作实践中主要有两种具体形式：

一是停留在作者脑海里的初步构思，一般称为腹稿；

二是用具体文字的形式，按照既定的逻辑顺序，把纲、目、具体材料等要素依次记载下来，这个就是常说的提纲。

在具体写作实践过程中，篇幅比较短小的文章，通常不需要拟定文字提纲，在动笔写作前打个"腹稿"就行了。而学术论文由于一般篇幅较长，内容也相对比较复杂，因此作者在动笔写作前就要预先拟定一个具体的文字性写作提纲。

二、提纲的作用

我们认为，提纲在写作学术论文的过程中，具有以下四个方面的重要作用：

1. 有利于作者梳理研究思路，周密构思文章整体布局

事实上作者在写作一篇文章时，在动笔之前，都有一个将思路明确化、系统化的思考过程。通过拟定写作提纲，综合考虑论文各组成要素，作者就能把自己头脑中分散的、杂乱的观点和材料系统化和明确化，从而把它们有机地组织起来，构成明确、清晰、连贯的写作思路，进而形成粗线条式的逻辑体系，最后再把它们用一定的文字固化下来、确定下来。通过拟定提纲，就可以在自己预先构思的基础上，结合研究选题的特定要求，认真审视全文的整体布局，通过反复斟酌、思考和修改，使整体结构更加成熟和完善。

2. 有利于作者把握写作的整体进程，避免论文结构的游离和脱节

在写作的过程中，如果作者有一个构思全面、布局合理的写作提纲，他在行文时就能做到心中有数，步步为营了。从何处起？又从何处收？从何处分？又从何处合？无论是承接和

转换，还是详略和疏密，一切均在作者自己的意料之中，这样写作起来就会成竹在胸，思路畅通，得心应手，从而避免写作时"东一榔头，西一棒子"，虽下笔千言万语，却离题万里之遥，整体结构松散乱、脱节、游离等结构性问题的产生。

3. 有利于作者灵活选择初稿的写法，并灵活安排写作进程

有了明确的写作提纲，我们就可以根据自己的实际情况选择论文写作的程序和方法，并灵活地安排写作的具体进程。具体而言，作者有时可以不按照从头到尾的自然顺序来进行写作，而是先完成了论文的本论部分，然后再去写作论文的开头和结尾；当然有时也可以先完成文章的任何一个独立部分，再写作其他的部分，最后再将各个部分组合成完整的一篇论文；有时还可在以一段时间内集中全部精力完成全文初稿，同时可以充分利用各种零散时间，分散进行写作，然后再串联成整体文章。可想而知，如果没有特定的写作提纲，这样一些具体的写法，就不可能真正实现。

4. 有利于作者探求最佳写作方案，从而达到精益求精

一旦我们依据写作提纲来行文，随着写作思路的不断深化，在写作过程中我们就会不断发现新的见解、新的构思，从而使原来的初步设想得到修正、补充和扬弃，进而在脑海里出现若干新的写作方案。而经过我们多次冷静的思考、分析、对照、比较，一个精益求精的最佳方案就会不期而至。而当有了较完整的最佳写作方案后，都有了完整的写作依据和修改标准，无论是初稿写作还是修改，都会迎刃而解，我们只需要"照图施工"，便能在写作时主题明确、条理清晰、纲举目张、重点突出、结构连贯。

三、拟定提纲的基本原则

总之，写作提纲是学术论文的基本逻辑框架，是作者用句子或者纲目形式把自己构思篇章的总体过程和最终成果加以具体化的书面体现。因此，我们拟定写作提纲，就必须从全局出发，通盘考虑，并遵循拟定写作提纲的五大基本原则：

（1）立论清晰。必须明确文章要确立什么样的中心论点，准备采用哪种具体方式，从哪个研究角度提出问题，在中心论点下拟设多少分论点和小论点。

（2）选材新颖。必须明确准备选择哪些论据性材料，特别是要重点列出新颖、典型的材料。

（3）内容合理。必须考虑准备研究的具体内容，每部分内容所承担的任务层次和段落安排如何实现。

（4）结构协调。必须明确文章如何开头和结尾，正文如何进行论证，总和分如何自然进行，上下文如何合理衔接，前后如何有效呼应。

（5）详略得当。必须明确文章各个组成部分如何匀称和谐，整体文气如何有效贯通，文字运用如何做到疏密得当，等等。

四、拟定提纲的基本方法

1. 提纲的两种基本类型

一是简要提纲。所谓简要提纲也叫粗纲，即概括地归纳出论文各个具体项目的要点，把论文所要论述的主要问题按一定的逻辑顺序排列，并列出若干个小的题目，从而粗线条式地

把论文的总体轮廓描绘出来。它在形式上与工程上的"草图"非常相似。

二是详细提纲。所谓详细提纲也叫细纲,即在拟定提纲时对论文各个层次的论点、重要论据、论证方法等结构性项目均进行详细的罗列,从而从整体上显现出论文的主要骨架和主要内容的基本情况。

拟定写作提纲,不论是粗纲还是细纲,都必须涉及论文的主要内容和基本结构,这是提纲的基本要求。至于粗纲和细纲的具体使用,则取决于论文所涉及的研究范围、内容的复杂程度、整体篇幅的大小等因素,当然也和作者的个人爱好及写作习惯密切相关。

2. 提纲的三种具体写法

一是标题式。这是用标题的形式把各部分的主要内容归纳、概括出来,这样每一个部分都是一个标题式的短句或者词语。标题式写法的优点是:简洁明了、内容扼要、写作便捷,效率高;而其缺点也非常突出:内容过于简单,往往只能自己明白,读者根本无法看懂、无法了解具体内容,而且一旦时间长久,作者自己也经常会对其内容记忆不清。

二是句子式。这是用一个能表达完整意思的句子把各个部分的内容简要概括出来,这样每一个部分都是一个完整的句子。句子式写法的优点是:内容具体、详实、明确,能够为论文提供各个段落和各个层次的主题句,而其缺点也非常突出:内容不能一目了然,文字多不便于读者思考,作者写起来费力费神,效率较低。

三是段落式。这是用一段完整的话把各个部分的内容具体概括出来,这样的每个段落都是文章的内容提要,是上述句子内容的适度扩充。

3. 提纲的逻辑结构示意图

写作提纲一般由序号和文字两大要素组成的,作为学术论文写作的具体设计图,其逻辑结构如下图所示:

一、二、三
(一)(二)(三)
1. 2. 3.

一、二、三表示论文的中心论点,指大项目;(一)(二)(三)表示论文的分论点,指中项目;1. 2. 3. 表示再从属的小论点或者论据材料,指小项目,以此类推下去。其中的各级分论点和小论点,都是证明中心论点的主要论据。上述图表是各级论点间逻辑关系的视觉化体现,这个逻辑结构图把各个论点间错综复杂的逻辑关系,通过简单的图表形式,完整地、清楚地展现出来。

五、拟定提纲的基本要求

第一,拟定提纲,各类项目必须齐全,必须初步体现出论文的基本轮廓。其中,主题、材料、结构和语言等论文的基本要素应样样俱全。同时这些基本要素并不是简单地、机械地凑合在一起,而是必须把它们组合成一个相互联系的有机整体。

第二,拟定提纲,必须从全局着眼,进行统筹安排;必须紧扣文章主题,突出文章重点;必须注意提纲的整体性和逻辑性;文字运用必须高度概括,简洁明了。

第三,在提纲草拟出来以后,作者必须主动征求各个方面的意见,积极争取各个方面的支持和帮助。然后自己再认真进行推敲和反复修改，从而获得论文构思谋篇的最佳方案，以使论文的写作提纲更加完善。

第四节　定结构

一、结构的含义

"结构"，最初是建筑学中的一个基本术语，是指连结构架和物体构造的基本式样。从广义上说，结构指的是事物内部各个组成部分之间的组织、联系和具体构成，它是所有事物在建构上不可或缺的基本要素。而作为文章的结构，又常常被称之为"格局"和"布局"，指的是作者在写作过程中对文章的各个组成部分内容的构思和组织安排的具体过程，即结构性文章；当然更多情况下是指文章本身的内部组织的具体构造和外部具体表现形式，即文章的结构。因此就论文来说，结构是论文各个组成部分之间、部分与整体之间逻辑关系的具体安排，通过这种安排，作者就能把主题、材料、论述和论证等要素组织起来，使文章在行文上严密而有序。

二、论文的结构原则

我们认为，论文的结构原则主要有以下三个：

1. 必须正确反映事物发展的客观规律及其内在联系，必须体现出提出问题—分析问题—解决问题的逻辑顺序和基本要求

因为论文的结构并不只是一个写作技巧和写作方法的问题，而是作者认识和反映客观事物的思维进程的具体体现。由于事物本身具有内在联系，因而论文的结构也必须以客观事物的发展及其内在联系作为基本依据和逻辑出发点。客观事物发展的基本规律，总是体现在时间先后、中间距离和起止过程等现象中，这些都为我们提供了安排文章结构的具体契机。

首先，必须指出客观事物存在的基本矛盾，即作者必须提出自己研究的主要问题，把自己对课题研究所形成的初步认识，放在论文格局的最开头，成为文章相对独立的一个部分。

其次，必须详细解剖事物矛盾的各个方面，进而揭示出事物的矛盾运动规律及其发展的基本趋势，对所提出的主要问题进行深入、科学的分析和研究，从而形成文章的主体部分，同时把文章的基本观点和主张合理有序地表达出来。

最后，必须针对所提问题的基本要害，提出解决问题的具体办法。这个部分是论文的逻辑联结点，是作者分析、研究、认证所提问题后得出的结论性意见。这个部分在论文结构的安排上主要有两种不同的处理方式：一种是顺着提出问题、分析问题、解决问题的基本逻辑顺序，层层推进，把结论放在文章的最后；另一种是把结论融合在分析问题的具体过程当中，一边分析问题，一边得出结论，在结尾部分不再独立做出具体结论。

2. 必须符合思维的基本规律，准确、完整反映作者认识客观事物的逻辑思维活动的基本脉络

论文的结构，是作者运用文字语言表达自己对客观事物准确的认识成果的一种结果性构思，所以它必须体现出作者的逻辑思维形式和逻辑思维结构，也就是说论文的结构必须符合作者的"思路"。因此，阐述文章主题必须探索论据和论点之间的逻辑联系，把论点和材料科

学地、合理地组织起来，遵循作者认识事物的逻辑思维顺序和规律。

具体要求是：

首先，作者必须先进行具体分析，进而达到对抽象概念的界定，然后再通过一系列概念和范畴的推演，再构成特定的理论体系，即走扬弃个别掌握一般、扬弃现象掌握本质、扬弃偶然掌握必然的基本路子，先从一般到本质，最后再到必然。

其次，作者必须以说理为核心，按照讲道理的基本线索，打破时间、地点、条件等诸多要素的限制，突出"理"的基本联系，通过一系列概念、判断和推理的基本思维要素和思维进程去为"理"服务。

3. 必须围绕中心论点建构论文的基本框架

一篇论文的结构安排，必须为表达主题服务。我们必须把各个分论点、小论点及所有的论据性材料统统安排在充分论证中心论点的位置上，并精心安排论证中心论点的各个方面及其逻辑顺序，精心建构中心论点与分论点、分论点之间、各论点与各论据之间所特有的基本框架，使各个组成要素对中心论点具有较高的逻辑指向性和向心力。

三、论文的基本结构要素

学术论文构造的基本组成部分称为结构要素。论文的基本结构要素一般包括：层次、段落、开头、结尾、正文、过渡、照应、衔接等"起承转合"的各个方面。

1. 层　次

层次是文章各层意思的先后顺序及其逻辑联系的具体表现，是事物发展的阶段性和作者的思维进程在文章中的具体反映。一篇文章，一般都是由大小层叠的各种层次组织起来。整篇文章由几个大层组成，而各个大层又由若干个小层组成，每层都只承担一部分思想内容的具体表达。

事实上，层与层之间，既有着特定的内在联系，又有着明确的具体分工，每层都有自己相对独立的表达内容。同时，层次的安排还必须讲究逻辑顺序，各个层次必须表现出思维的逻辑进程以及各个方面的内在联系。因此，确定论文的层次，必须表现出论证、推理的逻辑进程和具体步骤，必须根据总论点、分论点、小论点以及论点与材料之间的关系，确定各个领域层次之间的总分、并列、从属、因果等各种具体联系，从而使每一个层次既是一个相对独立的组成环节，又是环环相扣的整个逻辑链条中的有机环节。

安排层次，一般用"一、二、三"；"（一）（二）（三）"；"1. 2. 3."；"（1）（2）（3）"；"第一、第二、第三"；"首先、其次、再次"等表明序次的文字冠于各个层次之首，以示次序的先后及其隶属与主次的关系。一般不要使用英文字母和罗马字母。

2. 段　落

学术论文的段落指的是自然段，它与中学语文中的段落有一定的区别，后者指的是特定的完整段落。而学术论文的段落指是文章的基本构造单位。它在形式上具有移行缩格的外部标志；它在作用上既可以作为文章内容的基本组成部分，也可以作为过渡段，在上下段落之间起着联结作用。

在划分段落时必须遵守以下四个方面的基本原则：

一是单一性原则。该原则要求每一个段落只能有一个中心意思，不允许一个段落包含几个中心意思。否则，在一个段落内，就会头绪繁多，各个意思互相交叉、纠缠不清，从而导致结构混乱。因此在具体写作时，就要尽量把一个段落的中心句放在段落中较为明显的位置。如段首，这样就会比较醒目。当然有时也会把它放在段尾，顺理成章地得出特定结论，从而让读者明了作者的逻辑推理过程。

二是完整性原则。该原则要求一个中心意思必须在一个段落中完整表达完毕。因为段落是论文中各个相对独立的部分，无论一个段落有多长或者多短，均不能把一个段落原来完整的意思拆散，进而与下一个段落相混淆，否则一篇学术论文就会在结构上支离破碎，而在内容上则显得杂乱无章。

三是逻辑性原则。该原则要求每一个段落的表述及其先后顺序必须符合论文的逻辑推理进程。在学术论文的写作中，每个层次都包含着若干个具体段落。因此作为层次的基本组成部分，每一个段落的地位和先后顺序，都必须依据层次表达的需要进行安排，每一个段落的意思必须服从于该层次，而不能脱离该层次，更不能违背该层次。因此段落与段落之间，就要衔接自然，前后贯通，上一个段落必须为下一个段落打下良好基础；而下一个段落则必须是上一个段落的自然发展，从而使段与段紧密联系，体现论文自身的内在逻辑联系。

四是匀称性原则。该原则要求每一个段落的长短必须相宜，轻重必须相宜。在安排段落时必须从文章内容和表达的实际需要出发，该长则长，该短则短，从而合理安非文章的主次和轻重，既要考虑文章内容表达的需要，又要注意文章结构上的完善。

在具体写作时，段落一般不宜安排太长，因为段落太长，往往会使读者望而生畏，同时段落的中心句子往往不是被读者忽略，就是被淹没在大量的具体论证材料之中，导致读者常常不能掌握段落的中心意思和要领。因此每一个段落的内容分工、字数都要慎重安排。一般而言，文章开头的段落和结尾的段落都比较短小精干，而论证中心论点的主要段落则往往较长，需要花费一定篇幅进行主题的展开和论证。

3. 引　论

引论又叫绪论或者引言，指的是在文章中提出全文要论证的主要问题的部分，其主要作用是导入文章要研究和阐述的主要问题。

在写作实践中主要有以下六种常见开头方式：

一是开门见山法。这种方法是作者在文章开头就把中心论点和盘托出，直截了当地表明自己的观点和主张，然后于正文中再加以阐述。

二是概括法。这种方法是作者用极其简洁的文字对全文进行概括性介绍，使读者从文章开头的提要中就可以了解作者的基本观点和主要内容，让读者抓住阅读的重点，对文章有大致的概括的了解。

三是陈述法。这种方法是作者在文章开头就交代写作的动机和目的，使读者了解课题的研究目的、研究对象和研究意义，进而了解作者的写作意图，促使读者完整地理解文章的主要内容。

四是案例法。这种方法是作者在文章开头介绍一个与选题有关的典型案例，然后再在正文中转入课题的阐述和论证。这种方法形象、生动，能够吸引读者的注意力和引发联想。

五是设问法。这种方法是作者在文章开头提出与选题密切相关的问题，进而激发读者的思索与阅读兴趣，然后再在正文中加以全面阐述，并问答所提出的主要问题。这种方法启发性很强，常常能够启发读者的思路，引导读者的阅读进程，也使论文的结构曲折，富有趣味性和神秘感。

六是回顾法。这种方法是作者在文章开头简要概括地介绍与选题有关的研究历史的基本情况，从而让读者了解与选题有关的研究的历史发展、基本成就、基本观点及存在的主要问题，进而使读者对本课题研究的目的、意义、主要观点和未来发展趋势均有一定的认识，并为正文的阐述和论证奠定坚实的基础。

4. 正　文

正文又叫本论，是论文结构中的主体部分，其主要任务是要对引论中提出的主要问题和基本观点进行具体和深入的阐述和论证，从而通过一定的逻辑思维形式把论点和论据性材料有机地融合在一起，使文章形成一个具有高度逻辑性的书面论证体系和书面结构形态。

5. 结　论

结论，又称结尾，它是在文章中体现论文结构完整性和作者思维概括性特征的内容部分。当然也有部分论文，作者一边分析问题，一边作结论，最后就不会再单独列出结论部分了。

在写作实践中常见的结尾方式主要有以下四种：

一是"总结式"结尾。这种结尾方式是作者在文章的结尾处对正文阐述的主要内容再进行概括和总结，从而进一步提炼论文的主题，让读者更加全面地、更加透彻地了解和认识文章的中心论点。

二是"深化式"结尾。这种结尾方式是作者在文章的结尾处进一步深化论点，把文章的主要观点提升到哲学的高度上去进行认识，进而更加深刻地揭示出研究对象的本质，给读者以深刻的思想启迪。

三是"问题式"结尾。这种结尾方式是作者在文章的结尾处，对作者在文章中不能解决，或者不准备解决，但在文章中又无法回避的有关问题，进行简要的介绍，以期引起读者的思考，继而引发大家的探索热情，并指出今后进一步研究的主要方向，从而推动有关研究向着更深入的方向前进。

四是"说明式"结尾。这种结尾方式是作者在文章的结尾处，指出选题的后期研究价值和研究前景，特别是理论研究转化为实践成果的特殊价值，进而对文章的主题作做一步的补充和说明。

6. 过　渡

过渡是指当文章中层与层之间、段与段之间，有些内容有较大跳跃时，作者通过特定的连结方式把它们紧密地联成整体的一种结构方法，它在形式上表现为连结层与段之间的词、短语、句子或者段落。

在实际写作中，往往有一些需要过渡的地方：一是分述之间，即各部分内容与内容之间的承上启下；二是是由总到分，或者由分到总，由具体到概括，或者由概括到具体等思维步骤有较大转折的时候；三是是陈述事实与分析事实之间；四是上下内容之间有较大跨度时，均需要一定的过渡。

在具体写作时，常用的过渡方法主要有以下三种：

一是运用过渡段。即作者专门使用一个比较短的，但又相对独立的自然段落，作为两大部分之间的过渡，从而把前面的内容通过逻辑形式转到后面的内容上去。过渡段在形式上可以是陈述句、判断句、设问句当中的任何一种。

二是运用过渡句。即作者在上一个自然段的结尾处，或者下一个自然段的开头处，运用承上启下的过渡性句子来完成文章上下过渡。

三是运用过渡词。即作者运用一些关联词语来进行句子与句子之间、段落与段落之间的承接和过渡。这些过渡性词汇有表示顺接的，如"因此""所以"等；有表示因果的，如"总之""综上所述""由此可见""总而言之"等；有表示转折的，如"然而""可是""但是""尽管如此"等。

7. 照　应

照应是论文在结构上、内容上相互联系的一种逻辑手段，它能使论文在内容上前后进行关照和呼应，浑然成为一个整体，使论文的结构更加严谨。在具体连接方式上它与过渡有一定的区别：过渡是从上文连接下文，照应则是由下文连接上文。

在写作实践中常见的照应方法主要有以下三种：

一是首尾相互照应。也就是文章的开头和结尾相互照应。无论是自然科学论文还是社会科学论文，通常都会在开头部分提出研究的主要的问题，再经过正文部分的阐述、分析和论证，最后才在结尾部分进行回答、归纳、综合得出文章的结论。

二是前后相互照应。也就是文章上文与下文内容之间的相互照应。具体而言就是在文章前面提出问题，然后在文章后面进行回答；前文进行铺垫，后文进行阐述、分析和论证。

三是照应文章标题。也就是文章的本论部分与文章的标题相互照应。这样的照应要求我们在论文本论的阐述、分析和论证中，必须适当点题，进而突出文章中心论点的核心作用。特别是当文章标题的含义十分深奥和深刻时，本论部分就更应该对标题进行适当的交代，从而点破主题，让文章标题与本论部分相互照应。

8. 详写与略写

所谓详写与略写，指的是作者对文章内容在主次与详略上的一种安排，目的是让文章主次分明，同时详略得当。

在写作实践中，一般按照以下三个标准来对详略进行处理：

首先是根据中心论点的需要来确定文章内容的详略。具体而言，凡是与文章的中心论点关系密切的有关材料，肯定就是文章的主要材料，必然构成论文的主要内容，因此取之宜丰，在篇幅上尽量安排详细一些，在内容写得更加具体和细致；凡是与文章的中心论点、分论点、小论点关系不够密切的有关材料，则肯定是文章的次要材料，只能构成文章的次要内容，因此取之宜简，着笔从略，简单介绍即可；而与中心论点关系甚远，甚至根本没有关系的有关材料，则必须大刀阔斧地舍弃，因为留之无用，反而会对文章内容和结构造成伤害。

其次是根据文章的独到见解确定文章的详略。由于学术论文作为作者研究成果的直接载体，其生命力就在于作者提出的新观点、新思想、新理论、新方法和新技术等独特见解，它们是学术论文的核心价值所在，当然也是读者最为关注的重点内容。因此这部分内容必须详写，篇幅量必须尽量大，从而将作者独到之处提供给读者借鉴和参考，并向社会提供宝贵的精神财富。

最后是根据读者的需要确定文章的详略。在写作实践中一篇学术论文内容上的详写与略写，还必须根据读者这个对象的实际需要来确定。一般来说，对于读者十分了解的一些内容，无论其在文章中作用多么重要，都必须略写；反之读者十分生疏、不甚了解的一些内容，只要有必要，即使只是次要性材料，也必须适当着笔，不然读者在阅读时就会不太明白、不太理解，从而造成不必要的误解。因此，撰写学术论文时，必须认真考虑和研究读者的实际情况，只有全面了解、分析和尊重读者，才能增强文章的针对性，避免内容安排上的盲目性。

第五节　撰写初稿

写作提纲的顺利完成，意味着学术论文正式起草前的一系列准备工作的结束，接着就进入了初稿的撰写阶段。

所谓撰写初稿，就是指按照拟定好的写作提纲的规划和思路，运用特定的语言文字，作者把自己研究的前期初步成果，如核心思想、中心观点、分论点等系统地、完整地、准确地表达出来的全部过程。初稿的写作是学术论文写作全过程中最艰苦的一个阶段，它不仅是作者对研究的思想认识不断深化的过程，而且还是学术论文从内容到形式上均基本成型的整个过程，同时也是对写作提纲进行检验、修正的具体过程。一般说来，初稿质量的好坏，在很大程度上决定了最终的论文质量。

一、撰写初稿必须具备的条件

撰写初稿是整个学术论文写作过程中的基本核心环节。因此，对于起草初稿前的一系列准备工作，我们绝不能掉以轻心，必须认真搞好前期筹备工作，只有下列四项必备条件都完全具备以后，才能动笔写作：

（1）"软件"齐备。所谓"软件"，指的是作者写作论文的具体思路、基本思想等内容。具体内容包括：基本观点已经明晰，并形成了表达中心观点、分论点和小论点的系列文字；论文的主要研究内容已构思成熟；论文的整体格局和各个局部的具体内容已安排妥当。

（2）材料完备。这是指提炼和证明主题的材料基本掌握完整；同时要引用的材料和要参考的主要材料已基本搜集完毕；另外文章个别细小的地方所需材料也做了精心的安排。

（3）提纲敲定。这是指拟定好的写作提纲，已经将作者对相关课题研究的全部构思反映出来，这个经过作者周密考虑而拟定的写作提纲，是作者起草初稿的基本依据。

（4）写作进程安排妥当。这是指作者已经安排妥当研究时间、研究分工及研究必须具备的相关物品，并为研究提供了良好的工作条件和环境。

二、初稿的执笔顺序

1. 从绪论入手写作

这种执笔顺序就是按照写作提纲排列的自然顺序进行写作，从开头写起，依次写作到结尾，即首先提出文章要研究的主要问题，并明确全文的中心论点，然后再在正文中展开充分的阐述、论述和论证，最后在结尾处进行归纳和总结，并最终得出相关结论。这种写作方法的优点是能抓住文章的纲，保持与研究的逻辑思维的一致性；同时文章的基本格调、基本风格在前后内容上容易保持一致，从而使文章的首尾衔接十分紧凑，文章结构上自然流畅。

2. 从正文入手写作

从正文入手，也就是首先写好正文和结尾部分，然后再回过头来撰写绪论部分。这种写作方法的优点一是大大减轻写作的难度，因为正文所涉及的主要内容，一般都是作者研究中思考得较多的问题，是作者前期研究成果的主要反映，从正文入手写作就十分容易；二是会使初稿写作更加顺利，因为如果从绪论动笔写作，这是先难后易，而从正文入手写作，这是先易后难，当我们写完正文和结尾时，主要内容已经完成，我们就可以放心写作绪论，并完成全文写作了。

三、初稿的撰写方法

1. "一气呵成"法

所谓"一气呵成"法，是指我们无论是从绪论入手写作，还是从正文入手写作，都可以按拟定好的写作提纲的具体安排，顺着提纲的具体思路来进行写作，中间不做任何停顿，不让写作思路中断，尽可能多地把自己的前期研究成果用文字表达出来，切记不能为了斟酌具体的一句话，甚至是具体的一个词语而停笔。当初稿基本完成以后，再回头进行细致的推敲、加工和修改。

2. "分段完成"法

所谓"分段完成"法，是指按照拟定好的写作提纲的具体顺序，把文章内容分成若干个独立的部分，一部分一部分地进行写作，哪一部分先考虑成熟，就先写哪一部分，实施各个突破。每个部分的内容主要涉及一个分论点或者若干个小论点。这种写作方法在写作时一定要注意保持各章节内容的相对完整性，每写完一个段落就要进行适度的整理和统筹，然后才能转入其他段落的写作。各个相对独立部分均完成后，作者再经过统筹将它们连接起来就构成了一篇完整的学术交流论文。

四、撰写初稿时的注意事项

1. 掌握"最佳性"原则

这个原则要求我们在写作初稿时，必须选择和保持写作的最佳状态。也就是说要尽量在我们的大脑比较清醒，同时精力十分充沛时动笔写作初稿；而当我们实在写不出来时就一定不要硬着头皮写作，必须冷静地进行分析并发现问题的症结，才能对症下药，进而进行充分的准备，去完成初稿的写作。

2. 运用"调整性"原则

该原则要求我们在写作初稿时，必须适时调整写作提纲。虽然在一般情况下，写作提纲并不会轻易改变，但在初稿写作的过程中，我们对原有的初步安排常常会做进一步的细化和深化，进而会发现提纲中的某些不足和不妥之处，当然甚至还会产生新的认识。此时，就要求我们必须适时对写作提纲进行适当的调整和修改。

3."注重量"的原则

该原则要求我们在写作初稿时，把前期的研究成果都尽量写出来。也就是说初稿的篇幅必须远远大于定稿的篇幅，因此学术论文初稿的写作内容必须尽量充分、完整。我们在写作时可以将思考成熟的东西都尽量写进初稿里，即使某些内容重复也不要紧。因为如果初稿写得太单薄、篇幅太小，我们在进行修改时就难以下手。

4. 坚持"完整性"原则

这个原则要求我们必须使初稿基本成型。即使是初稿也要从整体上考虑文章各个部分的分量，特别要注意纲目分明、逻辑清楚、段落长短适宜、内容轻重得当。

5."避免差错"的原则

该原则要求我们在写作初稿时尽量避免出现某些低级差错，如观点、语法和文字上的低级错误。

6."整洁性"原则

该原则要求我们在写作初稿时在版面上必须写得干净和清晰，最好使用页面字数相对较少的稿纸，四周留有足够的空白处，以供修改，同时卷面要保持相对整洁，不要太混乱。

总之，撰写初稿是一项艰苦的脑力劳动，是进行创新的复杂思维过程，我们必须认真加以对待，一定不能马马虎虎、草率行事，否则不仅会为后面的修改带来相当的麻烦，而且在很大程度上会制约论文的最终质量。

第六节 修改定稿

修改定稿，是指论文写作过程中从初稿撰写完毕后，一直到修改成定稿的整个加工过程。它是学术论文写作过程中的最后一道程序，是提升论文质量必不可少的重要环节。俗话说文章不厌改，苦心出佳作。这就是说，我们完成了初稿，最多只能算完成了论文写作一半的工作任务，而对论文初稿进行反复修改则是一个更加艰苦、更加需要耐心和更加细致的工程。前人说"善作不如善改"，一篇好的文章绝不是一蹴而就的，好的文章都是修改出来的。每一个有写作经验、有研究素养的严谨作者，都会把自己完成的每一篇论文视为对自己的一次严格的创新考试，不经过反复的认真的检查和修改是绝对不会轻易定稿的。

一、修改的意义

我们认为，反复、认真、精确地进行论文的修改具有以下三个方面的重大意义：

1. 反复、认真、精确地修改文章符合人们认识事物的必然过程

在反复、认真、精确修改论文的整个过程中，不仅要求我们不断改正文章中的诸多毛病，而且还要求我们不断深化对研究对象的认识。反复、认真、精确地进行修改，就是反复、认真、精确地进行研究，它是学术论文研究活动的不断延伸。因此修改绝不只是字斟加句酌，

而是作者对研究对象不断进行深入的研究和探索。由于研究对象的丰富多彩和曲折复杂，我们要正确认识它的本质和规律十分不容易，要从理论上反映它就更加困难。因此对它的认识绝不可能一次就做到尽善尽美，而必须经过实践—认识—再实践—再认识的反复探索过程。正是由于我们主观认识上的局限性，导致完成的论文的内容与其所反映的研究对象之间必然会存在一定的差距，因此修改论文的要求就会自然而然地产生。而论文每一次修改的结果，都会促使作者对研究对象的认识进一步提高，从而越来越接近绝对真理。

2. 认真、反复、精确地修改文章是作者具有高度责任心的真实体现

认真、反复、精确地进行初稿的修改，严把论文质量关，是作者尊重自己、尊重他人的高度责任心的真实体现。它既真实反映了作者对自我形象的珍重和重视，又反映了作者所具有的良好学术研究风范和认真的学术研究态度。个别刚刚从事学术论文写作的人，特别喜欢初稿一挥而就，然后就认为万事大吉，根本不重视初稿的修改工作。结果完成的论文定稿质量一点也不高，根本经不起推敲。纵观人类科学发展的整个历史，所有造诣深厚的学者们，绝对都是自己文章的严厉批评者，他们经手的手稿总是涂了又改，改了又涂，如此反复三番五次，他们对论文修改认真的程度只能用咬文嚼字来形容，更有甚者直接将自己不成熟的、不满意的手稿付之一炬。他们这种严谨的治学态度和良好的研究风范，值得我们认真学习。因此，当我们完成初稿以后，必须要善于从深处进行挖掘，从难处进行苦钻，一丝不苟地进行论文的修改和完善。

3. 精确、反复、认真地修改文章是提升论文质量的重要环节

精确、反复、认真地进行初稿的修改，是作者认识不断深化的一个重要标志，同时也是提升论文质量的重要环节。从整个完整的学术论文写作过程来看，各个环节实际上都需要反复地进行修改：就拟定写作提纲而言，是边构思边修改，是作者没有动笔前的反复琢磨；而撰写初稿的整个过程，实际上也是边写边改，并非一蹴而就。但必须承认这两个环节的琢磨和修改，都只能是局部的、片面的，此时作者的主要注意力还集中在具体构思和具体表达上。而到了修改定稿这个阶段，则是作者对论文进行全面的、整体的、系统的修改，因而是论文修改最为集中的、最为重要的一个阶段。

综上所述，修改文章绝不是我们要消极地去挑出文章的具体毛病，而是要求我们在更正文中缺点、补充文中不足的基础上，从积极方面入手，对初稿进行认真的再加工、再提高和再创造，以更高的标准、更严格的要求，使定稿达到完善和精彩的境地。

二、修改的内容

对学术论文进行修改，主要从初稿的内容和表现形式两个方面进行：内容方面主要包括各级论点的考证和证据性材料的使用；而表现形式方面主要包括结构的安排和语言的运用。其中对内容方面的修改和完善是重中之重，当然对表现形式的修改和完善也非常重要。

我们认为，在写作实践中，具体对初稿的修改主要涉及以下七个方面的内容：

1. 篇幅控制

文章的篇幅是作者对文章整体规模的限定，一般以简短为好，切记不能太长。文章简短而完善，这是一种要求很高、实现起来也十分困难的写作风格，它取决于作者的科研素养和

写作水平。就修改初稿而言，初稿的篇幅一般不会是恰如其分的，往往会比规定的容量多得多。即使多余的这些内容没有什么大的问题，也必须进行修改，对篇幅进行控制。因此，我们在进行篇幅修改时，必须大刀阔斧地把多余的篇幅削减至合理范围。

2. 论点更正

各级论点是一篇论文的精髓，它决定着论文的基本水平和学术价值。一篇论文修改的关键就是各级论点，特别是中心论点的更正。进行论点更正时，我们必须综观全局，立足文章整体，认真考量各级论点，特别是中心论点是否成立；认真考量各级论点是否深刻；认真考量具体表达是否精确；认真考量各级论点的排列是否合理，论点之间的关系是否科学；认真考量中心论点、各级分论点和各个小论点是否完美。而在具体修改时，我们一定要把有失偏颇的论点改成中肯的论点，模糊的论点改成鲜明的论点，片面的论点改成全面的论点，肤浅的论点改成深刻的论点，散漫的论点改成集中的论点。

3. 结构调整

结构是一篇论文表现形式中的重要组成要素，是论文在内容上的具体组织和安排。在调整文章结构时，我们必须从整体上注重论文的表达效果，做到结构严谨、自然和完整。具体考量要求：一是要看文章的结构是否完整；二是要看主要内容之间的联系是否紧密；三是要看层次的展开是否合理，各级层次间的转换是否自然流畅；四是要看具体段落的划分是否合理。而在正式修改时，则要把杂乱的层次梳理顺畅；臃肿的段落合并紧缩；上下文衔接不畅的疏通连贯；轻重比例失调、详略不当的改成轻重相宜；首尾缺乏相互照应的梳理成章。

4. 材料更动

材料是一篇论文赖以存在的基本依据，如何选择和运用材料是写作学术论文时十分重要，但同时也十分棘手的一项工作。在写作初稿时，我们往往对材料的选用把握不好，使得材料上的局限性非常突出，从而容易产生诸多问题：一是堆砌众多生硬的材料，对材料不加选择，有多少材料就使用多少材料；二是欠缺材料，论文中用来证明各级观点的材料大多数都是滥竽充数，核心材料、关键材料十分缺乏；三是不认真审视材料，对一些材料的理解十分片面，十分不贴切和不恰当。因此在采用材料时，就必须实现三个基本要求：一是必要，材料必须能够证明观点和表现观点；二是真实，材料必须准确、可靠、客观，不能歪曲事实；三是合适，具体材料必须恰到好处，恰如其分，既不滥用，也绝不缺失。

5. 语言锤炼

一篇论文语言文字的反复加工和锤炼是初稿修改中非常重要的一项内容。对论文语言文字进行修改，必须在准确性、专业性和可读性上下大功夫，从而使论文的思想内容通过语言文字得到准确、鲜明、生动的表述。具体要求是：一看所用词汇是否准确；二看各个句子是否流畅、通顺；三看全文有无漏笔。总之是要通过删去闲文实现语言精练；通过修改病句实现文字通顺；通过删削冗笔实现论文严谨。

6. 标题推敲

标题是一篇学术论文的眼睛，必须要反复推敲完善，这项工作的具体要求是：一是总标题要有高度的概括性,既要简洁,又要具有一定的涵盖性;二是节标题的层次、数量必须清楚;三是具体格式必须清晰,同一层次标题的表达方式必须一致。

7. 文面规划

文面是论文的具体卷面形式,它由文字书写、标点符号和行款格式三大要素组成,它是一篇论文在读者视觉印象中显示出来的总体面貌和直观形象。虽然在撰写初稿时,我们的书写可以随意一些,但在修改誊清定稿时,就必须按照学术论文的标准文面要求进行。

三、修改的方法

修改一篇论文的具体方法有很多,这里主要介绍四种较为常用的方法:

1. 热改法

所谓热改法是指当初稿完成后,趁热打铁立即进行修改。由于这时作者头脑中对论文的全貌还十分熟悉,对论文的具体构思也记忆犹新,因此初稿中存在的一些肤浅毛病,比如表达欠妥,文字遗漏、错误,段落臃肿等问题,往往比较容易发现。

热改法的优点是:作者对初稿的内容和形式记忆十分清晰,印象十分鲜明,因而改动十分及时。其缺点是:由于作者没有写作时的兴奋状态,对需要删改的重要内容,如观点和材料,就往往发现不了;同时由于受刚完成重大成果心理的影响,往往难以割爱初稿的许多内容。

2. 冷改法

所谓冷改法,是指当初稿完成后,并不急于考虑修改之事,而是放置一段时间后再来进行修改。如前所述,当初稿完成后,我们的头脑还处于兴奋状态,我们还陶醉于文章完美的境界之中,根本无法跳出原来的思维框架,从而难以发现初稿中的诸多问题。因此比较聪明的办法就是把它搁置一段时间,让我们的头脑冷静冷静,让我们紧张的思维情绪放松放松。过了一段时间,我们的头脑冷静下来了,最初的偏差和成见淡漠了,再来审视初稿就容易从新的角度去发现文章存在的许多问题。同时,由于搁置一段时间,我们又补充阅读了许多相关资料,并进行了再思考,进而产生了新的想法、新的观点和认识,从而弥补不足、完善表达,使论文的水平迅速提高。

3. 他改法

所谓他改法,是指当初稿完成后,主动请他人来帮助自己进行修改。一般而言,论文的修改必须自己进行,但也可以请他人帮助自己修改。这就是俗话所说的"旁观者清,当局者迷"。每一个作者的学识和阅历都是十分有限的,因而他对研究对象的认识肯定会有片面性,往往不容易发现自身论文的诸多缺陷。请他人帮助自己进行修改,就能从不同的研究视野和研究角度、不同的研究眼光冷静地审视那些自己发现不了的问题。

4. 诵改法

所谓诵改法,是指当初稿完成以后,自己诵读多遍,从而发现文章中的问题,然后再进行修改。诵改法一般适合表达方面问题的修改,诸如语句不通、前后衔接不紧、缺词漏字、情感不冲突等语言表达方面的问题。这些问题一般只看不容易发现出来，但只要一诵读就会立即读出来。古代的文人写诗作赋，总是要反复吟唱朗诵，直至朗朗上口为止，就是这个道理。修改学术论文，有时也可以也采取这种边诵边改的基本方法。

四、修改的具体方式

在实际写作过程中，修改稿子的具体方式主要有以下四种：

1. 增

所谓增，就是增加和补充。当文章中的论据性材料缺乏，有观点而无材料；或者有关材料既不具体，也不典型，导致文章显得十分空洞、缺乏充分说服力时，我们就要在修改时设法增添内容和证据性材料，从而弥补内容和材料上的残缺不全。

2. 删

所谓删，就是删除。为了使证据性材料更加精炼，各级观点更加突出，主题更加集中，进而改变材料堆砌、内容主次不分的问题，我们在修改时，就必须有忍痛割爱的决心，坚决将可有可无的字词、句子和段落删去，。

3. 换

所谓换，就是撤换和更换。对文章内容上、文字表述上不够确切、不够全面、不够周密、不够妥当的地方，我们在进行修改时，就要运用更为有力的材料去支撑文章观点；就要运用典型材料去替换一般性材料；就要运用更为恰当、更加富有表现力的语言形式去替换文中过于平淡的语言形式，进而使文章材料更加合理、科学，使文章观点更加具有说服力。

4. 调

所谓调，就是指调整和变动。对文章中的结构上、逻辑上、论证上、重点把握上存在的问题，我们在进行修改时，就要调换字、词汇、句子、段落的次序安排，从而让文章的主次更加突出，重点更加鲜明，结构的逻辑性和条理性更加规范。

第六章　政法类专业论文的基本格式规范

文无定法，但一个文体从产生到发展，再到成熟，历经数千年，在这个漫长的历史长河中，学者们不断地对该文体进行分析、研究和探索，应该说，这个文体它已经成型了。这一章就是要介绍政法类专业论文已经定下的"型"。它包括前置、正文和附录三个部分。

第一节　前置部分

一、标　题

一篇文章最先和读者见面的就是"标题"。标题一般又可以称作题目或题名，它是论文的重要组成部分，更是论文的"眼睛"。眼睛是人身上最重要的、不可或缺的有机组成部分。同样，论文的标题也是论文不可或缺的、最重要的有机组成部分。

1. 标题与主题的关系

标题是对文章的思想内容最为集中、最为鲜明、最为精炼、最为高度的概括，它对于突出文章的主旨，阐述文章的思想内容和学术信息，起着十分重要的作用。因此，优秀的论文标题可以激发起人们阅读的兴趣，使人们产生急于了解文章内容的强烈愿望；帮助读者揭示主题，有助于人们理解文章内容；打动读者，给读者留下非常鲜明、非常深刻的印象。

主题是文章内容所要阐述的中心思想。标题和主题之间有着十分密切的关系，这种关系主要表现为：主题通过文章标题反映，而标题则直接或间接地为揭示文章主题服务。具体而言，论文的标题和主题的关系有以下三种情况：

（1）标题直接揭示主题。

主题是文章的灵魂和核心。论文的标题直接将文章的主题揭示出来，就可以使读者了解文章所要阐述的基本观点或中心观点。在论文标题中，标题与主题之间的这种关系是相当普遍的情况。如邓小平撰写的《科学技术是第一生产力》《政治上发扬民主，经济上实行改革》，《光明日报》特约评论员文章《实践是检验真理的唯一标准》，等等。

（2）标题仅标明文章写作的内容和范围。

（3）标题用设问的方式突出文章主题，表明文章的主题。

标题与主题的关系固然密切，但标题并不直接等于主题。主题是作者在阐述问题时通过文章内容表达出来的基本观点或中心观点，它在写作前就必须确定下来，并且一旦确定下来后就不会轻易变动。标题则是文章的名称，它一般可以在写作前确定，也可以在定稿后进行修改并确定。

2. 标题的形式

论文标题的形式有很多，不过常用的基本形式有以下三种：

（1）正标题。

正标题一般又可称为总标题，它是与副标题、小标题相比较而言的。正标题的表现形式通常为单行标题，一般文章均采用这种标题形式。例如《邓小平管理思想探析》《法家法治思想的终极关怀》等。

特别指出的是，如果文章没有副标题和小标题，那么文章的标题就不能再称为正标题，而一般就直接称其为标题或者题目。

正标题的主要类型有：

第一，隐含设问型。此类标题一般用问句的方式，故意隐去正面回答的内容，而事实上作者的观点是相当明确的。这种形式的标题包含着论辩和讨论的因素，容易激发起读者的注意力。例如《沉默权果真不适合当代中国吗？》。

第二，中心阐述型。此类标题是对文章中心内容的高度总结。例如《家庭暴力的性别差异研究》《我国行政论理存在的主要问题及对策分析》。

第三，限定范围型。此类标题将文章的研究内容予以一定程度的限定，其研究对象虽然是非常具体和狭窄的，但文章中的主要思想又必须具有极强的概括性和符合性。这是一种从小处着眼、大处着手的文章标题，非常有利于研究者思维和研究成果的拓展。例如《论高校科研管理秘书的创新角色与职能》。

第四，判断结论型。此类标题通过运用判断性或者结论性语言来概括文章的中心观点。例如《中学政治教师应当学会防治学生心理疾病》。

（2）副标题。

所谓副标题，通常是指用来具体限制文章的研究内容和研究范围的一类标题。这种标题形式起着对正标题的研究内容和研究范围进行限制、补充和说明的作用。副标题的位置一般设在正标题之后，并且提行，同时文字前面还要加上一个破折号，例如：《孙中山"五权宪法"思想的积极因素——我国宪法发展史上的重要里程碑》

（3）小标题。

小标题通过又叫分标题，它是分别穿插在文章各部分内容中的小题目。文章的小标题可以使文章的层次更加清楚，重点更加突出、醒目，并有减少过渡性文字，从而缩短文章篇幅的功能。一般而言，内容丰富、规模较大的论文，都会在个别段落前设一个小标题，从而对这些内容进行概括。例如《论乡镇政府改革之决策》一文的小标题分别是："乡镇政府的基本状况""乡镇政府改革的基本模式""遵循功能规模相一致原则是乡镇政府改革的基本保证""因地制宜运用科学工作方法是实现乡镇政府改革的重要手段"。这四个小标题就使此文章的逻辑清楚、结构合理、重点突出。

值得注意的是，有些文章虽然没有小标题，但却根据论证的实际需要将全文分成若干部分，各部分用一、二、三等序号划开。另外需要注意的是，该种形式的文章虽然没有用文字来概括的小标题，但它的各个部分之间却是彼此独立的，各部分均围绕主题展开，均有自己希望表达的中心思想和内容。

以上各种标题形式是论文写作中经常采用的具体形式。在具体运用时，我们应当根据论文的内容、篇幅长短等具体情况加以灵活运用，从而使标题真正成为文章的"眼睛"。

3. 标题的要求

我们认为,文章标题的基本要求是新颖、简洁、醒目、贴切。

(1)新颖。新颖是指要敢于创新,打破常规。这就要求文章标题的形式上要新,构思上要精和巧。不过,我们所指的新颖并不是要求必须脱离研究对象的客观内容,故弄玄虚地去创造出一个新标题,而是要求我们在深入发掘研究对象的客观内容的基础上确定好文章的主题。并使标题以一种新颖的形式来表现主题。同时我们还要充分考虑到,如果他人已经写过相同性质的文章,那么我们自己文章的标题就不能与他人的雷同。由此可见,文章标题的新颖应该是对优秀标题的一个最基本要求。因此,拟定学术论文的标题首先就应该满足标题的新颖性要求。

(2)简洁。简洁的基本含义是指文章标题要尽量精炼,要有较高概括性,中文形式的标题一般不超过20个字。简洁是优秀标题的一个重要要求。如果一个标题的字数太长,不简洁的话,不仅使读者有厌烦的感觉,而且读者难以根据标题去掌握文章的主旨,读完后就不容易留下深刻印象。因此,只要能完整表达论文文章的中心观点和思想内容,即便运用短语、成语来做文章标题都是可行的,不一定都要求使用完整的句子。

(3)醒目。醒目是指文章的标题要引人注目,给人一种过目而不忘的印象。也就是说,醒目的文章标题能给读者强烈的视觉印象,能使读者一下就被标题牢牢抓住,并且读后久久难以忘怀。相反,一些不醒目的标题则难以吸引读者的注意力。因此要使文章的标题醒目,我们应当让标题生动地、形象地表达文章的思想内容,从而使文章的标题具有强烈的视觉吸引力。

(4)贴切。贴切是指文章的标题一定要切实反映文章的主题或思想内容,并客观反映出文章的精神内核。文章标题是否贴切对于一篇文章的质量高低起着十分重要的作用。一方面文章的标题不能过宽或过窄,从而导致研究范围过大或小,另一方面也不能因为片面追求新和奇而导致文不对题。如一篇毕业论文的主标题叫《××大学专业结构调整之我见》,小标题分别是"专业结构的演变""专业结构的现状""专业结构的问题及原因""专业结构调整的设想和措施"。这篇论文的第二个小标题及内容根本就没有论述该大学专业结构问题,而只是泛泛谈及该大学专业发展的有利条件和制约因素,显然这部分内容与正标题是文不对题的。

我们应该如何使文章标题更加贴切呢?最基本的方法是使标题准确地反映主题。主题是文章的基本观点,是文章的"灵魂"。而标题是文章的名称,是文章的"眼睛"。如果我们能通过"眼睛"折射出文章的"灵魂",那么这种标题就是非常贴切的。

总而言之,标题就好像是一面旗帜,言简意赅,要使它新颖、简洁、醒目、贴切,我们就必须认真对标题进行推敲。同时标题的具体位置,应该居中排列,上下之间也应该腾出空行。

二、作者署名及相关信息

1. 作者署名

署名,就是在文章首页标题的下边写上作者的姓名、单位、地址、邮政编码等信息,如果是两人以上合作撰写的论文,就要把主要的作者按作者约定的顺序一一列举出来。同时该部分的字体、字号也要与文章的标题有所区别,一般要比标题小一至二号,常用宋体的小四或五号字。

文章的标题之下之所以要标出作者姓名,这是文责自负和拥有相关知识产权的标志,同时也便于文章的读者和作者保持联系,进行交流。当然,作者的署名,可以是笔名(但一般必须向刊物或出版单位说明其真实姓名），或者是特定研究机构、特定课题小组的具体名称。同时，作者向刊物、杂志投稿，均要在文章中注明作者的出生年月、性别、籍贯、工作单位、职称、学历学位、通信地址及邮政编码等信息，以便文章编辑在发稿时方便使用。如果是多位作者，各个作者之间要用逗号或者空格隔开；如果作者不是同一个单位的人，还应在其姓名的右上角加注不同的阿拉伯数字序号来进行区别。

2. 作者单位

作者单位一般包括作者的工作单位及学习单位，单位的名称要写全称，不能随意简化缩写。同时，还要注明作者单位所在的省份、所在城市及邮政编码，并在后面加上圆括号，一起置于作者姓名的正下方。格式一般如下：

张冲
（××师范大学　法学院，××省××市　××××××）

3. 内容摘要

（1）什么是摘要？

摘要是摘录文章的主要要点。它一般是在论文撰写完成之后进行的一种概括工作，但是它的具体位置又必须放在文章前面部分，所以我们把它放在第一部分来进行阐述。

（2）摘要的作用。

第一，吸引读者。

目前我国乡镇治理的主要模式是"乡镇机构科层化模式"和"乡政村治"模式；这两种模式存在治理主体单一、治理方式单一、治理效率不高等诸多问题；"参与式"乡镇治理模式是指与政策有利害关系的公民个人、组织和政府、志愿组织一起参与公共决策、分配资源、合作治理的一种新型乡镇治理模式，它具有治理主体多元化、治理手段多元化、治理过程规范化等优势；在"参与式"乡镇治理模式的实施过程中应注意治理主体的相互关系和多种治理方式的综合运用。

这是乐山师范学院政法学院行政管理专业一位本科学生的《"参与式"乡镇治理模式探析》一文的摘要。这个摘要非常简洁地介绍了"参与式"乡镇治理模式的主要特征。该文的摘要就很有吸引力，牢牢地抓住了读者，不用说专门的学术人士，即使不是专门从事乡镇治理研究的人，都有较高的兴趣一直读下去。这样的摘要就起到了非常好的吸引读者的作用。

因此，一篇文章的摘要的目的不仅仅是要概述文章的要点，更重要的是要像一篇新闻的导语一样，千方百计地去抓住读者的阅读兴趣。

第二，引导读者。

有些论文的选题较大，一般读者根本就没有太多时间仔细阅读，甚至有的读者对较大的选题望而生畏。因此作者就必须在摘要部分针对这一问题进行一定的限制，使读者能明确该文章所阐述的中心问题的侧重面，如：

"亲亲得相首匿"就是以人伦亲情为纽带的传统法律制度，它是指除对于谋叛等特别严重的犯罪以及亲属间互相侵害的犯罪案件外，亲属之间相互隐瞒（容隐）罪行的不以犯罪论处或者减免其刑，应当相隐而不相隐者则要定罪处刑的制度。该制度在中国几千年封建社会里一直起着非常重要的作用，但是目前中国法律却完全排斥了这一重要制度。

这是乐山师范学院政法学院法学专业一位本科同学的《"亲亲得相首匿"之现实立法意义

——以陈希同、满文军案为例》一文的摘要。这个摘要非常简洁地将主要观点和结论表达出来，使读者对文章的总体内容有了一个大致的认识，从而起到了非常好的引导作用。

（3）摘要的主要写作方法。

第一，叙述法。

所谓叙述就是在摘要中运用叙述的方法来表达文章的主要要点。如"传统体制下我国事业单位治理已经不适应时代发展，其困境表现为政府对事业单位管理存在"缺位"和"越位"、事业单位主体单一等现象。国外非政府组织法人治理结构已经积累了较为成熟经验，对其借鉴有益于我国实施事业单位法人治理结构改革。据此，我国单位法人治理结构改革应采取职能定位、公益性导向等措施。"这个摘要运用的就是叙述法。这种方法常常适合于那些研究内容较大、较复杂的论文使用。

第二，介绍法。

所谓介绍法就是作者向人们介绍文章所研究的主要问题、主要研究方法、研究的主要观点等。在摘要的撰写中，这种方法的运用较为常见。如"科举存在的1300年中，对中国古代的政治、经济、教育和文化产生了很大的影响。一定程度上来说，古代科举就如当代公务员考试制度，即公务员制度是在借鉴中国古代科举制度的经验上而来。在我国社会和谐发展的阶段，基于物质生产状况的社会平等，需要充分发挥民主来实现自身。我国公务员制度正处于改革的时期，平等作为现代社会发展的基础，研究从科举演变而来的公务员制度与社会平等的关系具有很大的现实意义"。这是《中国古代科举制度与当代公务员制度对社会平等的影响》一文的摘要。这个摘要首先介绍了古代科举在中国古代政治统治中的作用，然后介绍了该文的主要观点，即"公务员制度是在借鉴中国古代科举制度的经验上而来，我国公务员制度正处于改革的时期，研究从科举演变而来的公务员制度与社会平等的关系具有很大的现实意义"。该文章的摘要简洁、明快、通畅，就像一篇精悍的短文。在写作中运用介绍法撰写论文摘要，论文所研究的问题一般较新，根据读者阅读的需要，摘要使用介绍法往往比较适宜。

第三，议论法。

所谓议论法就是运用精炼的文字语言对论文所阐述的问题加以辩论、阐述，以期引起读者的注意。如："党的十八大首次提出并系统地论述了健全社会主义协商民主制度的必要性，要更加注重健全民主制度、丰富民主形式，保证人民依法实行民主选举、民主决策、民主管理、民主监督，加快建设社会主义法治国家。但是在实现民主化的道路上却有不少的问题存在。本文主要通过对公民参与公共决策的途径及机制方面暴露出来的相关制度以及公民自身存在的现实问题的研究，针对问题提出解决的措施，以引起政府和公民的重视，从而推动政府提升公信力，提升政府工作绩效。"这是《论公共决策中的公民参与途径及机制》一文的摘要。这个摘要用排比的形式，对公共决策中的公民参与进行了必要的议论。再如："随着社会的发展，腐败问题也逐渐深化，宽度、广度上都有延伸。近年来，我国基层腐败问题尤为突出，它不仅破坏了我国基层的廉政建设和民主制度建设，而且还造成了公共资源流失。本文从理论和实践两个方面进行具体问题具体分析，提出特定改善措施。"这是《我国基层腐败初探》一文的内容摘要。这篇摘要就基层腐败问题进行辩论，然后提出特定改善措施。这篇论文的摘要十分简洁、扼要，其使用的议论方法十分得当。

在运用议论的方法撰写内容摘要时，该类论文所研究的选题常常是对特定理论问题有新的见解、新的思路。

总之，论文摘要的撰写方法是非常丰富的，远远不止这些。但不论我们具体运用哪种方法，都必须要立足于文章研究的具体需要，同时还要时刻注意，论文的摘要绝不是要点的简单相加，而是要概括和阐述要点。

4. 关键词

根据《现代汉语词典》(第7版)的解释：关键，比喻事物最关紧要的部分；对事情起决定作用的因素。关键词，一般也称为主题词，它是最具有实质意义的一种检索语言，必须是从论文中选取出来的，同时也是最能体现论文内容特征、价值的单词或者组合术语，是文章中最为重要、起重要作用的词。关键词在形式上一般是名词，有时也可以是名词性的动词或者形容词。一般的文章均在6000~15000字，因此作者在文章中使用的词汇是大量的、丰富多样的。但这并不意味这些词汇都可以作为关键词。一般每篇论文的关键词以3~6个为宜，其具体位置必须放在摘要的下方、正文之前，关键词与关键词之间用分号或者空格隔开。同时需要注意的是关键词不一定是单个词汇，实际写作中运用组合词汇的情形更为常见，如"'参与式'乡镇治理模式""公民参与途径"等。

5. 中图分类号与文献标识码

为了方便读者检索和专门人员编制索引，公开发表的学术论文都必须标出文章的中图分类号。中图分类号的使用，必须以1999年3月北京图书馆出版社出版的《中国图书馆分类法》(第四版)为参照样本，作者必须从中查找与自己文章相对应的分类号，然后把它标识在关键词的下方。如论文《论社区公共服务的有效供给》，其中图分类号为：D63.3。当然，大多数作者并没有自己标出文章的中图分类号，而是由文章的编辑人员代为完成。

文献标识码是表示论文所属不同性质的文献类型。每一篇学术论文都有其相对应的文献价值，按照其体现出的价值差别可归于不同性质的文献类型，不同的文献类型使用不同的英文大写字母表示，从而形成了不同的文献标识码。《中国学术期刊(光盘版)检索与评价数据规范》规定了以下五种文献标识码：

A——理论与应用研究学术论文(包括综合报告)；
B——理论学习与社会实践总结(社科)，实用性技术成果报告(科技)；
C——业务指导与技术管理性文章(包括领导讲话、特约评论等)；
D——动态性信息(包括通讯、报道、会议活动、专访等)；
E——文件、资料(包括历史资料、统计资料、机构、人物、书刊、知识介绍等)。

作者一般可以按照自己撰写的文章的内容，筛选出与自己文章相对应的文献标识码，并把它标识在中图分类号之后。如论文《提升政府公共关系水平研究》，其文献标识码为A，但事实上这项工作大多由文章编辑人员代为完成的。

第二节　正文部分

一、引　言

尽管引言在一篇文章的构成中具有十分重要的意义，但它终究不是文章的核心组成部分，因此引言所使用的文字在数量上不要太长，力求开门见山。如果文字太长、太多，往往会喧宾夺主，给别人一种头重脚轻、比例失调的感觉。另外引言在内容上则要防止为了树立所谓被批判的靶子，作者自己主观臆断，把自己的意见强加于别人，或者自吹自擂，不惜贬低他人来抬高自己，不仅如此，引言还要避免使用太多的篇幅来阐述作者个人的感受，或者尽说一些"才疏学浅""不吝赐教"之类言不由衷、也毫无实质性内容的空话和官场话。

学术论文引言的常见形式主要有以下6种：

1. 引证法

所谓引证法就是通过引述经典著述或者他人的论述，来支持作者自己的观点，或者引起读者的注意，或者把他人的论述作为自己论文的主要观点，或者阐述自己不同意见的一种开头方法。引证的内容主要分为两种：一是作为正面材料加以引证，称为"正引"；二是作为与作者相反观点的材料加以引证，称为"反引"。

中南财经政法大学工商管理学院张新国教授的《21世纪关系营销发展新趋势》这篇文章在开头处就直接引用了美国著名企业家查理斯·占得曼的"公司不是创造购买，他们要建立各种关系"的观点作为全文的序幕。张教授在文章的引言中，多处引证查理斯·占得曼的论述来论证其观点的正确性和合理性。下面就是该文绪论中的精彩之处：

美国著名企业家查理斯·占得曼曾经说过："公司不是创造购买，他们要建立各种关系。"关系营销的概念的提出，突破了传统市场营销论的桎梏，被西方舆论界视为"对传统营销理论的一次革命。"它以系统论为基础，将企业置身于社会经济大环境中来考察企业的市场营销活动，认为企业营销的核心是正确处理企业与消费者、竞争者、供应商、经销商、政府机构、社区及其他公众之间的相互关系。《整合营销传播》一书的作者唐·舒尔茨认为："我们相信关系营销是所有未来营销的关键。"这一观点反映了21世纪市场营销的新趋势。加州大学戴维斯分校的一位教授说："中国企业与日本及西方企业承包区别最大的就是关系。"关系意味着良好的联系。许多跨国公司也认识到与中国企业做生意时关系的作用。建立长期联系有功于个人之间的良好关系，有功于买卖双方的理解。在中国及海外华人公司营销中，关系的作用是至关重要的。

可以说，这种对关系的重视已经在众多公司的营销行为中存在了很多年，但它仍未成为企业和服务公司的普遍营销哲学。直到20世纪90年代，关系的概念才得到广泛的接受，一种新的营销潮流——关系营销越来越受到企业的关注和重视，关系营销在市场营销领域发挥着日益重要的作用。

纵观西方市场营销学几十年来的发展历程，大致经历了消费者市场营销、产业市场营销、非营利组织市场营销和服务业市场营销四个阶段。传统营销理论关系是对过程的分析，即这些过程是以什么方式执行营销功能以及过程所达到的经济目标。而社会学家在这一过程中的兴趣则在于其今后可能发生的种种相互关系和相互作用，并且这些相互关系和相互作用对营销目标的实现发挥越来越大的影响力。关系营销就在这一宏大背景下，于20世纪90年代伴随着市场营销概念的发展而产生。

随着社会、经济和技术的发展，个人和组织之间相互关系的有限性被打破。当人们交往活动增加，关系是以几何级数向前推进，并且这种扩大不是纯线性的，而是呈网络状迅速扩散。当然，这种数量上增加的必然结果将使人类关系平均持续时间下降。路易斯·沃思等西方社会学家将昙花一现的关系性质归为人与人关系的高度片面性，认为对别人的依赖性只局限于每个人在整个活动范围内某个非常有限的方面。尽管如此，我们仍可以以关系持续时间的估计为标准划分不同的关系类型。任何个人和企业承包都有一套维持关系的原则和标准分别运用于长期关系、中期关系和短期关系的建立和巩固。关系将成为这样一种工具，它刻画了个人、企业乃至社会大系统的基本特征，反映了人们社交活动的主要内容，体现了关系各方相互作用的结构和结果。未来社会关系是复杂的，而恰恰这种复杂性使得关系的把握与应用更加重要。可以预见，关系营销将是未来营销的关键，它必将在市场营销体系中发挥越来越重要的作用。

伴随着知识经济的到来与 IP 技术的普及，中国市场开始由幼稚走向成熟、由卖方市场走向买方市场，也随着消费者日益走向理性、成熟以及市场对个性化和人情味的产品和服务的需求，关系营销将出现一系列新的变化并体现出新的性质和特点。

这是一篇相当有特点的引言。张教授用引证的方法，一方面提出了其观点，另一方面也使用引证来深入地阐明了其观点，从而让读者在绪论中既了解到了关系营销产生的过程，也认识到了其特点和性质，同时还交代了文章的结论。

2. 类比法

类比是通过对两类相近事物的相互比较来说明特定问题。在使用此种方法时一定要注意类比的双方必须在本质上具有可比性，也就是说不同"类"则不可"比"，否则就会给人一种牵强附会、强制归纳的感觉。

中南财经政法大学法学院崔明霞、彭学龙教授的《商业秘密权和知识产权属性》一文的开头就是使用的类比方法。

近年以来，各国学者对商业秘密法律保护的理论基础进行了深入研究，提出了各种理论和学说，包括"信任关系说""契约关系说""财产权说（知识产权说）""准财产说""财产价值说""相对财产说""反不正当竞争说""人格权说"和"企业权说"等，不一而足。在商业秘密法律保护理论体系中，商业秘密权的法律属性是最根本的问题之一，它往往决定一个国家商业秘密法律保护的强度，是明确商业秘密法律保护的依据和保护方式的关键性问题，同时也是确定商业秘密构成要件的核心依据。因而在立法和司法实践中都具有重要意义。上述各种理论中，"信任关系说""契约义务说"和"反不正当竞争理论"未能给予商业秘密权本身以足够的重视，因而不可能最终解决商业秘密和商业秘密权的归属问题。其他各种理论则致力于对"商业秘密权"本身的研究，且除"人格权说"外，都在一定程度上肯定了商业秘密权的财产权属性，这一点值得肯定。但令人遗憾的是，仅仅从宽泛的财产权角度来界定商业秘密权，是不可能得出准确结论的。其实科学的理论应将商业秘密权定位于知识产权的范畴。许多学者在其论著中都没有严格区分"商业秘密"和"商业秘密权"这两个不同的概念，行文时大多用一个词，即"商业秘密"有时指"商业秘密"，有时指"商业秘密权"，具体含义只是根据上下文才能判明。严格说来，"商业秘密权"和"商业秘密"是权利和权利客体的关系，应加以区分。造成这种现象的原因也许是由于对商业秘密（权）的认识不够深入。但更重要的原因则应该是，在知识产权体系中，有些词是兼具权利和权利客体两种含义，如"专利""知识产权"等。因此，一些人把这种一词多义性也赋予了"商业秘密"。但笔者认为，"商业秘密"这个词不具有指代"商业秘密权"的功能，在行文时特别是在学术论文中应加以区分。本文试对商业秘密权和知识产权属性进行探讨并兼论知识产权的性质。

作者在文章的开头部分对两个重要概念"商业秘密"和"商业秘密权"进行了比较，从而发现两者关键的共同所在——知识产权属性。

3. 设问法

所谓设问法，就是在文章的开头处提出本文将要阐述的特定问题，从而为正文部分的分析、回答问题奠定基础的一种行文方式。毛泽东同志的《人的正确思想是从哪里来的》一文开头就是采用的设问法："人的正确思想是从哪里来的？是天上掉下来的吗？不是。是人的头脑里固有的吗？不是。"这样的开头颇具吸引力，能牢牢抓住读者的思绪，让读者不得不一口气读完全文。

中南财经政法大学经济学院杨家志教授的《社会主义初级阶段与新民主主义发展模式的复归》一文的开头就是使用了典型的设问法：

中国自五十年代社会主义改造完成之后就走上了社会主义道路，为什么说直到现在我们搞社会主义还"事实上不够格"？社会主义比资本主义优越是不言自明的事，为什么又把中国社会主义分成"摆脱贫困的社会主义"和"比资本主义具有优越性的社会主义"两个阶段？在进行建设够格的社会主义之前，还要经历一个不够格的社会主义的历史阶段，这个阶段是毛泽东倡导的新民主主义历史阶段。新民主主义历史阶段、摆脱贫困的社会主义阶段、以及我们当前常说的社会主义初级阶段，究竟是一个什么样的关系？这是一些必须要搞清楚的问题。

杨教授用设问的方式在引言中提出了三个引人深思，同时又颇具理论深度的问题，从而实现了在引言中"设问"，在正文中"回答"，文章逻辑连贯、自成一体。

4. 叙要法

叙要法，就是指在文章的引言部分叙述正文部分要点的一种开头方法。这种方法能使读者在引言部分就大致了解文章的主要观点，对读者具有较强的吸引力。

广东佛山科学技术学院经济管理学院贺志姣同志的《破产法的适用范围：商人破产主义还是一般破产主义》一文在文章的开头部分就是使用的叙要法。

法律意义上的破产是指债务人不能清偿到期债务时所适用的还债程序及该程序终结后债务人身份、地位受限制的法律状态。破产法是关于债务人不能清偿债务时，对其宣告破产，并由法院对其全部破产财产进行清理分配或和解等方面的法律规范的总称。目前，破产法适用范围的立法模式主要有三种：一般人破产主义，即破产法适用于不能清偿到期债务的所有债务人，而不论这些债务人是商人还是非商人，如英国、德国、日本和美国等。商人破产主义，即破产法只适用于商人（包括商自然人和商法人），如法国、意大利、西班牙等。折中破产主义，即复制主义，指商人、非商人均可成为破产主体，但商人破产与非商人破产适用于不同的程序，西班牙、丹麦、挪威等国采用此立法主义。我国现行《企业破产法》（试行）只适用于全民所有制企业。《民事诉讼法》"企业法人破产还债程序"只适用于除全民所有制企业以外的其他企业法人。即我国现行法律只允许商法人（企业法人）破产，不承认商自然人的破产能力，更不用说作为一般民事主体的自然人。目前，我国新的破产法正在起草中，对于新的破产法的适用范围应当如何规定，存在两种不同意见：一种主张将适用扩展到所有民事主体和经济主体，即主张一般破产主义；另一种主张将适用范围扩展到所有的商事主体，即主张商人破产主义。本文认为，我国的破产法目前应采用商人破产主义的适用范围为宜。理由如下：

贺志姣同志的这篇引言将全文的主要观点集中地在开头部分进行了简要叙述，从而使读者对文章的主要框架有了一个大致的了解。但如果读者想要知道文章的具体论证方法，就必须读完全文。

5. 概括法

概括法是以理性概括为基本手段，对文章中心论题所涉及的有关理论进行简要的归纳和总结，从而突出文章论题的重要性，以期博得读者注意的一种开头方法。中南财经政法大学法学院张桂红教授的《海上保险中的委付问题研究》一文的开头就是使用的概括法：

海上保险中的委付（以下简称委付）是海商法中一项重要制度，其理论性和实践性均很强。我国理论界对这一制度的研究既不全面，也不深入。我国长达278条的《中华人民共和国海商法》（以下简称《海商法》）中仅用了2个条款对之加以规定，显然，这不能适应顺利、及时解决错综复杂的委付纠纷的需要。时值《海商法》修订之际，为促进委付制度进一步完善，本文拟对委付制度中亟待澄清的几个问题进行研究，并在此基础上提出相应立法建议。

本文所要论及的委付，是海上保险中特有的一个概念和制度。保险委付是指保险标的在推定全损的场合视同已全部损失，被保险人放弃保险标的，将财产的一切权利和义务转移给保险人而收取全部保险金额的制度。根据损害保险原则，当保险标的全部或部分损失还没有得到确认之前，被保险人是得不到损害赔偿的。可是由于海上保险的特点，在规定时间内证明上述损失是很困难的。在这种情况下，拒绝被保险人请求保险赔偿的权利，对被保险人来说是个严重的问题，其在企业中投入的资金就会处于冻结状态，从海运政策上看也将导致不良的后果。因此，当保险标的遭受全损已不可避免时，法律上允许把它看作是全部损失，承认被保险人可以请求全部保险金额，实属客观需要。这种制度即为保险委付制度。现代意义上的保险委付大约起源于16世纪，当时的保险合同规定："船舶在一定的期间未归航者，即视为实质灭失，支付填补金而废止预付金，而被保险人则将保险标的上的权利让与保险人。"随着保险制度的日益完善，委付被海上保险广泛采用，委付标的也从最初的船舶扩大到货物和运费，委付已经成为各国海商法中有利于被保险人的法律制度。

虽然对于委付发生在推定全损的场合各国已经形成共识，但各国为了自己的航运政策和利益的需要，对保险委付的性质、保险委付的原因、保险委付的构成要件、保险委付行为的法律效力、保险委付通知发出的合理时限、接受委付的合理时限、委付权利的丧失的规定却存在颇多差异。本文拟以英国的《海上保险法》、我国台湾地区的所谓"海商法"和我国《海商法》相关规定及有关海商法的理论，对海上保险委付的原因、委付的法律性质和委付的构成要件进行分析和论证，以弥补我国学术界对委付制度研究不系统和不深入的缺陷。同时，针对我国《海商法》中关于委付仅有249—250条简略规定的情形，提出相关修改、补充意见，期望能够对正在进行中的《海商法》修订工作有所裨益。

张桂红教授正是通过概括的方法，在文章的引言中将论题涉及的有关保险的问题从理论上进行了高度的概括。

6. 争鸣法

所谓争鸣法就是作者从众说纷纭的论题着手，通过概括与论文主题有关争论焦点的方式提出本文将要阐述的问题的一种开关方法。这种头关方法需要作者一一阐述其他学者对特定问题的不同看法，并在对它们进行分析的基础上提出自己的独立见解。这种开头方法由于在文章的开关就涉及众多学者的不同观点，故而非常容易引起读者的关注和兴趣。

中南财经政法大学工商管理学院陈莉、张光忠同志的《商业街建设的战略战术研究》一文就是使用争鸣法作为文章开头的。

> 市场消费需求的巨变直接导致了零售业交易方式的变化，随着生活水平的提高和生活观念的变化，消费者开始注重包括产品因素在内的"整体服务质量"，与此相应，他们越来越以一种"机会成本"的意识对购物活动做出价值判断，他们希望在单位时间内尽可能多地行使商品选择权、自主决策权，在这里，顾客对商品价值的评价日益转化成一种对"时间价值"甚至"生命价值"的考虑了。为了顺应这种消费潮流，自然而然产生了网上购物这种交易方式，中国迅速掀起一股电子商务热潮。但是电子商务的发展要受到诸如人、素质、基础设施、传统消费观念、网络支付机制等多方面的制约，难以在我国这样的发展中国家达到普及水平。然而我们说，即使以上制约电子商务的瓶颈问题得到了解决，网上交易仍无法代替其他诸多零售业态，因为判断一种现代商业业态在某个国家或地区是否有发展前途，关键是看其是否适应了当地消费者的生活方式与购物方式。现在很多情况下，人们并不是为了购物而购物，他们渴望与人交流、受人尊敬，甚至希望以某种独特的方式参与到商品的销售、服务乃至设计、生产的全过程（或其中的某个环节）之中，从而在获得商品使用价值的同时，得到一种颇具意味的体验。
>
> 网上交易很显然无法满足人们的这种需求，而商业街则不同，当你携同你的家人、朋友到商业街去逛一逛时，你不仅仅可以满足自己的多方面购物要求，还可以亲自体验商品，与商品真真切切地接触；与认识的或不认识的人相互交流；感受商业街那浓浓的商业气氛。另外商业街适应了现代家庭"一站购齐"的消费心理，又因汇集了众多层次的专卖店与各种服务项目，而有比较灵活的市场反应能力，可以提供全面服务，满足人们多样化的生活需求，成为消费者购物、娱乐一体化的场所，符合我国未来的消费发展趋势。因此我们只能把网上购物作为一种交易方式，即一种销售渠道，而不能称其为一种零售业态，更不可能成为人们日常的一种生活方式，即使在网络充斥整个社会的时代，商业街的魅力依然难当。

这个引言就是使用的争鸣法，文章对传统的商业形式和目前最现代的网络购物形式这两种不同的交易方式进行了分析，最终确定：不论在目前，还是在将来，商业街作为一种传统交易方式在现代市场经济中都会有强大的生命力。

此外，还有开门见山法、解释法、回顾法等多种开头方法。尽管学术论文引言的撰写方法很多，但具体使用哪一种方法，则必须根据论文主题、内容和结构的需要，绝对不能生搬硬套，更不能为了形式上的哗众取宠而牺牲内容和结构上的合理性，必须将文章的形式服务于内容，因而文章的引言要因文而异，不能千篇一律。

二、本　论

1. 本论的概念及作用

（1）什么是本论？

本论，也称为正文，它是学术论文的核心组成部分，是作者全力以赴阐明自己的观点和主要见解之处，也是作者研究成果集中表现的最重要部分。本论部分一般由论点、论据和论证三大要素构成。其中的中心论点一般都分解为若干分论点，部分分论点还可能分解为几个小论点，然后利用各自的论据，采取切实有效的论证方法从不同角度、不同层次进行分析和论证。作者必须在本论部分将引言中提出的问题进行详细分析，并展开总体论证，进而提出解决问题的若干方案。从篇幅结构上看，本论在一篇文章中的篇幅是最长的，一般可占到全文的百分之八十至九十。

（2）本论的作用。

第一，本论肩负着阐述作者观点、主张的核心任务，它承载的信息资料非常丰富，内容非常庞杂，同时为了完整地阐述相关问题，还必须进行严谨的、科学的理论推导和深入细致的理论分析。

第二，本论决定着论文的学术质量。一篇学术论文的质量高低、价值大小，主要取决于本论部分的写作质量。本论部分既集中表达了作者所要阐明的主要理论观点、所使用的主要论证方法和所要达到的学术目标，同时又是作者理论水平和学术创造力的综合体现。

2. 本论的结构形式

在学术论文写作的过程中人们常常会碰到下列问题：总论点和各分论点如何一一进行阐明？论证的各层次、各段落如何合理衔接和过渡？运用什么样的逻辑结构进行推理和论证更能说明问题？这些问题实际上就牵涉本论的结构层次如何安排的问题。就实际学术论文写作而言，其本论部分的结构形式一般有以下三种类型：

（1）纵向递进式展开法。

纵向递进式展开法是指本论的各个层次和部分之间形成了一种逻辑递进的深度结构模式，作者的主要观点在引论部分进行阐述，进而在本论中的各部分进行系统的论证。一般是通过第一段的内容及其论证导入第二段，进而由第二段又导出第三段，各段落之间层层递进，一步一步揭示出研究对象的本质，进而归纳、总结出作者的结论。这种本论论证方式的特点是：各段落、层次之间的逻辑关系不是横向并列的，而是层层递进的，它是根据人们由表及里、由近及远、由浅入深、由现象到本质的认识过程来安排本论逻辑结构的。如果没有前一个段落、层次的论证做铺垫，根本就无法进行后一个段落、层次的论证；后一个段落、层次的内容正是对前一个段落、层次内容的延伸和深化。前后分论点的内容环环相扣，步步紧逼，浑然一体。这种本论结构形式非常完美地揭示客观事物发展的自身内在规律和内在联系。但在论文的具体论证过程中一定要注意鉴别和选择相关材料，必须保证相关材料和观点达到内在实质上的统一、一致，而不仅仅是表面现象上的一致。例如，发表在《学海》2002年第5期上的王岩、田兆军同志的《关于政府与自由关系的哲学思考》一文，其本论的第一个分论点是：西方政府与自由关系的历史反思；提出这个分论点之后作者又推出了第二个分论点：西方政府与自由关系的现代走向；继而作者又提出第三个分论点：社会主义市场经济条件下政府与自由关系的崭新形式。由此文章的三个分论点层层推进，步步为营，其逻辑思路呈纵向递进式展开，稳扎稳打，有条不紊，给读者留下了十分深刻的印象。

（2）横向并列式展开法。

横向并列展开法是指根据客观事物多侧面、多角度、多因素的复合型特点，在本论部分并列地阐述总论点的各个层次、各个侧面和各个因素，将各个部分平行并列，分别展开论证，从而使文章的本论部分呈现出一种齐头并进的逻辑格局。这种文本论证方式的特点是：用来论证中心论点的各个分论点均紧紧围绕中心论点展开，各分论点不分主次彼此独立，从不同角度、不同因素、不同侧面围绕中心论点进行论证。分论点与分论点之间在逻辑上呈并列关系，不存在因果关系或者逻辑递进关系，所有分论点与总论点构成部分与整体、局部与全局关系。例如，发表在《政治学研究》1998年第1期上的费维照、胡宋兵同志的《有限政府论：早期资产阶级的政府观念与政制设定》一文，作者在文章的引言之后，分三个分论点展开论证：一、个人权利：政府权力的道德约束。此分论点下面又并列了三层小论点：首先，个人权利是至上的；其次，个人自然权利是政府权力的基础；第三，政府的权力在于更好地实现个人权利。二、自由财产权：有限政府的经济基础。此分论点下面又并列了两层小论点：首先，私有财产权是属于人的权利；其次，财产权又是其他权利的保障。三、宪政自由：政府运作的制度屏障。此分论点下面又并列了三层小论点：首先，代议制民主政体使政府权能受到监督；其次，分权制衡的宪政安排旨在实现政府权力的自我约束；再次，法治原则规范政府权力的运作与范围。这篇文章的本论部分从第一个分论点到第二个分论点，再到第三个分论点均采用并列展开的方式进行论证，同时各个分论点内部也是以横向并列式的方式进行论证的。这种本论的结构形式行文简洁、条理自然、逻辑清晰，充分揭示了研究对象的全貌，使读者对文章的局部与整体均一目了然，文章布局效果十分理想。

（3）纵向递进与横向并列结合式展开法。

纵向递进与横向并列结合式展开法，是指纵向递进式展开法与横向并列式展开法两种本论结构方式的综合运用。学术论文不同于一般的短文和普通说明性文章，有时为了说明论点的正确性和学术论证的科学性必须运用一定的篇幅，围绕中心论点，多角度、多层面从横向和纵向两个方向展开说明和论证。因此，学术论文基本上没有单纯的横向并列展开式或者纵向递进式本论结构，大多数学术论文均以纵向递进与横向并列结合式进行论证。这种本论结构形式通常表现为总体上是横向并列式结构，而在各层次内部则是纵向递进式结构，或者在各分论点层次上是纵向递进式结构，而在分论点内部甚至小论点层次上则是横向并列式结构。如此一来，不同层次之间运用不同的结构展开方式，从而使文章的结构交错，内容与结构相得益彰，进而使丰富、复杂的材料紧扣文章的中心论点，从不同的方面、侧面进行论述，既显得论证全面完整、透彻入里，同时又拓宽了论文写作的广度，还强化了文章的深度。例如，发表在《锦州师范学院学报》2002年第1期上的杨学功同志的《略论我国社会转型时期的价值观》一文的本论部分，就是运用纵向递进与横向并列结合式展开法进行论证的。作者在文章的引言之后一共安排三个部分：第一部分是对社会转型和价值观念的概念进行界定；第二部分是阐述我国社会转型时期价值观念的基本特征；第三部分是阐述转型时期价值观念变革的主要趋向。

这个本论在逻辑安排上由第一部分引出第二部分，再由第二部分引出第三部分，文章在总体结构上呈现纵向递进式。但在文章的第二部分作者则从四个并列的方面进行阐述；（一）中国传统的价值观念；（二）西方传统的价值观念；（三）过去"左"的一套价值观念；（四）改革开放实践中新生的价值观念。文章的第三部分也从四个角度进行分析；（一）社会秩序观念（社会理想）；（二）主体意识；（三）人生理想；（四）本位价值。在第二、第三两部分的两个分论点上作者均运用了横向并列式的结构形式，这样整篇文章的本论部分就是纵向递进与横向并列结合式结构，全文既在总体上显得条理清晰，同时在各分论点的论证上也显得十分透彻。

三、结　论

1. 什么是结论？

结论，也被称为结尾，它是一篇论文的结尾部分，在结构上是对引言的照应，而在内容和意义上则是对本论的归纳、总结、升华和发展。一般而言，作者在文章引言部分提出特定问题，进而在本论部分进行全面论证，最后还必须在结尾部分对全文做出总结，同时明确表达对问题的特定看法或者解决问题的具体思路。

2. 常见的结论形式

学术论文结论的撰写方法很多，但常见的结尾形式主要有以下六种：

（1）总结式。

总结式结尾形式是指作者在结尾部分对本论部分所阐述的主要论点进行归纳总结，从而使读者能更加全面、更加集中、更加深刻把握论文所阐述的主要问题及主要成果。采用这种结尾形式的文章，往往是篇幅较长、内容非常丰富的论文，其目的是要帮助读者完整地把握论文的主要观点。如发表在《中南财经政法大学学报》2002年第2期上的周信忠同志的《我国证券市场对外开放的策略选择》一文的结尾就是采用的总结式结尾形式。文章在本论部分论述道：

"证券市场的对外开放是一国成为WTO成员的基本要求之一。根据我国加入时所签订协议书规定：在国民待遇方面没有限制，在市场准入方面做了一些承诺，即（1）外国证券机构可以从事B股交易；（2）外国证券驻华代表可以成为所有中国证券交易所的特别会员；（3）允许外国机构设立合营公司，从事国内证券投资基金管理业务，外资比例不超过33%，加入3年后，外资比例不超过49%，5年后可增至51%；（4）加入3年后，允许外国证券公司设立合营公司，外资比例不超过1/3。合营公司可以从事A股的承销，以及发展设立基金。由此可见，逐步加大证券市场的对外开放力度是不可逆转的现实要求。"

作者在文章中论述完上述问题后总结道：

所以，我国现阶段证券市场完成"第一小步"的对外开放目标至少需要满足三个方面的基础：第一是证券市场本身。证券市场在第三阶段所要求的交易工具的创新、机构投资者的不断壮大、跨国监督（尤其重要）、外资进入A股市场或类别股份问题基本解决、会计准则的国际化、开放式清算与交割体系的建立等问题，这已经成为我国证券市场对外开放的关键。第二是我国的宏观经济前提，即国有企业改革基本完成、金融体制改革基本完成与社会保障体制改革基本完成。第三是完善证券监督体制。

这一段总结性文字，非常简洁地概括了全文所阐述的主要问题，让读者在结尾部分更加清晰地把握了整篇文章的中心内容，起到了画龙点睛的作用。

（2）深化式。

深化式结论是指作者在结尾部分对正文所阐述的主要问题从理论上进行归纳、概括、总结，使之理论色彩更加浓厚，立意更加深刻。如同样是发表在《中南财经政法大学学报》2002年第2期上的戴念念同志的《论上市公司退市机制的完善》一文，其结论就是采用的深化式。作者在正文中论述道："PT水仙、PT粤金曼、PT中浩等上市公司终于从证券市场中退出了，从个案看，这些公司无疑是证券市场的失败者。它演绎了具备上市条件，取得上市资格的"优胜者"到丧失上市条件被取消上市资格的"劣汰者"的全部角色。从我国证券市场的市场化进程来看，正是这些公司的退出，才使我国证券市场完成从奠定基础阶段到市场化阶段的飞跃,并由此确立了证券市场市场化关键环节——退出机制。作者在论述了"市场机制的建立给中国证券市场带来的影响重大""退市机制的进一步完善——加强相关配套设施建设"之后,进而在结论中论述道:

但在我国目前现实的司法环境下,股东真正进行民事赔偿诉讼,尚存在许多法律障碍,如缺乏"股东集体诉讼代位制",即任何一位股东均可代表所有公司股东对违反法律、出具虚假会计信息、给公司和股东造成损害的董事和公司高级管理人员提起诉讼、追究民事赔偿责任的制度;又如责任人的赔偿能力问题,世界各国都将会计师事务所等列为无限责任的合伙制,即要求他们今后以一生的代价做担保,来保证其工作质量。但是在我国,会计师事务所目前绝大多数是以有限责任的形式成立的,实际上并无能力承担赔偿责任。因此,在退市过程中要保证有过失的相关人员、机构承担责任,还需要从很多方面进行改革和完善。只有保护投资者对证券法律法规行为人的诉讼权,维护投资者要求违法行为人进行民事赔偿的诉讼要求,才能从根本上保护中小投资者利益。另外,有学者提出尝试建立类似于国外存款保障制度的股本保险制度,也不失为保障中小股东利益的良策之一。政府可以委托商业性保险公司或组建专门的政策性保险公司,通过提供股本保险的方式,使之充当二级市场投资者最终保护人的角色。一旦当某个上市公司被终止上市,并且具有披露虚假信息、误导投资者的行为,投资者由此造成的损失,可向保险公司要求赔偿,之后向上市公司索赔的权利则应相应的转移给了保险公司。通过这样的制度安排,一方面可以稳定广大投资者对股市的信心;另一方面也有利于克服小股东对上市公司软约束的问题。一旦由保险公司肩负起终止上市公司投资者的赔偿责任,它就会利用其拥有的大批风险管理、投资理财、营销企业等方面的专家去监控上市公司的经营状况,也有利于弥补当前我国对上市公司监管不力的缺陷。

这篇文章的结尾部分的内容正是对正文所阐述问题的延伸和深化,在一定程度上深化文章的主题和立意。

(3)扩展式。

扩展式结尾形式是指作者在文章的结尾部分适当扩大论文本论部分所论述的研究对象的范围,从而强调本论中所论述的某一方面或某个论点所处的重要位置及其现实意义的一种方法。如中南财经政法大学法学院王献枢、王宏伟同志的《经济全球化时代的国家主权》一文的结尾正是采用的扩展式:

主权的发展变化同国际形势的发展变化是分不开的,主权不是永恒不变和静止的,而是动态的,随着社会的发展而不断丰富发展。当前,国家主权的内容被许多变迁中的国际政治的现实修改着,尤其是逐渐密切的国际合作和相互依存,但只要国家依然存在,主权就不会消亡。现今国际法的内容也呈现着较明确的主权范围架构,主权平等与不干涉原则依然是当代国际法的基本概念。在国家主权得到尊重时,国际组织和国际法有着更广阔的运作空间。在经济全球化时代,国家主权理论正从以国家利益为主的主权观向兼顾国家利益和全球利益的主权观转化;从以政治为中心的主权观向兼顾政治、经济、文化等内容多元主权观转化;从以"保护"为出发点的主权观向以"合作"为出发点的主权观转化。但是,只要国际法的变迁并未发展到完全否定国家主权在国际法和国际关系中的角色和地位,在缺乏一个世界政府的国际社会中,国家依然是主要行为者,国家主权原则依然是国际法和国际关系中最基本的和必须遵守的准则。

这个结论非常明显是在论述"经济全球化是当代世界经济增长和政治变化的主要原因之

一；经济全球化作为当代世界发展的潮流，对国际法也产生了巨大的影响；国家主权理论在经济全球化的进程中面临着严峻的挑战，"主权弱化"论、"人权高于主权"等各种思潮此起彼伏；其实，经济全球化的发展与坚持国家主权并不矛盾，在经济全球化的时代必须坚持国家主权"等问题之后，结尾的内容就比本论部分所阐述的内容有了较大扩展，这种扩展正是抓住"主权变化"这一线索进行的。

(4) 补充式。

补充式结论形式，是指作者根据文章结构严密性的要求，将在本论部分不宜阐述，但又必须阐述的问题放在文章的结尾处进行阐述。如发表在《法商研究》2002年第4期上的曹诗权、龚瑞同志的《论消费信用中的消费者权益保护》一文的结尾就是用的补充式。作者在正文部分论述了消费信用的经济发展，要求必须保护消费者的利益，消费者在消费信用中应获得信用的一般性权利和各项具体权利；并分析了形式意义和实质意义的消费信用法，理顺消费信用法与民事的基本法及相关商事法、经济法的关系，制定既反映整个消费信用交易，又能体现保护消费者权益的消费信用法。作者在文章正文部分将上述问题阐述清楚后，又在结论部分对消费信用发展涉及的其他方面进行补充论述。文章阐述道：

消费信用的发展涉及诸多方面的利益，既涉及作为债务的消费者的利益、也涉及商家和银行的利益。只有实现这诸多利益的平衡，保护消费者的权利，才能调动相关主体在商品的买卖中引入"消费信用"的积极性，进而充分发挥消费信用的功能。本文虽侧重分析消费者的权益问题，但绝不意味着本人否认消费者信用中不良债权的存在，只是笔者认为消除不良债权不应限制消费者的权利，而应以改善宏观金融环境、银行加强自身经营管理和引导消费者科学消费为手段。鉴于本文主旨所在，这一问题没有深入涉及，笔者沿着保护消费者权益这一主线，将对我国的消费信用法律问题做进一步研究。

需要注意是，运用补充式的结论形式所补充的问题，必须是与本论部分所阐述的问题有着逻辑联系的问题，否则就会让读者感到十分突然，徒生陌生感，从而影响文章的逻辑严密性和结构上的一致性。

(5) 反问式。

反问式结论，就是指作者在文章的结尾处，用设问、反问等句型、句式，要么提出一定问题，要么做出一定结论，其目的是引起读者的反思，进而增加文章的逻辑性和思维感。如发表在《中南政法学院学报》2002年第2期上的夏正林的《也论人大对司法的个案监督与审判独立》一文的结论部分就是运用的反问式：

当然，还有许多问题需要讨论。主要有：人大对个案的监督能否作为权宜之计，等到实现真正的审判独立而取消？人大对司法究竟应该怎样监督？等等。对于第一问题，笔者的回答是否定的。因为这样的设计易造成制度性冲突，现有的法律资源中已有比较完备的个案监督的制度设计。当前，我们应注重司法机关内部的互相制约，注重检察机关的抗诉作用，特别是应改善和加强其在民事诉讼中的抗诉作用，还应注重人大对法官与检察人员的监督，对于不称职的应坚决予以罢免。如此，实践中出现的许多司法腐败问题是完全可以解决的；否则，人大进入司法领域，既不能保证司法腐败的消除，又有可能带来许多的负面问题。对于第二个问题，作者认为已超出本文讨论的范围，需专门讨论。

这篇文章的结尾正是用反问的方式提出了正文部分所没有阐述的新问题，然后加以阐述的，这样一方面拓宽了文章的研究范围，同时又深化了文章的主题，可谓一举两得。当然，在运用这种形式进行结尾时，作者必须要一方面掌握反问的问题的范围，必须保证问题既与文章的主题相关，又不是文章正文部分已阐述清楚的问题；另一方面又必须言之成理，证据确凿，从而给人一种论证铿锵有力、无可辩驳之感。

（6）预示法。

预示法结尾形式，是指作者在论文的结尾处展示文章主题未来的发展前景，以期引起其他学者的研究兴趣和研究热情。在学术研究的过程中，我们往往会碰到这样的情况：当我们对某个特定问题的研究越深入的时候，我们越会面临更多新的问题。而这些新问题和我们所研究的问题存在千丝万缕的联系，一旦我们把握了这些联系，就往往可以合理地预测某一问题的发展方向和发展趋势。如果我们把这个发展趋势放在解决特定问题之后的文章结尾处提出来，这就是运用了预示法。

如发表在《法商研究》2002年第6期上徐振东同志的《宪法基本权利的民法效力》一文的结尾就是运用的预示法。作者先在正文中论述道：

在传统宪法理论中，宪法基本权利条款不能适用于私法领域，但现代英、美等国宪法理论将宪法效力逐渐向私法部门拓展，这是现代宪法发展的普遍趋势。然而在我国司法实践中，由于对宪法的功能认识不清，在民事领域中如何适用宪法规范的问题难免存在简单化的倾向，即对适用的条件缺乏细致的分析。事实上，宪法规范在民事领域中的直接适用是有条件的：在普通法对具体事项缺乏相应规定时，司法机关可以适用宪法基本条款，这时能起到填补立法空白的作用；宪法规范与其他法规相冲突时，可以直接适用宪法规范，这时能有效地解决法律冲突的问题，维护法制的统一。

作者论述了上述这些问题后，接着在文章的结尾处写道：

诚然，宪法是私法价值和精神的源泉，宪法的价值可以作为私法价值的解释准则。但法院在审理案件时自当适用更明确、更详尽和更确定的法律规范来解决争议；否则，不但会损害私法的相对独立性，而且会产生以一个宪法来决定全部法律关系的弊病，抹杀私法存在的作用和功能。宪法规范只有在普通法律存在规范漏洞或价值缺乏的条件下才担当起增补的责任。在我国，宪法基本权利条款在私法领域中的直接适用尚缺乏系统的宪法理论作为支持，宪法在公法领域的效力都还没有得到充分重视，宪法对国家权力运行的规范作用体现得还不是很突出。在这种情况下，主张宪法在民事领域具有直接效力可能使人们对宪法最重要功能——防止滥用国家权力侵害公民基本权利——产生认识上的偏差。就我国的现实社会关系领域而言，尚未出现大量如西方社会中具有巨大社会权力的私人势力，国家仍是公共权力的主要掌控者，因而缺乏宪法直接效力从公法领域向私法领域拓展的内在动力。宪法规范在民事领域直接适用是有条件的：（1）在部门法对某种事项没有具体规范而宪法有着相应规定的时候，司法机关适用宪法基本权利条款可以起到填补立法空白的作用；（2）在法律、法规和规章等各种法律规范与宪法规范相抵触时，直接适用宪法规范而排除其他法律规范的适用，这时能有效地解决法律冲突的问题，从而维护法制的统一。

这个结尾用的就是预示法，作者在结尾处一方面预示了宪法的价值可以作为私法价值的解释准则，另一方面也明确指出：在我国，宪法基本权利条款在私法领域中的直接适用尚缺乏系统的宪法理论作为支持，宪法在公法领域的效力都还没有得到充分重视，宪法对国家权力运行的规范作用体现得还不是很突出。这样的结尾就大大提升了文章的学术价值和实践指导价值，因为它没有停留在理论上的探讨层面，而是继而指出研究对象在实践层面的发展前景。

第三节　附录部分

一、注释及参考文献

1. 注　释

注释，就是对文章中出现的一些专门术语加以解释或者注明文章中出现的部分数据的出处。因此，注释按其作用的不同可分为两种：第一种是对文章中出现的一些专门术语加以解释说明的注释；第二种是对文章中出现的资料的来源、出处加以说明的注释。前一种注释可以帮助读者理解文章中出现的一些专门性术语，后一种注释则是对其他研究人员智力成果的尊重，并可增加研究资料的可信度，还便于读者去查阅原文。

就注释的具体情况而言，一般有四种情形：一是对读者不能理解的名词、术语、概念、地点、人物、事件进行注释，方法是在其右上角加上注释序号；二是引用了他人成果中的一段话或者一个完整的句子时，则在引文部分加上引号，同时在后引号的右上角加上注释序号；三是作者并不是直接引用原文，而是用自己的语言阐述了他人的观点或者材料，这时就不需要加上引号，只需要在这个观点或者材料之后的右上角加上注释序号就可以了；四是引文和作者的语言完全融为一体，彼此不分。在这种情况下，除了引文必须加上引号外，注释序号就可以直接加在后引号的右上角。

就注释的具体内容而言，一般需要注明七项内容：（1）阿拉伯数码序号；（2）作者；（3）文献名；（4）文献标识码；（5）版次（著作）；（6）文献出版单位；（7）年、月、日卷（期）、页。

文献标识码主要有以下一些：

著作：M；期刊论文：J；报纸论文：N；学位论文：D；研究报告：R；专利文献：P；标准文献：S；论文集中的析出文献：析出文献，A，论文集，C；电子文献：数据库，DB，计算机程序，CP，电子公告，EB；其他：Z。

具体范例如下：

专著

——[序号]主要责任者．文献题名[M]．出版地：出版者，出版年.起止页码．

李文．中国文化史纲[M]．北京：人民出版社，2005.38-39．

期刊文章

——[序号]主要责任者．文献题名[J]．刊名，年卷，（期）：起页－止页．

王文．谈谈哲学的影响力[J]．四川大学大学学报，2012，（3）：5-6．

报纸文章

——[序号]主要责任者．文献题名[N]．报纸名，出版日期（版次）。

陈华．关于事业单位改革的一点看法[N]．光明日报，2017-05-07（8）．

专利文献

——[序号]专利所有者．专利题名[P]．专利国别：专利号，出版日期．

姜锡洲．一种温热外敷药制备方案[P]．中国专利：881056073，1989-07-26．

论文集中的析出文献

——[序号]析出文献主要责任者．析出文献题名[A]．原文献主要责任者．原文献题名[C]．出版地：出版者，出版年．析出文献起页－止页．

王山．论仁[A]．陈勇．哲学论文选[C]．成都：四川人民出版社，2014.60.
各种未定义类型的文献
——[序号]主要责任者．文献题名[Z]．出版地：出版者，出版年．
陈华．论法治[Z]．上海：复旦大学出版社，2012.

就注释的具体位置而言，一般有三种：一是夹注，即在引文过程中，边引边注，注释的内容一般用括号标出；二是脚注，即在本页的下方空出一定位置作注。一般专著多用脚注，以便读者可以边读边看引文的出处；三是尾注，即在全文的末尾附上所有注释。对于尾注，作者必须把全文的引文从头到尾进行统一编码排序。

夹注、脚注、尾注三种形式，主要是位置的差异，在具体使用时采用哪一种注释方法都是可行的。但需要注意的是，具体到一篇文献，则只能采用一种注释方法，否则会给人一种杂乱的感觉。

2．参考文献

一般来说，只要是在文章研究或者写作过程中起到一定参考作用的文献资料，均应属于参考文献的范围。在文章的最后面列出部分重要的参考文献的目录，一方面是对其他研究者劳动成果的尊重，另一面又能加大文章所包含的信息量，从而提升文章的学术价值。读者就可以根据该线索去查阅其他相关研究资料，以利于对同一课题或者相关课题进行更深入的研究。不仅如此，读者还可以通过参考文献目录深入了解相关研究的具体线索和依据，甚至还可以对文章价值的评估起到一定的参考作用。

而参考文献的次序排列，其方法主要有以下五种：
一是按本篇文章参考文献在文章中出现的顺序排列；
二是按其在本篇文章中所起作用的大小顺序排列；
三是按参考文献本身的时间先后顺序排列；
四是按参考文献作者的姓氏笔画顺序排列；
五是按外文参考资料作者名字的外文字母顺序排列。

二、致　谢

相当一部分论文都没有"致谢"部分。"致谢"部分是否需要，必须根据实际情况而定。一般情况下，致谢部分是作者对于在论文的研究和写作过程中给予过帮助的单位或者个人表达诚挚谢意的书面表达。因此，致谢的内容一定要实在，语气要诚恳，语言要热诚，行文要简洁。

三、其他信息

研究者在论文写作过程中往往有一些不方便放入文章中的资料，但其对作者阅读文章又有一定的参考价值，这些资料就只能在附录部分列出：
一是调查过程或者实验过程中获得的原始数据、调查问卷、访谈记录、实验过程观察记录等；
二是对非专业研究人员来说或者无需阅读，或者过于深奥，或者不感兴趣，但对专业研究人员却有重大参考价值的材料；
三是虽与论文正文内容关联度大，但却受论文本身的整体性或者篇幅限制，不能放入正文中的其他一些重要研究材料。

第三篇 方法篇

第七章 政法类专业论文学术研究资料的获取方法

选题初步确定以后,我们就应当考虑选择什么样的研究方法和研究方案。我们可以把研究分为思辨(文献)研究和经验研究两大类;而经验研究又可以分为定性研究和定量研究两大类。

第一节 文献研究资料的获取方法

一、什么是文献研究

在绝大多数研究之中,确定了研究的选题以后,都必须进行文献的回顾和综述,以免研究工作的低水平重复。因此,文献研究既是研究的基础,又是研究的方法。在文献研究中,我们的研究对象是前人已经做的研究,我们对研究对象主要是获得一个定性的判断。尽管在严格的研究方法论著中,文献研究法只能算作一种"预研究",而不划入定性研究的范围。但是我国社会科学界传统上把文献研究看作是一种研究方法,甚至是一种主要的研究方法。本书在此从惯例安排。

文献研究法是利用文献间接地收集资料的一种方法,即调查者从文献、档案、报纸、书刊、报表以及各种历史资料(包括未公开发行的日记、书信、未刊稿等等)中采集自己研究所必需的资料。它是利用第二手资料的方法。尽管现代科学研究比较强调第一手资料的价值,但是这并不意味着第二手资料就一无是处。在自然科学上,著名的开普勒行星运行三大定律,就是开普勒运用第谷积累的文献资料做出的。在社会科学上,20世纪30年代日本"南满洲铁道株式会社"曾聚集科研人员对华北33个自然村进行了科学的调查,获得了丰富的第一手资料(后来被学术界通称为"满铁资料"),但是真正利用这一批资料做出重要学术贡献的却是后来美国的黄宗智和杜赞奇等人。尤其是对于初学者来说,运用严谨的科学方法去获取第一手资料确实有诸多的困难,在这种情况下,文献研究的方法就尤其值得重视。

我们通常按照文献内容加工程度的不同,把文献分为零次文献、一次文献、二次文献、三次文献等。零次文献是指交谈或会议上传达的有效信息。在后面我们专门安排了一节来讨论零次文献的获取。一次文献也称原始文献,是以作者本人的生产或调查报告为基础而原创的文献。二次文献是指对一次文献进行加工整理并使之有序化和浓缩化的文献。三次文献是指在一、二次文献的基础上,经过分析、综合而编写的文献,如综述报告、年鉴、百科全书等。

在上述分类中,由于零次文献和原始文献是第一手资料,信息丢失最少,因此特别值得重视。但是,正因为它没有经过加工,因此良莠并存,研究者鉴别、提炼和综合的工作就很繁重。而且，零次和一次文献数量实在太多，如果完全由自己在其中去选择对自己有用的东西，则时间和精力常常是不允许的。所以对二、三次文献也应当给予充分的重视。在二次文献中，目前国内经常采用的主要有三种：《中国人民大学复印报刊资料》《高等学校文科学报文摘》《新华文摘》。三次文献中的专题综述，各种刊物上经常登载，应当注意阅读和收集。高水平的专题综述，不仅应当告诉读者学术界在一定时期内就某个专题发表了那些成果，更重要的是要理清学术界对这个问题的研究脉络，指出今后研究的方向。另外，对于自己研究的专题方向的百科全书也应当备置，以保证自己知识体系的完整性。

二、文献研究的基本方法

当今时代是一个信息爆炸的时代，我们面对的问题通常不是信息不足，而是不能从海量的信息中迅速而准确地找到自己需要的东西。对于文献研究法来讲，对文献价值的判断是一个非常重要的问题。通常在研究刚刚开始的时候我们并不知道哪些信息对我们是有用的，我们常常是在进行了大量的阅读之后才知道哪些信息是有用的。这个过程就是一个沙里淘金的过程。不过，我们希望下面的建议能对你有所帮助：

- 在思想上要树立一种观念：我们不需要也不可能读完所有的文献。只要掌握代表性的、新颖的文献就可以了。
- 对重要的论文进行文献回溯，一直回溯到文献的源头；对引用率较高的文献进行仔细的分析。
- 知名的出版社和学术刊物对著作质量的要求通常会更严一些，虽然并不总是如此，如商务印书馆、三联书店、上海译文等。在学术刊物中，学科一级刊物应该受到我们特别的重视。
- 对每一学术流派的代表人物给予特别的关注。
- 对你认为重要的文献进行摘要和批判，积累到一定的程度可以撰写专题文献综述。

在阅读文献的时候要做到"眼到、手到、心到"。所谓眼到，就是要经常阅读；所谓手到，就是要动笔多写，所谓心到，就是不要不动脑子地把人家讲的东西背下来就行了，要思考、分析、批判。我们在这里主要讲一下手到的问题。

现在技术条件比较好，很多人对手到是不以为然的，认为把文献下载或者复印下来，放到自己的文件夹里就行了，殊不知文献放在文件夹里，实际上那个文件还是别人的，并没有转化成你自己的。要把这些文献转化成自己的，非要自己动手做一点工作不可。我们日常用的方法是做卡片或记笔记。

卡片法是将一些适用的文献资料摘录在卡片上，以便分类利用。采用卡片法摘录文献资料应当注意以下几个问题：一是应当给卡片加上题目以便分类，必要的时候可以写一个简单的摘要；二是尽量选录最能说明问题的资料，不要随意摘录；三是文献的相关信息要详尽，如作者、文献类别、出版社、版次、年份、页码等，以便使用。若稍微缺了一项，一旦你要使用这则资料，那会是非常麻烦的事情。最后，卡片收集到一定的时候要分类整理。四川省社科院已故的著名神话学家袁珂先生，一生做学术卡片无数，仅被严格分类的就有三万多张。他去世后，他的家人把这些资料捐给了该院图书馆。这些卡片成为国内神话学研究不可多得的资料库。

另外一个办法是记笔记，就是把相关的资料集中记在一个或几个笔记本上。这种方法比较集中，不易遗失，是一种值得推荐的办法。据说钱锺书做研究就从不记卡片，而是把各种资料密密麻麻地记在一个笔记本上。但是我们平时阅读的范围比较广泛，一个笔记本上可能什么东西都有，要用资料的时候往往找不到，因此必须进行分类整理。笔者采用的办法是每记完一个笔记本就对自己比较关心的专题再进行一个索引，然后把这个索引粘贴在笔记本上。这实际上是一个再加工的过程。

记笔记的时候应当特别注意记录自己在阅读的时候产生的一些一闪而过的想法。这些想法是特别宝贵的。要注意防止两种倾向：一种倾向是把记笔记变成了抄书，自己完全不动脑筋，看到一点资料就誊写上去，把自己变成一台复印机。另一种倾向是不懂得科研是一个沙里淘金、逐步选择的过程，以为一旦动手写就应当写出像模像样的大文章，不屑于写零星的随笔。须知在零星感悟、小论文和大文章之间没有什么鸿沟，成功的文章和失败的想法之间其实也是相互联系的。假如不动手，纵然读书破万卷，恐怕也难以下笔如有神。

卡片法和笔记本法是可以结合在一起使用的。你可以把你记的卡片分类粘贴在笔记本有相关内容的地方，这样也可以提高笔记本的利用效率。

文献法的最大缺点是文献记载的总是已经过去的东西，这些东西可能同现实的情况已经有了较大的差距，最新的资料和问题更难以从文献之中去发现。因此文献研究常常是在别人已经耕耘过的土地上又去播种，要想获得新的成果，非有较强的理论思考能力不可。即使你自信有超乎常人的理论思考能力，我们也建议，在政法类专业论文写作时，尽可能使用比较新的文献资料。过于陈旧的文献资料，除非是进行思想史或学术史的回顾，在使用的时候应当非常谨慎，并尽可能使用第一手经验材料加以校正。

最后讲一下文献综述的写作问题。在选题阶段的文献综述和研究阶段的文献综述是不一样的。选题阶段的文献综述是一种论证，是要证明这个选题的价值；而作为研究结果的文献综述，是为了对已有的研究成果进行清理，以期找到新的知识生长点。关于文献阅读和综述的时间一直存在争议，原因就是没有区分选题阶段的文献回顾和研究阶段的文献研究。在开始的时候，文献阅读宜粗不宜细，以免影响建构理论的思路和信心；越是到后来，阅读文献就应当越是细致，以确定自己初步建立起来的理论是否能够成立。

许多初学者认为，文献研究是很容易的，甚至不屑为之，以为文献反正在那儿，只要读一下、讲讲有哪些文献就可以了。事实上，文献综述是一件相当困难的工作，它要求作者不仅要有广阔的阅读范围，对文献价值有敏锐的鉴别能力，而且能够指出现存文献的优缺点，指明今后研究的方向。仅此数点，已可说明文献综述之困难。事实上，一篇高水平的文献综述，本身就是一篇高水平的论文，是可以发表到重要学术期刊上去的。

初学者写文献综述最常见的问题有如下几点：第一，把文献综述搞成了低水平的资料集，只要是能收集到的，不分良莠，统统把它堆砌到文献综述中去。这样的文献综述，完全丧失了文献鉴别和遴选的功能，对科学研究帮助很小（如果不是完全没用的话）。第二，完全不思考文献综述和研究课题之间的关系，结果文献综述与课题分析各说各的话，全无关系，文献综述变成了一个满足论文格式或者炫耀作者书袋的东西。

写作学术论文必须抓住精品文献，抛弃垃圾文献。精品文献的特征是什么？不外乎是问题新、观点新、分析思路新、材料新。那么你怎么知道一篇文章有这四个新文章或其中之一二呢？很简单，你对不新的东西一定了如指掌——也就是说，能准确鉴定精品文献的前提是你读了大量的垃圾文献。在现代的科学研究中，尤其是在社会科学研究中，要完全无遗漏地阅读所有的相关文献，既不可能，也不必要。一般来说，只要阅读一下近期发表的精品文献，大致上是可以把握目前的学术研究前沿的。

第二节 定性研究

人们对于事物的认识，总是首先从这个事物是什么、不是什么开始，也就是说，首先是一种定性的研究。根据认识的这个规律，我们首先讨论定性的研究方法。

一、体验和观察——个案研究的方法

我们通过初步的文献阅读，间接地认识了研究对象，实际上也形成了初步的理论假说。为了进一步深化我们的理论假说，我们需要实际地去接触研究对象，这就是体验与观察的方法。

观察可以分为生活观察与科学观察。生活观察与科学观察是有区别的。作为科学研究方法的观察应当具备如下的特征：第一，科学观察是受到一定研究课题与假说制约的，不允许随便转变观察的对象和信息。第二，科学研究的观察者的观察范围是受限的。如果观察者的观察范围随意变动，就不能专注于研究对象的观察，换言之，凡是事先规定不予观察的东西，应当假定它不存在。第三，科学观察是有组织、有系统地进行的。第四，科学研究的观察要求使用特定的手段来记录观察的所得。笔记当然是最原始和最常用的手段。通常人们使用事先编制好的观察表。第五，观察的记录必须高度客观，必要的时候通过反复观察和与其他资料相参照来确定观察的客观性。

观察法的类型和特点。第一，非参与观察。它指观察者不参与被观察者的活动，而仅仅从外部去观察他们的活动。这种观察方法的优点是比较客观，但是缺点是难以深入。对于一些内在的心理、感情等则全凭猜测，很容易发生以自己的看法代替被观察者的看法这样的错误。第二，参与观察。参与式观察通常用于研究一些封闭的团体的活动。其优缺点则恰恰与非参与式观察相反。因此，在参与式观察中，观察者最好是作为团体的一个普遍成员而存在，对集体发生的事情尽量保持中立，不要表现出过大的兴趣，也不要表露自己的观点。多听，多看，少发表意见。梁启超对此有切身的体会。他说："吾二十年前所著《戊戌政变记》，后之作清史记戊戌事者，谁不认为可贵之史料？然谓所记悉为信史，吾已不敢自承。何者？感情作用所支配，不免将真迹放大也。"① 梁启超可以说是对百日维新作了"参与式"观察，但是他在这个事件中扮演的角色实在太重要了，以至于他根本不可能客观地观察戊戌政变。他虽然在主观上力图为后人留下一部"信史"，但是也心有余而力不足。由此可见研究方法之重要。梁所讲的是史料的鉴别方法，但是也未尝不是史料的记录方法。

参与观察还可以根据参与程度分为完全参与式观察与半参与式观察。在完全参与式的观察中，观察者的身份是完全隐蔽的，他的伙伴并不知道他的观察者身份。在半参与式的观察中，观察者的身份是公开的。前面一种观察方法往往面临着研究伦理的质疑，是需要引起我们的注意的。后面一种观察方法可能会影响观察的客观性。但是如果能够与被观察者建立足够的互信，这个问题是可以解决的。因此除了非常特殊的研究课题，我们一般都是采用半参与式的观察。

观察法的缺点。第一，并不是所有的社会现象都可以通过观察来获得资料。比如某些秘

---

① 梁启超：《中国历史研究法》，中华书局 2009 年版，第 97 页。

密的活动、人的内心活动,是不能直接采用观察的方法获得结果的。观察到的都是零碎而间接的东西。第二,观察者要保持完全的客观并不容易。事实上,观察—记录的过程往往就是一个观察者的解释过程。第三,观察方法本身的问题也可能造成观察的偏差,比如观察的时间和地点不对。如果一个不了解中国文化习俗的人在春节的时候去观察农民的生活,则对于农村生活水平的评价显然会大大高于农民的实际生活水平。

观察设计和观察训练。观察的主要步骤如下:(1)确定观察的课题和对象,提出观察的任务;(2)选择观察方式,并根据具体情况制定工作程序;(3)为进入观察现场,进行对外联系工作;(4)制定或准备各种观察工具,如制作观察卡片、制定工作细则等。进入观察现场,通过具体观察收集资料。

我们主要讨论一下观察提纲的制定。观察提纲主要确定被研究的团体或者个人,以及需要观察的事实,并对观察条件加以评估,对可能得到的信息的可靠性进行评估。制定观察提纲时,首先要确定观察项目,并把这些项目按照一定的标准归入一定的系统,以便观察者在进行具体的观察时,把主要的精力放在需要观察的事实和现象上,精力不至于分散。其中最为重要的是要注意把观察具体化,了解各个观察对象之间的具体联系,建立各种现象之间的联系,以便根据观察得来的资料,探索变量或者现象之间的理论联系。

在实地观察中,运用得最多的是无结构观察和半结构式观察。在研究的开始阶段,一般是采用无结构式观察,这种观察是一种初步的、整体的和感性的观察。以使观察者对于观察对象有一个初步的印象。半结构式的观察实际上相当于一份访谈提纲。半结构式观察有一个大致的范围,但是允许观察者对于对象进行自由的描述。例如:

课题:观察一下村主任竞选者的竞选演讲活动
1. 演讲者的演讲水平如何?
2. 村民的反应如何?

在结构式的观察之中,要设计标准化的观察表或者卡片,首先要选择观察项目和项目之间的相互联系,然后设定反映观察对象具体特征的指标。例如,运用结构式的观察表来观察村主任竞选者的竞选演讲活动。我们希望研究演讲者使用 正式政治语汇和他的当选概率之间的关系:

观察范畴	观察结果	观察者的意见
是否翻看讲稿	☐	1.
是否大量使用正式政治语汇	☐	2.
是否使用肢体语言	☐	3.
村民是否安静聆听	☐	4.
是否有人当场质疑	☐	5.

一般人总是以为观察不就是现场去看一看么,非常简单,实际上观察是一项技能要求比较高的工作,因此必须进行事前的培训。一个合格的观察者不仅需要有良好的注意力,忍耐力、记录能力,而且要仔细认真,要善于控制自己的行为,尽最大可能使自己的观察不影响被观察者的行为。

观察方法有其他方法所没有的优点,在某种意义上,观察法要比访谈法获得的资料有更大的客观性。就如马林诺斯基所说的那样,社会人类学者不应该依赖被研究者的口头言论和规则来研究人,而应该重视他们的行为。在政法类专业的研究中,由于研究通常关系到人们的重大利益安排和道德评价，因此即使在匿名的状态下，言论和书面记录也存在着巨大的造假风险，因此应当特别重视这个规则。比如对于"先富能人治村"现象的研究，在访谈中获得的资料是其无一例外地宣称自己自愿、无偿为村民服务，这显然是不能完全接受的。但是，观察方法受观察者个人的经验和能力的局限比较大，而且，被观察者也容易受到观察者的影响，因此容易出现信息失真的情况。

上述的实地研究方法的主要特点是：第一，能收集到第一手的资料。信息在转述的过程中总会发生有意无意的失真。转述的次数越多，发生错误的可能性也就越大。掌握了第一手资料虽然不一定有第一流的成果，但是没有第一手的资料要想做出第一流的成果是很困难的。第二，一个自然的环境中进行的研究，相对来说是比较真实地。对人的研究有一个很大的特殊性，就是研究者的介入可能会使被研究者按照某种预期来"表演"，从而使得研究失去意义。第三，对于非语言行为的研究特别有用。一切思想只要它采用某种语言来表达，实际上都已经经过了表述者的某种程度的加工。而且语言本身也有很大的局限性，词不达意的情况所在多有。第四，有利于对研究对象进行全面深入细致的考察，从而发现隐藏在现象背后的规律。有些细节很容易被特定的研究者所忽略，而另外一个研究者可能会认为这些细节具有重大的意义。亲自到实地去观察，可以最大限度地避免这种细节丢失的现象。

在一般的认识中，个案研究往往被看作是探索性的，实际上个案研究不仅可以用来进行探索性的研究，也可以用于描述性的和解释性的研究。但是就研究的定量化程度来看，一般来说个案研究的定量水平是不高的，因此我们把它归入到定性研究的范畴中来。与一般研究方法类似，个案研究也需要关注以下五个方面：需要研究的问题、理论假设、分析单位、资料的分析和假说的证明、对研究结果的解释及选择的标准[1]。绝对没有理论假说的纯粹体验式的个案研究，严格来说并不是一种研究的方法，而只是对问题的感受过程。

学术界对个案研究最早给出的定义是"个案是一个有界限的系统"。这个定义包含了两个要点：第一，个案是有界限的，这构成了个案与其他个案以及环境之间的区别；第二，个案内部各要素之间是有机联系的。根据研究的目的，可以把个案研究分成三种类型：内在的个案研究、工具性个案研究和多个案研究。在第一种类型中，研究者之所以研究某一个个案，并不是因为个案的代表性或特殊性，而是因为他对于这个个案的兴趣；他并不试图从这个个案之中抽出任何一般性的结论。比如，他研究拿破仑的死因，仅仅是因为他对拿破仑感兴趣。他不关心别人是否会因为这个原因而死亡。在第二种个案研究中，个案被当作了提取某个一般性结论的工具；在第三种个案研究中，研究者的兴趣在于发现多个个案之间的总体情况，对于特定个案的性质没有兴趣。这种个案研究实际上处于个案研究和总体研究之间了。今天我们所讲的个案研究，多数情况下相当于"工具性个案研究"，毛泽东称之为"解剖麻雀"。

涂尔干受到自然科学的影响，确认任何一种社会现象之中必然包含了某种普遍的法则，借助对个案的研究是可以揭示这种普遍法则的。但是这样一种信念显然是未经证实的。因此，有价值的个案研究始终面临着一个令人困惑的问题：怎样从非常有限的个案之中可靠地抽取一般性的结论，而不是仅仅在讲一些特殊的故事？

---

[1] 仇立平：《社会研究方法》，重庆大学出版社2015年版，第50页。

解决的办法有两个,第一,采用类型学的解决方法,建立一些"理想类型";这实际上是把总体进行第一次划分,然后再去确定个案的代表性,降低从个案推论总体的风险。第二种解决方法是人类学的,即"在个案之中进行概括"。这种方法只是表明"存在着一种包含了本个案的类型",但是并不打算把个案推广得更为广泛。其他的个案是否适合这个类型,是另外一个研究课题了。

有学者提出,个案研究获得拓展的关键不是走定量研究"统计概括"的路子,而是进行"分析性概括",即从先前的理论为模板,用来作为与个案进行比较的工具,同时也构成发展新理论的前提。

有学者提出,"概括"一词并不适用于个案研究,"外推"才更为准确地把握了个案研究的特征,因为个案研究强调个案与其他事件的相关性,而非总体代表性。[①]这无疑是一个非常有见地的看法!

二、案例研究方法

在政治与法学的研究之中(尤其是法学研究),案例研究是一种极其重要的研究方法。从本质上讲,案例研究就是一种个案研究方法。但是这些个案具有特别典型和突出的意义。一个事件能够成为案例,乃是因为它里面包含了一个重要的、目前在理论上尚未解决的问题;这个事件反复发生的可能性很大,以至于必须解决其中包含的理论难题。违反这两个原则,是不能成其为案例的。当然,典型性与可反复性都有一个标准的问题。在不同的标准下,案例的选择是不一样的。

在社会科学研究中,大量的事件实际上是不可重复的;或者虽然它们大体上可以重复,但是事实上我们却无法再现;或者我们无法取得大量案例的资料。所有这些客观条件的约束,都使得我们在社会科学中不得不借重案例研究的方法。

不过,应当注意的是:第一,在选择案例的时候要尽量注意案例的典型性;第二,在解读案例的时候应当遵循相对客观统一的方法,排除感情的过多干扰。

另外应当注意,案例分析的方法不但在政治与法律学科的应用中存在着差异,即使在法学各个部门之间也存在着差异。在这里我们是以民法的案例分析方法作为基础来进行论述的。之所以做这样的选择,是因为民法号称"万法之母",在方法论上最为成熟。

1. 法律关系分析法

这种方法要求通过理顺不同的法律关系,确定其要素及变动的情况,从而全面把握案件的性质及当事人的权利义务,并在此基础上通过逻辑三段论的应用准确地适用法律,做出正确的判决。

法律关系的分析方法是法学最基本的分析方法和分析框架,不仅适用于对案例的分析,也适用于对法律体系的建构。确定是否存在法律关系,存在什么样的法律关系,确定法律关系的各个要素是什么,是每一个法律学习者都应当熟悉的基本方法。

在案例分析中有效地运用法律关系分析方法,其优点在于:(1)在存在多种复杂的法律关系时,能够条分缕析地分析出各种权利义务关系。通过对法律关系的分析和把握,把各种

---

① David Silverman, *Doing Qualitative Research: A Practical Handbook*, Sage Publications, 2000, P.155-156.

法律关系划分开来，以不同的法律关系确定当事人的权利义务。(2)排除非法律关系的因素，即在区别法律关系与非法律关系的基础上，将考虑对象聚焦于法律关系。社会规范系统是一个多元的体系，很多生活关系由道德、宗教等加以调节，法律并不介入。误把非法律关系当作法律关系，第一步就走错了，后面无论花多大的力气都无济于事。(3)把握法律关系的要素。任何法律关系都是由若干要素构成的，这些要素发生变动，整个法律关系相应地就发生变化了。依通说，法律关系的要素包括主体、客体和内容三个方面。(4)把握法律关系的变动，即法律关系的产生、变更和消灭。考察任何法律关系都必须考察变动的原因和效果，这就意味着要找到一定的法律事实。法律事实是外在于法律关系的。要确定法律关系，就必须确定法律事实；而法律关系一旦明确，就没有必要再去考察法律事实了。

法律关系分析方法的特点是：(1)法律关系分析法首先着眼于法律事实的考察，在此基础上适用法律。把认定事实与法律适用作为两个步骤。(2)它是对法律关系三要素的全面考察，而不仅仅是对法律关系某一个特定方面的考察。一种法律关系之中，可能包含了多种权利，而不仅仅是请求权（请求权在争议阶段上特别突出）。

法律关系分析方法的具体步骤是：

(1)明确争议点及与其相关的法律关系。此即明确争议的核心关系，围绕该核心关系还有哪些"有关联的法律关系"，二者的关系如何。例如，争议的焦点（核心关系）是无权代理行为是否有效，围绕该争议点可能涉及授权关系是否存在、相对人是否存在表见代理关系等"有关联的法律关系"。然后判断二者之间的关系，例如授权关系的有因还是无因等。

(2)确定是否产生了法律关系。如好意施惠关系，由于当事人的私人友谊调整，不构成民法上的债权债务关系，应当排除在法律关系的考察之外。如果根本就没有产生法律关系，则剩余的问题自然无从谈起。

(3)分析法律关系的性质。如分析其究竟是合同关系、债权关系、无因管理关系还是不当得利关系、确定不同的法律关系的性质对于确定当事人的权利义务关系影响极大。

(4)分析考察法律关系的各要素。此即考察法律关系的主体、客体和内容。首先，确定法律关系的主体，首先就要解决法律关系涉及人的范围，即法律关系究竟在哪些人之间发生。在民事法律关系之中，一般都有双方或者多方当事人的参加。如需要确定谁向谁主张权利；是否与法律关系发生直接的利害关系；是否具有适格的诉讼主体资格，等等。尤其需要确定具体的主体究竟是谁。其次，确定法律关系的内容。法律关系的内容是指法律关系中各方面的权利义务关系，这种权利义务关系是法律调整的社会关系在法律上的直接体现。权利义务关系决定着当事人之间的关系类型，明确权利义务的性质、效力、行使对于分析案件具有重要的意义。再次，明确法律关系的客体。法律关系的客体又称法律关系的标的，是法律权利和义务指向的对象。如果没有客体，民事权利和义务就无从确定，更不能在当事人之间分配权利义务关系。

(5)确定是否发生了变更、消灭的后果，以及变更消灭的原因何在。法律关系的变动包括法律关系的发生、变更和消灭。法律关系不是一成不变的，而是根据客观事件以及当事人的意志和行为发生法定的或意定的相应变动，如权利的取得、丧失，权利内容或者效力的变更等。考察法律关系变动的原因：法律关系的变动必有其原因，法律关系之所以发生变动，其原因在于特定事实的发生。值得注意的是，社会生活中出现的事实，并非都与法律有关，并非都能产生一定的法律后果，法律事实不但能引起当事人预期的特定的法律效果，也能引起当事人预期之外的法律后果。考察法律关系变动的客观后果也是案例分析的另一重要方法——历史方法的一个重要的特征。在这几个方面之中，考察法律关系变动的原因具有重要的意义，所谓分析案例的历史方法就是按照时间次序考察法律事实的变动，从而确定法律关系的变动，最终推导出相应的法律效果，从而得出判决或者结论。

（6）考察法律适用。此即要在第一步确定案件事实（小前提）的基础上，查找适用与核心关系以及关联法律关系的法律规范，这一过程就是逻辑三段论的使用。在案例分析的过程之中，不是首先确定大前提（适用的法律关系），而是首先确定小前提（案件事实）。

法律关系分析方法需要运用逻辑三段论，但是绝非如法律适用的机械论者所想象的完全是三段论的逻辑演绎的过程，它还涉及大前提和小前提的连接的问题，而连接点的确定必须有赖于法律解释。因为法律规范的内涵并非一目了然，法律概念的内涵和外延具有一定的模糊性，法律规范必须经过解释才能适用。而且，法律规范所指称的对象也是不确定的，法律概念的所指和立法的本意之间可能会因为社会变迁而变得不一致。此外，法律认定的事实也只能是相对的真实，而非绝对的真实。这一切都决定了法律分析并不是机械地适用法律规范。

在这个过程之中，必须保证大前提和小前提都是正确的，但是并不是说二者都正确了，结论就必然正确了。还必须根据法律关系的性质来判断和搜寻法律规范。而且，必须解释法律，以确定该项法律在当前的情况下是否能够适用。法律规范的构成要件和法律后果之间的联系越是密切，则其结论的可靠性就越高。

2. 请求权基础分析方法

请求权基础分析法，又称为归入法或者涵摄法，是指通过寻求请求权的基础，将小前提归入大前提，从而确定请求权是否能够得到支持的一种案例分析方法。运用这个方法来进行案例分析，其基本的构造是"谁得向谁，依据何种法律规范，主张何种权利"。依此，解题的主要工作在于寻求一方当事人向他方当事人有所主张的法律规范和依据。有学者将请求权基础的运用称为找法，即寻求该请求权的实体法依据，尤其是现行法律依据。

请求权基础分析方法的主要步骤如下：

（1）首先要判断诉的性质，究竟是确认之诉、形成之诉还是给付之诉。此种方法主要适用于给付之诉，如是其他种类的诉则应当应用前面讲的法律关系分析方法。在确定了可以使用该方法之后，则应当判断请求关系的主体和内容，即谁基于何种理由向谁提出了何种请求。因为这是案例分析的前提。

（2）请求权检索：第一，列举原告的请求可能涉及的请求权。例如在无权处分他人财产的场合可能涉及的合同请求权、违约损害赔偿请求权、不当得利请求权等。第二，确定各种请求权的类型。包括物权请求权、债权请求权、占有保护请求权、人格权和身份权上的请求权、知识产权上的请求权。第三，请求权分析的逻辑顺序。应当首先考虑合同请求权，然后考虑缔约过失请求权；再次是无因管理请求权；再次是物权请求权；最后是不当得利和侵权的请求权。

（3）请求权的初步锁定。通过对请求权的逻辑顺序的考察，可以逐渐排除一些与案件事实不相符的请求权，或对原告不利的请求权，在排除了一定的请求权以后，可以初步确定一些对原告有利的请求权。

（4）请求权基础的分析。首先，找出有关该请求权的具体法律规定。其次，对所找到的法律规范进行分类和定性。其中有些法律规范不能单独作为请求权的基础，包括已经由当事人加以排除的任意性规范；不完全法条，包括说明性法条、限制性法条等。程序性规范和某些裁判性的规范也不能作为请求权的基础。再次，要将该规范的构成要件进行分解，例如侵权责任的要件可以分解为过错、损害事实、因果关系等。在这个过程之中，需要对法律规范进行准确的解释。

归入（或称涵摄）。即把已经分解的事实归入到法律规范的构成要件之中去，具体来说，要经历对案件事实的认定、分解、按照规范要件提取法律上的事实、将事实归入法律规范规定的要件四个步骤，如下图所示：

A　B　C　D　规范中发生某种法律效果的各项构成要件
a　b　c　d　纠纷中的各项事实

如果上述的一一对应可以成立，则请求权可以满足。

（6）消极规范构成要件的检索。所谓消极规范构成要件，是指虽然其他积极条件均已得到满足，但是一旦这些消极要件同时被满足，则请求权仍然不能成立。事实上，这就是从正反两个方面来考察请求权的成立。

三、非结构化访谈

在有的方法论著作中，把访谈作为一个整体放在一处进行讨论。这样做的好处是比较集中，有利于读者对于访谈方法进行把握。但是，我们应当注意到，结构式访谈和非结构式访谈严格来说是分属于两类研究方法，是根本不相同的，所谓"差之毫厘，谬以千里"。结构式访谈有着严格的理论预设，对问题和答案的选择都有着确定的设计，受访者只能在问卷设定的范围内谈自己的观点，因此本质上是一种定量的研究方法；而非结构式的访谈，则不存在清楚的和严格的理论预设，一般也不涉及确定的问题和答案，它本质上是一种定性研究的方法。鉴于此，本书把非结构化访谈作为定性研究的方法之一，而把结构化的访谈作为一种定量的研究方法。

访谈法的基本原则：（1）周密准备的原则。（2）尊重访谈对象的原则。在访谈过程中，访问员原则上不发表自己的意见（除非是为了引导受访者），更不允许同受访者进行辩论。（3）严格保密的原则。做好的记录应当交给受访者审读，如受访者表示其中某些内容不宜公开，应当予以尊重。（4）如实记录的原则。访问员绝不能把自己的意见掺杂到记录中去。

非结构化访谈对访谈者的技巧要求比较高，所以我们把访谈的技巧和程序安排在这里论述。结构化访谈同样需要这些技巧。

1. 访前准备

一项访谈在开始之前有两方面的准备工作，一个方面是项目主持人的准备工作，比如准备访谈表或者提纲；另一个方面是访谈员的准备工作，主要是积累背景知识，通过间接的方法了解访谈对象，以便做到访谈工作有的放矢。概括起来说，这种准备工作就是"三点一线"，即把调查研究所需资料的特点、被访问者自身的特点、访问者的特点结合起来，制定一个访谈的细则或者要点。注意选择适当的时间、地点和场合。

2. 预备性谈话

由熟悉被访者的人引见，相对来说比较容易被接纳。引见者最好具备一定的身份、地位、社会声誉良好、与被访者关系适当。引见完成之后，引见者应当离开，以免干扰访谈。没有人引见的访谈是比较困难的。经验表明，在无人引见的情况下，两人访谈比一人访谈效果好；女性访谈比男性访谈效果要好。预备性谈话通俗地说就是见面之后的搭讪和寒暄，以拉近彼此的距离。最常见的是：主动说一些活跃气氛的话；寻求共同点；引用权威人士的话，引起被访谈者对问题的重视。预备性谈话时间不宜过长，且宜浅不宜深，宜活泼不宜严肃。

3. 正式提问

正式提问的时候注意提问应当清楚、委婉、从容，切忌审问式的提问（这种错误又是最容易犯的）！听的时候要耐心、礼貌，不要做其他的事情，也不要心不在焉或者不耐烦。要注意给予肯定的回应，淡化、麻痹敏感的和威胁性的问题。

4. 追　问

当遇到有信息含量的问题的时候，应当学会追问，使访谈的内容得到深化。追问的方法包括：直接追问、迂回追问、反感追问。反感追问指在不失去对方合作的前提下，通过故意引起被访问者的反感来获得更为深入的信息。

四、调查会

调查会从本质上讲也是一种访谈法。但是一方面由于毛泽东同志的提倡和实践，这种访谈方法在我国社会科学界具有特殊的地位；另一方面，把一群人集中起来进行访谈，在方法上就不能不具有一些特殊性。故本书仍然把调查会的访谈方式进行单列。

我们先来看看毛泽东同志关于调查会方法的论述：

毛泽东主张调查会应当开成各方面的讨论会，不要变成个人讲个人的经验，"只有这样才能近于正确，才能抽出结论。那种不开调查会，不做讨论式的调查，只凭一个人讲他的经验的方法，是容易犯错误的。那种只随便问一下子，不提出中心问题在会议上经过辩论的方法，是不能抽出近于正确的结论的"[①]。

参加调查会的人员应当根据调查会的目的进行选择。"要是能深切明了社会经济状况的人。以年龄来说，老年人最好，因为他们有丰富的经验，不但懂得现状，而且明白因果。有斗争经验的青年人也要，因为他们有进步的思想，有锐利的观察。以职业来说，工人也要，农民也要，商人也要，知识分子也要，有时兵士也要，流氓也要。自然，调查某个问题时，和那个无关的人不必在座。"[②]

开调查会的人数是不一定的，如果主持者的指挥协调能力强一些，人数可以多一些；反之人数应当少一些。毛泽东的看法是至少应当有三个人，"不然会囿于见闻，不符合真实情况"。

在调查之前应当做充分的准备，主要是要准备一个调查提纲。毛泽东说："纲目要事先准备，调查人按照纲目发问，惠中口说。不明了的，有疑义的，提起辩论。所谓'调查纲目'，要有大纲，还要有细目。"[③]以今天的眼光来看，毛泽东的方法是近似于半结构化访谈的。

[①]《毛泽东农村调查文集》，人民出版社1982年版，第9页。
[②]《毛泽东农村调查文集》，人民出版社1982年版，第9页
[③]《毛泽东农村调查文集》，人民出版社1982年版，第9-10页。

毛泽东同志主张领导干部要亲自出马做调查研究的工作。"凡担负指导工作的人，从乡政府主席到全国中央政府主席，从大队长到总司令，从支部书记到总书记，一定要亲身从事社会经济的实际调查，不要单靠书面报告，因为二者是两回事。"①作为从事社会科学研究的人，是不能单纯依赖文献资料，要能够深入实际情况；作为领导干部，恐怕还有进一步的要求，就是自己要亲自去做，不要过分依赖文秘人员。

调查工作不但要做，而且要深入地做。"初次从事社会工作的人，要做一两回深入的调查工作，就是要了解一个地方（例如一个农村、一个城市），或者一个问题（例如粮食问题、货币问题）的底里。深切地了解了一个地方或者一个问题之后，往后调查别处地方、别个问题，便容易找到门道了。"调查者应当自己亲自做记录。这同我们前面讲到的阅读文献时的"手到"是一致的。

开调查会的关键，是要让被调查者讲真话。毛泽东同志主张应当和被调查者做朋友，不要作侦探，不要让群众讨厌自己。对于被调查者的不理解、不接纳，要有一定的时间去调整、等待。他甚至说："群众不讲真话，不怪群众，只怪自己。"这样的看法，是抓住了调查研究的核心的。

对于实地调查研究的强调和方法的探索，是毛泽东同志最重要的思想成果之一，具有永恒的方法论价值，是值得我们认真地继承和发扬的。

国外对于会议调查法也有较多的研究。比较著名的是"头脑风暴法"，其要点是在发表意见的时候，不能反驳别人的意见，只能在吸纳别人思想的基础上进一步完善自己的思想。另外一种方法叫作"反向头脑风暴法"，就是每一个人专门去批评别人的意见，并给出充分的理由，以便于思想的深化。从本质上讲，不论是头脑风暴法还是反向头脑风暴法 都是对于会议调查法中的讨论方法的改进，在此就不再详述了。

第三节　定量研究

定量研究是用确定的数量来描述研究对象。定量研究是定性研究的进一步深化。马克思甚至说，一门科学，只有当它能够熟练地运用数学方法的时候，才可以认为它已经成熟了。由于政治法律现象的特殊性，目前定量研究的水平并不高。但是，定量研究是学科发展的一个方向，应当引起高度的重视。

一、定量研究的方法论常识

定量研究作为定性研究的进一步深化，是我们对于事物认识的一个新的阶段。在定量研究上可以区分两个层次，一是定量研究的方法论，二是定量研究的技术性方法。技术性方法是建立在方法论基础之上的，因此如果缺乏对于方法论的深入研究，很容易使技术性知识变成一种盲目的操作建议，知其然不知其所以然，一旦遇到新的情况需要对技术性方法略做调整的时候就不知所措。因此，适当地了解一些方法论知识是必要的。

1. 要具备历史的观点

历史的观点要求我们在观察特定的社会事实的时候，从该时代人们活动的现实条件出发，

---

①《毛泽东农村调查文集》，人民出版社1982年版，第10页。

而不是从个别人的意志或感情出发。也就是说，应当把历史唯物主义作为定量研究的哲学基础。道理很简单，如果社会事实不是客观的而是由人们的感情来决定的话，一切客观的研究方法都是不可想象的。一切定量研究，都是在一定程度上承认社会事实相对于研究者的客观性。不过，历史的观点要求我们不要空谈所谓的"一般社会"，而是反映现实中的具体的社会。反对不顾现实的条件盲目的生搬硬套已有的现成的结论。马克思晚年对于教条的"马克思主义者"感到十分厌恶，他说：有人"一定要把我关于西欧资本主义社会起源的历史概述彻底变成一般发展道路的历史哲学理论。一切民族，不管他们所处的历史环境如何，都注定要走这条道路"，"但是我请他原谅。他这样做，会给我过多的荣誉，同时也会给我过多的侮辱。"① 历史的观点，其核心就是实事求是，应该说，这也是科学精神的基本内核。

2. 要具备社会的观点

社会的观点认为，个人都在一定的群体与社会之中生活，个人的行为是受一定的群体与社会决定的。西方学者把这种观点称作"方法论集体主义"，并认为马克思主义属于这种"方法论集体主义"。而他们中的一些人自称为"方法论个人主义"。方法论个人主义的实质是还原论，即把社会现象还原为个人的、心理的因素。社会的观点则认为，一种社会事实必须用另外一种社会事实来说明。这实际上就为确定的因果关系的假设提供了基础。

3. 要具备概率的观点

概率的观点主张用社会事实存在与发展的可能性空间来说明社会事实的复杂性。这是一种特殊的因果关系的解释方法，其实质在于分析社会现象发生过程中随机因素的作用。历史唯物主义确实是一种因果关系理论，但并不是简单的决定论的因果关系理论（决定性的因果关系在社会生活中是不多见的），而认为社会发展是一种统计规律。简单地运用机械决定论的观点来研究社会事实，经验证明是不成功的。社会现象不可能只有单一的因素在发生作用，而是成千上万的因素在共同作用，其中必然存在一定的"可能性空间"，社会规律只能表现为平均的、社会的、普遍的规律，至于个别情况则会相互抵消。另外，社会规律也不一定是简单线性的。

4. 要具备整体的观点

我们在研究社会现象的时候，把一组相互作用并且相关程度较强的因素作为一个系统。严格地说，一个系统一般不是一个客观存在的实体，而是一种规定，是对社会现象之间的错综复杂关系的一种科学抽象。通过对一个系统的规定，把一些无限现象与问题转变成有限的现象与问题来进行研究。整体方法要求把特定对象系统的各个要素作为一个有机整体的组成部分来看待。一个具体的社会现象如果脱离了一定的整体，它就不可能被科学地解释。整体方法要求考察系统内部各个要素之间的组成方式，以及它们之间形成的整体效应；整体方法关注系统的结构与功能，而不是仅仅关注每一个个别的实体。整体方法的目标，是寻求系统总体的最佳效果以及达到这个目标的最佳的途径。同时，系统是一个相对的规定，因此不能封闭地看待系统，要看到系统与外部环境之间的交换关系。系统论为整体方法提供了现代科学的理论支持。

---

① 《马克思恩格斯全集》，人民出版社 1963 年版，第 130 页。

5. 要具备透视的观点

透视的观点，主张通过肯定性的命题来研究某些揭露性的主题。在现代的社会学之中，研究揭露性的主体曾经被称为社会学的特有的视角；至于政治和法律，由于其特有的意识形态功能，因此在处理揭露性主题的时候是比较谨慎的。值得注意的是伯克关于揭露性主题与革命之间的关系。与通常的观点相反，伯克认为揭露性主题对革命的理论不利，因为揭露性理论暴露了事物发展的固有属性，它表明通过某种革命的手段来完成对社会的"不体面性"的清除是徒劳无功的①。这固然反映了伯克在世界观上的保守性，但是也相当深刻地表明了问题的实质。透视的观点，要求透过现象尤其是假象去探究事物的本质。大量地占有经验材料是进行精确透视的一个必要的条件（注意：不是充要条件）。在占有材料严重不足的时候，冒失地进行概括推论，是很容易出问题的。

上述几个方法论原则，处处渗透于本章的方法与技术之中，是一个重要的哲学基础，应当引起充分的重视。

二、定量研究的程序

（一）定量研究的第一步：抽样

定量研究是一项对知识和技术要求比较高的工作，要求一定的预备知识。下面我们介绍定量研究的抽样方法。

对事物进行定量研究，就对象来讲不外乎两类：一类是普查，一类是抽样调查。由于社会研究的对象通常是非常庞大乃至于无穷的，因此要进行普查常常是不可能的，或者是非常困难，或者是不必要的。我们最通常使用的方法是从总体中抽取一部分来进行研究，并进而推断总体的性质。在这个研究过程之中，抽样正确与否常常就决定了研究的成败。因此，进行定量研究，首先必须研究抽样的方法。在社会科学历史上，最为著名的抽样失败的例子是1928年美国《文学文摘》对当年美国总统大选预测失败的例子。抽样方法的理论基础是"大数法则"，即在随机事件的大量重复中，往往呈现出几乎必然的规律。

1. 抽样的基本术语

（1）总体和样本。所谓总体，就是构成总体全部的单位或者元素，在调查研究中可以是个人、单位、组织甚至社区。从总体中按照随机方法抽取出来作为收集资料的对象，就是样本。通常一个总体包含了三个方面的要素，即地点、时间和对象。在抽样调查之中必须对总体进行严格的规定，因为通过抽样调查得到的数据只能用来判定样本所在总体的情况，而不能随意推广到其他的总体上去。这比其他的推论方法要严格得多。如果用这个总体的抽样调查结果去推断其他总体的情况，必须说明即使在二者相似的情况下也只能是一种猜测。

（2）抽样框和抽样单位。抽样框就是根据总体的具体规定所包含的全部单位或元素的名单，也可以成为抽样范围，最通俗地说，就是一个花名册。在一个比较大的抽样框中进行抽样的时候，直接进行抽样是困难的，通常进行多阶段抽样的方法。例如，关于某城市中大学生的抽样调查，第一个抽样框是整个城市里面所有的大学，第二个抽样框是教学系，第三个

---

① 赖特米尔斯：《社会学与社会组织》，浙江人民出版社1986年版，第51页。

抽样框才是大学生。所谓抽样单位就是在一次抽样中具体使用的对象。

（3）参数值和统计值。参数值是指总体中某个变量的数值，统计值是指样本中某个变量的数值。它们分别是关于总体或样本中某个变量的综合描述。参数值通常要通过普查才能够获得，在很多情况下参数值是不能直接获得的，只有通过统计值间接地推断参数值。参数值是确定的，而统计值则会因为统计方法的不同而出现差异。

（4）置信度和置信区间。置信度是指总体参数值落在样本统计值某一区间内的概率，也成为置信水平。置信区间是指在一定的置信度下，样本统计值和总体参数值之间的误差范围。置信度反映的是推论的可信度或者可靠性，而置信区间反映的是推论的准确性。比如我们推断在一次选举中某个候选人获胜的概率是70%，他可能会获得60%的选票。前者就是一个置信度，后者就是一个置信区间。

（5）抽样误差和非抽样误差。抽样误差是指用样本统计值推断总体参数值的时候可能产生的误差。抽样误差一般应当规定在10%以下，如果抽样误差大于10%，抽样调查的意义就不大了。还有一种误差被称为"非抽样误差"，或者说是一种系统误差，比如度量或者记录上的误差。抽样误差是客观存在的、不可避免的；非抽样误差则是主观的，是可以避免的。

抽样步骤：

（1）界定总体。在界定样本总体的时候，必须对总体的时间、地点、对象有一个清晰严格的规定，比如规定总体为：2008年9月乐山师范学院全体在校全日制本科学生。对于样本总体的详细规定可以保证在一定的时空条件下，确保构成总体的单位或者元素不被遗漏。因为总体单位或者元素的遗漏都有可能会破坏等概率抽样原则，使抽样产生偏差。

（2）编制抽样框。在对总体进行了清楚严格的界定之后，就要编制抽样框。所谓编制抽样框，就是在明确规定的总体内，收集总体中全部抽样单位的名称，并按序编号，为实施抽样做好准备。例如，我们需要对大学生进行抽样研究，总体是一所有2万名大学生的大学，抽样框就是2万名大学生的姓名等基本资料（根据研究选题决定）。如果样本总体特别大，就必须采用多段抽样法，建立多级抽样框。

在编制抽样框的时候，最为关键的是根据总体的规定毫无遗漏、毫无偏差地收集构成总体单位或者元素的名单，否则会造成最严重的抽样偏差。美国著名的《文学文摘》1936年预测总统选举失败，就是因为编制抽样框的时候只编制了特定的单位（拥有汽车和电话的家庭），结果造成严重的抽样偏差。

（3）选择抽样方法。概率抽样的基本方法有五种：简单随机抽样方法、系统抽样方法、分层抽样方法、整群抽样方法、多段抽样方法，目前政法类学术研究上最常用的是分层抽样方法。

（4）实施抽样。完成上述工作之后，就进入实际的抽样，所谓抽样，就是按照一定的抽样方法，从总体（样本框）中选取调查样本的过程。一般来说，抽样最好由研究者亲自实施或者亲自指导实施，因为抽样实施直接影响着样本的质量，直接关系到抽样偏差的大小。

（5）样本评估。虽然从理论上讲，概率抽样可以获得一个能够代表总体的样本，但是，在一次抽样中，有时并不能够获得一个代表性比较高的样本。如果贸然进行调查，调查结果就会产生很大的误差。由于抽样调查的成本通常是很高的，因此有必要依据经验对样本的代表性进行评估，以免犯低级错误。

2. 抽样的基本方法

（1）随机抽样。

一是简单随机抽样。简单随机抽样是一切随机抽样方法的基础，也称为纯随机抽样方法。它是直接从总体中完全随机地抽取样本。这种抽样方法，并不要求对总体的单位或者元素进行排队或者分组，可以直接从总体中抽取样本，从理论上说，由于这种方法最能确保每一个元素有同等的机会被选入调查样本之中，因此是最符合概率抽样原则的。

二是抽签法。事先把总体中每个单位或者元素编号，然后把号码放入密闭的容器之中，摇匀后随机抽取，直到取满研究需要的样本数量为止。这种方法仅仅适合于总体比较小的情况。在总体比较大的情况下，则采用查对随机数表的方法。其方法如下：

- 在界定总体的基础上，编制抽样框，给每一个成员编上号码；
- 按照总体规模的位数，在随机数表中查对相同的位数。如总体有5000个元素，即为4位，就从随机数表中从任意4位数开始查对；
- 在随机数表中从左至右或由上到下抽样，只要小于或者等于总体规模数，就是样本号码，直到抽满规定的样本数为止；
- 把抽取出来的样本号码与抽样框中的名单进行对应，即获得抽样样本。

在简单随机抽样中，还需要讨论重复抽样（回置抽样）和不重复抽样（不回置抽样）的问题，即抽样的对象之中是否允许重复。如果允许重复抽样的话，会导致抽样偏差太大，因此一般来说是不允许重复抽样的。在进行不重复抽样的时候，就要根据重复的样本数进行扩大抽样。在不重复抽样下，虽然表面上看样本的数量大于指定样本数，但是实际上二者是一致的。

三是分层抽样。又称为类型抽样，是研究实践中应用最为广泛的抽样方法。其办法是：先按照一定的标准把样本总体划分成若干的层（类型），然后按照各类型单位数与总体单位数的比例确定从各类型中抽取的样本数量，最后按纯随机抽样或等距抽样从各类型中抽取样本。由于样本经过分组以后，同类型组各单位之间的差异比较小，这样抽取出来的样本对样本总体的代表性就比较强。可见，使用本方法关键是分组的依据要合理。要根据自己的研究目的来确定分组的标准，而不要随意使用不相关的指标，尤其不要随便套用他人在其他研究中使用过的指标。要做到这一点，事先对研究对象要有相当深入的了解，这也导致分层抽样方法在应用上的局限性。本方法最适合于研究对象总体单位数较多、样本之间差异较大的研究课题。

四是等距抽样。也称为系统抽样或者机械抽样，它将总体各个单位编上号码以后，计算抽样间距，然后从间距以内的任意一个数字开始，按这个间距抽取样本，直到抽满规定的样本数为止。其过程如下：

编制抽样框，并对总体的单位或者元素进行编号；

计算抽样间距，即 $D=N/n$，其中 D 为抽样间距或者间隔，N 为总体数，n 为期望抽样的样本数。

确定起抽号，即第一个开始抽取的号码，通常采用查随机数表的方法获得。起抽号应当小于或等于间距。

从起抽号 F 开始，按抽样间距抽取样本，直到抽满规定的样本数。即 F，F+D，F+2D，……F+（sn-1）D。不过在实际工作中，一个确定的总体数并不一定是一个尾数为零的数，这就有可能导致某些个体永远不可能有被选取的机会，这是违背概率抽样的原则的，需要进行补救。还有两个方法需要进行研究。第一，对抽样框的名单进行编制的时候，是否可以按照一定的标准进行排列？一般来说，在进行编号的时候，如果随机抽取的样本处于某一个极值上，就有可能导致样本方差太大而缺乏代表性，因此对于初学者一般不提倡对总体元素进行排序。第二，要小心地避免"周期性误差"，即总体单位或元素的排列可能与抽样间距和起抽号出现某种对应性的排列。比如，在一个社区里面要研究居民对于小区环境的评价，但是抽取的样本恰恰都是紧邻马路的住户，这可能会导致样本的代表性不够。尽管这仅仅是一种小概率事件，但是一旦发生就有可能摧毁整个研究的结论，因此对于抽样结果仍然有进行谨慎评估的必要。

五是整群抽样。它是把总体的若干单位或者元素集合在一起作为抽样单位，并在总体中按照随机方法抽取若干群体，凡是抽取到的群体，其中的任何元素都应当进行调查。与其他方法进行比较，整群抽样的最大特点是抽样单位是一个群体。需要注意的是，在整群抽样中，被抽样的群体不是随便组合形成的，而是一些有意义的小群体，比如班级、车间、班组等。不过如果样本规模不大而群体规模太大，就有可能失去随机抽样的意义。整群抽样可以采取前面介绍的任何一种方法，不过以分层抽样方法为最好。

整群抽样的最大好处是简便易行，调查的成本比较低，比较容易控制调查的质量。首先就抽样框的编制来说，不需要像其他方法那样去精细地编制以个人为单位的抽样框，而只需要编制以群体为单位的抽样框就可以了。这样工作量往往比较小。但是，整群抽样方法的缺点也正在于此。在同等条件下，依据整群抽样方法所获得的资料的代表性比较低，因为样本是分布在几个特定的点上的，而其他的抽样方法样本是分布在总体上的。

整群抽样方法一般比较适合于对象比较集中而同质性比较高的调查对象。另外，要考虑调查对象是否有集中进行填答的条件。

六是分段抽样。在总体特别大、以个人为抽样单位编制抽样框的研究中，我们通常采用分段抽样的方法，即以整群抽样方法为基础的多级整群抽样，它的抽样逻辑是：大群体——小群体——个人。在现阶段的实际研究中，我们通常是以行政单位为层次进行抽样的。由于多段抽样是把抽样分成几个阶段进行的，每一个阶段上都可能产生抽样误差，这些抽样误差将会被逐层放大，因此分段抽样产生的抽样误差比其他任何一种方法产生的抽样误差都要大。在同等条件下，为了尽可能降低分段抽样的抽样误差，我们常采用以下的方法：

提高开始阶段的抽样比率，适当降低最后阶段的抽样比率，从而保证样本在总体中可以得到比较广泛而均匀的分布。

由于多段抽样方法是多种抽样方法的结合，因此应当在每一个研究阶段上有意识地采用不同的抽样方法；

由于多段抽样方法在每一个阶段上都有比较明确的抽样框，因此可以根据每一个阶段的抽样框对抽样的结果进行评估，并及时进行纠偏。

但是多段抽样方法存在一个明显的缺陷，就是它假定总体是呈正态分布的。如果总体的分布是偏态的话，就会产生很大的抽样误差。

七是 PPS 抽样。即"概率与元素的规模大小成比例的抽样"，是多段抽样方法的一种特定形式。例如，当我们对一个地区的企业进行研究的时候，有的企业可能规模小，盈利能力低下，有的可能规模很大，盈利能力很强，如果不考虑这些因素进行单纯的概率抽样的话，后者一旦没有选入，则对于样本的代表性影响是很大的。从这个意义上讲，PPS 抽样是一种不等概率的抽样。其基本步骤如下：
• 在确定的总体内，编制单位的抽样框，给每个单位按序编号，并且统计好每个单位内含的元素数量（比如人数）；
• 把每个单位的累积人数相加，根据累积确定每个单位的号码范围；
• 根据规定的抽样元素数量，按照选择的号码范围，查对随机数表确定抽取的单位。

八是入户抽样。即进入家庭以后，在确定调查对象范围的基础上，随机确定一个调查对象。如果事先能够获得有关家庭的资料，如户籍资料，也可以事先确定。入户抽样有 Kish 方法和生日法。前者比较复杂，在一般的研究中应用不多，我们在这里介绍比较易于操作的生日法。它是根据调查实施的具体时间和家庭成员出生时间的匹配程度选择被调查的对象，家庭成员中谁的出生时间（指月和日）最为接近调查时间，这个人就是调查的对象。如果家庭中有数人出生的时间是完全相同的，或者数人出生的时间与调查时间的差距是一样的，则通过抽签的方法随机决定。一般来说，每个人出生的时间是随机的，因此采用这个方法完全可以保证抽样的随机性。

关于样本抽样和抽样方案的问题是值得注意的。在社会科学研究中，有的调查研究可能涉及几百个甚至更少的元素，有的涉及几千、几万个甚至更多的元素，那么究竟要多少的被研究元素才是合适的呢？是不是越多越好呢？或者更多的样本可以保证推论的正确性？

抽象地谈论样本的合适大小是没有意义的。样本规模的大小涉及总体的状况、抽样调查的结果对总体推论的要求、研究课题的复杂性等问题。但是从抽样的基本原理来说，样本的数量不能低于 30 个。在统计学上一般把大于 30 个的样本称为大样本，反之为小样本。只有在样本的数量在 30 个以上的时候，它的平均值分布才能呈正态分布。

但是一般来说，最低限度的 30 个元素是不够大的。我们一般采用两种方法来估计样本的合适规模。一是经验估计法。如果采用的分析方法较为简单、总体不是很大，那么样本数量确定在 100 到 500 之间为宜。反之，样本规模应当更大一些。第二种是根据样本规模的计算公式进行计算。对于不同的抽样方法，样本规模的估算公式是不一样的。这里只介绍简单随机抽样样本的估计：

$$n=k^2 \times CV^2/e^2$$

其中，k 为置信度系数，即置信度所对应的临界值；CV 为总体相对标准差或者离散系数；e 为抽样误差。由于总体标准差是需要经过调查之后才能够确定的，事实上无法在调查开始之前获得，因此上述的公式应当改写为：

$$n = k^2 \times p(1-p)/e^2$$

其中 p 为总体百分比，一般来说，当 p 值为 0.5 的时候总体的差异最大，k 值可以通过查表获得，通常取值 1.96，抽样误差控制在 3% 以内，即 e 值取 0.03。在同等置信度条件下，抽样误差越小，样本数量就要更大。

但是上述公式不能适用于总体规模比较小的抽样。如果样本的数量超过了总体的 5%，我们把这样的总体称为有限总体。有限总体的特征除了样本规模占到总体规模的 5% 以上，还表现为总体的规模比较小，是一个界限分明的组织或者群体。对于较小的总体我们可以根据经验来判断个体之间的离散程度，排除极端值，因此事实上是用不着进行复杂计算的。

理论上，最佳样本应当满足下列条件：在规定的经费范围内达到最高的可信度和精确性，或者以最少的费用达到规定的可信度和精确性。

影响样本规模的因素主要有：

- 总体规模。简单地说，总体越大，样本也应当越大。但是当总体规模达到一定以后，样本量的增加不与总体的增加呈正比。
- 总体差异性。总体差异性越大，样本的数量也应当越大。
- 抽样误差和可信度。
- 经费、人力和时间。
- 抽样方法。上述各种抽样方法，以分层抽样方法总体代表性最高，因此对于样本规模的要求也最小（正因为如此这种抽样方法在实际研究中采用的最多）。其次是简单随机抽样方法、系统抽样方法、整群抽样方法、多段抽样方法。

抽样方案的设计方法：

- 抽样调查目的的说明。这相当于是抽样方案的前言或者背景资料。
- 抽样的组织方式。
- 对总体、调查对象和调查时间的说明。在抽样方案中必须对总体进行严格、详细的说明，规定调查对象的具体标准以及实施抽样和抽样调查的具体时间。
- 对抽样方法的详细说明。包括抽样原则及方法、样本大小及其置信度抽样误差及对总体差异程度的估计，以及具体的抽样步骤。
- 可能存在的问题及其控制。任何抽样方案都不可能是非常周密的，都会与实际情况发生矛盾，因此还要根据可能发生的情况规定具体的解决方法。

抽样通常不是一次完成的。在被抽取的单位中，按照抽样元素的多少进行第二次抽样，直接抽到调查样本。在获得了随机抽样数据以后有一个推算和应用的问题。因为随机抽样获得的数据总是对部分样本的测量，而部分不可能绝对地等于整体（绝对相等是一种例外的巧合，可以看作一种特殊的情况，即误差为零）。这个问题比较复杂，在精度要求不高或难以准确量化的研究中，可以假定误差为零。

（2）非随机抽样。

非随机抽样是从总体中抽取某些元素，总体中的元素被抽取的概率是不相等的，也就是说，产生误差的可能性相对比较大。但是非随机抽样简单易行，如果对非随机抽样产生的误差比较有把握，仍然是可以采用这种方法的。

一是任意抽样（偶遇抽样），也叫自然抽样或者方便抽样。在偶遇抽样中，调查员是在现场根据对调查对象的要求和现场的具体情况，按照自己的判断选择调查对象以后马上进行访问或立刻在调查员的指导下填写问卷。

二是判断抽样，也称为特选抽样。可进一步细分为印象判断抽样和经验判断抽样。它是由研究者根据自己的主观判断进行抽样。判断抽样一般用于规模比较小的经验抽样，或者正式研究之前的预研究。在判断抽样中应当遵循如下的原则：第一，研究者对于总体应当相当熟悉；第二，对于调查样本的要求十分明确；第三，一般应当避免抽取极端样本，应当抽取平均数型的样本。

三是配额抽样，也称为定额抽样。虽然配额抽样和定额抽样都含有在一定总体中的所属类别中按主观判断的方法抽取样本的意思，但是，配额抽样中最为根本的是含有"匹配"的意思，即在控制一定的变量之后，对研究对象进行分析。

配额抽样是将总体按照一定的特征分成若干的类型或者是层次，然后由研究者在各个类型或者层次之中按照自己的判断选取样本。

配额方法可以提供一种建立在"配额"基础上的比较分析，虽然配额抽样可以抽取类似于总体结构的样本，要比一般的非概率抽样方法更能够说明总体的情况，但是这样的配额抽样方法还是没有发挥它的比较分析作用。比较分析方法在于它可以提供一个比较的基础或者基准，使得比较对象具有可比性。

虽然配额抽样与概率抽样中的分层抽样方法具有相似的特点，但是两种方法有本质的区别，不能简单地认为配额抽样是分层抽样在非概率抽样中的应用。第一，配额抽样要求研究总体比较小，而且研究者对总体比较熟悉；而分层抽样则没有这样的要求。第二，在抽样时，配额抽样是一种主观判断，而分层抽样则是一种等概率抽样，无须主观判断。第三，就样本的总体代表性来说，配额抽样只能获得一个与总体相类似的样本，而不能再现总体的结构；分层抽样则可以再现总体的结构。第四，配额抽样的样本调查是不能够推论总体的，它只是为比较分析、深入研究提供了一个基础。而分层抽样是可以推论总体的。

四是滚雪球抽样。在很多研究中既无法界定总体，又很难找到调查对象或者接近调查对象，比如，对于社会的最高层和最底层研究都存在这样的困难。在这些研究课题中，通常采用滚雪球的抽样方法，即首先在你想调查的人群中找到一个人，对他进行调查，然后请他介绍他的熟人为研究提供帮助，以此类推，直到取得规定的样本数为止。实际上滚雪球的抽样方法的成本是比较高的。但是有时候为了解决研究面临的特殊困难，就不得不付出比较高的成本。

对于大学生而言，研究的过程中首先受到自身知识和经验的制约，因此不宜采用技术上过于复杂的方法。其次，大学生的研究一般没有资金支持，也缺乏一定的研究团队，因此非概率抽样的方法应当受到特别的重视。在概率抽样方法中建议特别重视分层抽样的方法。事实上，整个人文社会科学界由于受到研究水平的限制，所采用的"随机抽样方法"实际上都是非概率抽样方法，有的抽取样本时非常随意的，即使对非概率抽样方法的运用也存在着很多的瑕疵。大学生应当从比较简单的方法入手，逐步积累经验，为今后的大型课题的研究准备条件，不可好高骛远。

（二）测量和量表

1. 测　量

简单地说，测量就是采用预先设计好的一把"尺子"去衡量事物。从某种意义上讲，社会科学的实证研究就是一个社会测量的过程。

测量包括了三个要素：

第一，测量的对象。你打算测量什么东西？测量对象的确定与研究内容和分析概念的确定有直接的关系。例如子女与父母之间的关系，既可以测量子女对父母的服从程度，也可以测量子女对父母的叛逆程度。

第二，测量法则。即测量的规则、标准或者怎样测量。测量法则实际上是建立在概念化和操作化基础上的一套对对象进行测量的规则。比如我们要测量班级内小团体的活动，就需要确定对于小团体的测量法则。如果我们把小团体定义为"除了正式的活动，每天至少聚在一起不少于30分钟的人群"，那么就可以通过对聚会时间的测量来评估小团体的活动。

第三，测量尺度。即在测量过程中采用数字和符号来表示测量对象的性质、数量和类属及其在等级和性质上的差别。测量所使用的数字或者符号具有数学意义，因而可以进行数学运算。即使不能进行数学运算，也可以进行一些比较，或者至少可以对研究对象进行归类。众所周知，归类是科学研究的第一步。如前面所讲的小团体测量的例子，我们就是以"分钟"作为时间测量尺度的。

只要有观察者的存在，被观察者就一定会对观察者发生某种反映。比如我作为一个大学老师到中学去观摩中学的教学过程，学生在学习的时候的表现就会与日常学习有很大的不同。从这个意义上讲，社会观察永远存在着不可克服的局限性，不可能达到自然科学观察和实验的精确性。从方法论意义上说，经验事实是人们对于客观事实的主观反映，它无可避免地带有人的主观印记。经验事实不可能完全等同于客观事实。从这个意义上讲，测量永远都是"测不准"的，我们对于社会测量的结果应当有足够的谨慎。

测量的第一步是研究对象的概念化和操作化。概念是在头脑里形成的反映对象本质属性的思维形式，是建立在对具体事物抽象基础上的对某类事物一致性的认识。达成对概念的一致是进行一切学术研究和讨论的基本前提，否则学术交流是不可能进行的。可以说，概念化是在一致认识的条件下描述一个术语具体含义的过程。

在调查研究中仅仅只有概念的抽象定义是不够的，还必须根据抽象定义演绎出相互联系的、可以具体操作或测量的具体指标或者经验现象，这些具体指标就被称为概念的操作化。操作化定义是由美国物理学家布里奇曼最先提出来的，他认为："一般来说，任何一个概念，对我们的意思就是一套操作；概念跟相应的一套操作同义。""一个概念只有在可操作时方被定义。这样，长度（一张桌子）和距离（离太阳的距离）是不同的概念，因为对它们的测量操作是不一样的。"

概念的操作化定义被理解为"测量不是定义事物的一种方法，而是指被测量的事物被定义之后才能进行的一个过程"，是"具体地说明观察的内容和方法，以及如何对不同的观察结果进行解释"。

2. 概念、变量和指标

概念及其属性在量上或者质上会有所变化，这种会发生变化的概念及其属性在统计上叫作变量，即一个概念若包含两个以上的取值时就是变量。而那种仅有单一取值的概念就称为常量。变量与常量不是绝对的，而是取决于一定的时空条件的。比如，对于女子学校而言，性别是常量，但是对于普通学校而言，性别则是变量。但是，这并不意味着常量就是不重要的。某些常量可能具有非常重要的意义。经过多次反复的调查，研究者会发现在一个比较长的时间内某种现象呈现出一个不变的值，这种值对于构建数学模型具有极其重要的意义，因为一个数学方程，明确一个常数值通常意味着其图形得到了确定。

指标是量化研究的必要工具，指标是对抽象概念在经验上的具体说明，是用一组可以具体观察到的经验事实来指示和标志一个抽象概念。例如，我们说某位政治家是一个"鹰派人物"，而"鹰派人物"是一个抽象的指标。我们可以用他支持的最大数量的军费预算来衡量一个政治家的鹰派程度。在这里，军费的数量就是其政治态度的一个指标。实际上，概念的操作化就是指标建立的过程；一个可操作的定义就是由一系列的指标来构成的。指标可以分为客观指标和主观指标两大类。一般地，同一个概念的主观指标和客观指标是有联系的。在测量主观指标的时候，由于受到被测量者主观心态的影响比较大，因此在问题设计的时候应当特别慎重。仇立平建议，测量主观指标不仅应当采用量表测量，而且应当考虑一些层次比较的指标，比如设计一些情景性指标，如："当你在公交车上看到一位老人上车，你会怎么做？"另外一些学者建议，应当注意指标的设计"与本人无涉"，如上述问题，应当改为"一位老人上了公交车，甲让座，乙去搀扶，丙给他让路，你认为那一种方式更加合理？"从根本上讲，两种方法是一致的，即避免本人的态度对于指标客观性的影响。

3. 信度和效度

所谓信度，就是测量的一致性或者可信性。假如一套量表对同一个测量对象进行反复测量获得的结果是一致的，那么其信度就比较高。用一把尺子去测量一张桌子的高度，获得的结果是不变的，即其信度比较高。信度的高低常用相关系数 r 来表示。信度的类型主要有三种：再测信度、复本信度、折半信度。所谓再测信度，就是运用相同的测量工具对同一对象进行多次测量，对多次测量的结果计算其相关系数。在自然科学上要求研究的结果具有严格的可再现性。在社会科学上，由于某些因素不能完全排除，所以对再测信度可以给出一个允许的范围。而复本信度是指研究者在进行研究的时候，准备两套大致相同的测量工具，在同一时间里对同一对象进行两次测量，根据其结果来计算测量的信度。显然，再测信度与复本信度最大的不同在于测量的时间：前者是在不同时间里的测量，后者是在相同时间里的测量。考虑到由于时间变化，研究对象可能发生不可控制的变化，因此复本信度较为可靠一些。但是，要对同一个研究对象设计两套形式上不同而本质上相近的测量工具，并不是轻而易举的事情。所以在实践上，再测信度仍然被广泛采用。折半信度是指把一个问卷随机地拆分为两套问卷，然后根据两个部分测量的结果来测算测量的信度。这个方法比较简单可行，费用也比较低，在实践上采用得也比较多。

效度是指测量的准确性或者有效性，也就是你采用的测量方法能否准确测量出变量的特征或者内涵。显然，测量的准确性同测量目标、测量标准和对理论概念的认知有关。奸商把杆秤的秤砣变小、刻度变密，都是为了改变杆秤的测量效度。在测量效度不足的情况下，测量的信度是没有意义的。一个奸商拿着他改造了的杆秤（效度低）给你称鱼，重复无数次测量结果都是一致的（信度很高），但是显然没有意义。但是反过来，如果秤是一把好秤（效度高），但是由于使用不够熟练，每次测得的结果都不一致（信度低），测量也是没有意义的。

表面效度与内容效度，即测量的指标或内容与测量的目标是否一致，也就是说研究者设计的测量指标是否符合概念或变量的内涵与定义。表面效度和内容效度是有区别的。表面效度是从外表或表面判断一种测量工具的有效性，它是依据研究者的主观感觉进行判断的，反映测量结果和概念共识之间的关系。因此表面效度实际上是研究者的一个主观判断。内容效度则比较客观一些，主要是用其内容反映主题的程度进行评价。

效标效度，又称为准则效度，是指测量结果和效标之间的关系。而效标，即效度标准，通常采用经过多次测量的有效的原有指标或者经过追踪调查的预测结果作为效标。如果新的测量能够实现这个预测结果，则认为新的测量是具有效标效度的。效标效度具有两种形式：共变效度和预测效度。

共变效度也称为同时效度，是指在既定测量有效的情况下，新的测量同时有效，则新的测量指标就具有效度。

预测效度是指测量结果能够预测对象未来的发展，如果对象未来的发展与预测结果之间具有一定的相关性，那么原有的测量就是有效的。因此预测效度实际上就是比较测量结果与未来实际情况的一致性。

建构效度。建构效度是通过概念或者命题之间的内在联系，观察测量指标对于一个理论概念的作用，也就是说，一个理论概念在经验上是如何被建构的。

实际上，表面效度（内容效度）、效标效度、建构效度之间是一个渐进的关系。判断效度有效性的难度在逐步地加大。

内在效度和外在效度。如果一项实验的结果没有表现出明显的误差或者这些误差可以用测量假象来进行解释，这样的实验就具有内在效度；外在效度是指在实验具有内在效度的时候，它是否具有普遍性，即能否推广到一个更大的范围（贝利，1986：97：98）。

影响信度和效度的因素及其相互关系。第一，测量工具是根据概念操作化建立的一套测量指标。一套测量指标越多，测量的信度就越高；但是如果指标太多了，被调查者在完成量表的时候就会敷衍了事，甚至胡乱填涂，测量的信度和效度反而受限。应当是在保证测量信度的前提下，尽可能保证测量的效度。第二，测量的环境和时间。第三，测量者和被测量者是否严格地遵循了既定的规范。

信度和效度的关系基本上是一个矛盾的统一体。效度必须建立在信度的基础上。如果多次测量得到的结果都不一样，那么测量的效度是不可靠的。你甚至不知道哪一个测量的结果代表了概念的内涵。反过来讲，任何测量的信度又必须以效度为前提，一个无效的测量，哪怕其信度再高，也只能说是在反复地得出一个错误的结论。比如，用一个人的身高来衡量一个人的智力水平。对身高的测量无疑具有很高的信度，但是用这些数据来衡量人的智力是无效的，即缺乏效度。在法学研究上，龙勃罗梭曾经假定人的头骨的某些特征可能可以标志人的犯罪可能性，他实际上就是把人的骨骼构造状况作为人的反社会可能性的"量器"，最终必然导致一个信度很高但是效度很低的测量，因而是失败的。

我们进行测量的时候，追求的总是既有效度又有信度。有信度而无效度导致无效劳动，根本上是理论构造的失败。既没有信度也没有效度的测量是显而易见的失败。有效度而无信度是不可能的，一个不可信的测量是不可能准确反映内涵的本质的。但是偶然发生并非不可能，就是说发生了一种巧合。不过在若干次测量之中结果都不同，你事实上不能确定你哪一次"蒙对了"，因此是没有意义的。比如你用一把制作精良的秤去称鱼，得到了3个不同的值，也许有一次你蒙对了，也许一次都没有蒙对，只有天知道。

4. 测量层次

按照测量的量化程度，可以把测量划分为定类、定序、定距和定比测量四个测量层次。

一是定类测量。也称为类别测量或者定名测量，它是按照变量范畴或者变量取值的类型测量变量的特征。定类测量是一种最基本的测量，是其他一切测量的基础。也就是说，任何测量层次都具有定类测量的特征，本质上都是一种分类。分类是任何一门科学最基本的与最简单的操作。定类测量就是用名称来表示类别。定类测量具有尽含与互斥的特征，即任何一个测量对象都必定在某个分类之中，也只能在一个分类之中。

二是定序测量。定序测量是使用定量尺度的第一个测量层次，是以定类测量为基础建立起来的。所有的类别并不在一个相同的层次上，而是根据他们的属性按照一定的顺序排列起来的。定序变量组之间的距离是无关紧要的。比如，把月收入在 300 元以下作为一个定序组，300～500 元作为一个定序测量组，500～1000 作为一个定序组，1000～3000 作为一个定序组。只要他们之间构成一个穷尽且互斥的序列即可。组间不同的距离在定序测量中不赋予意义。

三是定距测量。定距测量是使用定量尺度的第二个层次，是以定类测量与定序测量为基础建立起来的。它不仅可以测量研究对象的类别与顺序，而且可以测量研究对象之间相差的数值。定距测量以对被研究对象的差别单位的了解和确定为前提。例如，了解人的年龄应当使用的差别单位是"岁"，人的收入差距的差别单位应当是"元"。必须对同一研究对象使用相同的差别单位。

四是定比测量。定比测量是进行定量测量的第三个层次，是以定类、定序和定距测量为三重基础建立起来的。它不仅可以计算研究对象的值、比较不同距离的大小并对有关的数值进行加减运算，而且还能进一步对有关值做乘除运算。一个定比量表除了具有定类、定序、定距量表的全部规定之外，还有一个有意义的零点。零也是变数的一个类别，是绝对的、固定的而不是随意选定的。例如，家庭孩子的数目，就有一个零点，表示"没有孩子"。甲家有 4 个孩子，乙家有 2 个孩子，甲家孩子的数量就是乙家的 2 倍。

在上述四个测量层次中，定类测量是一种定性研究，定距、定序和定比测量是定量研究。同时，测量也可以分为离散测量和连续测量。离散测量只可能测定确定的值，这些值都是一些整数，而连续测量可能测量几乎无限的数字，连续的意思是两个整数之间有大量可能的值。定性资料一般是离散的，定类测量是一种离散测量。其他几种测量既可以是离散的，也可以是连续的。

5. 量　表

一是态度和态度量表。态度——即人们的主观心理状态——是深藏于内心的，而且很多时候是不明确的。因此，不可能通过一两个简单的指标来完成对人们的社会态度的测量，必须采用一些经过精心设计的系统化的指标群才能完成这个任务。所谓态度量表，是能够反映被测试者主观态度的一套有关联的叙述语句或者问题。态度量表最初是用于心理学的研究，后来在各类社会调查研究中都得到了广泛的应用。

二是总加量表（李克特量表）。即根据被测试者在一组语句上测得分数相加之后，反映他们在这个量表上所测量出来的态度强弱。

总加量表的具体步骤：第一，提出征对同一研究课题的若干问题。第二，对于每一个问题均用"完全同意""同意""中立""不同意""完全不同意"作为答案，并且从 5 分到 1 分分别给这些答案计分。第三，挑选辨别力高的问题。即从调查总体中抽出部分人进行测试，计算出每一个人全部答案的总分；将被测者从得分最高到最低进行排列；计算得分最高的 25%和得分最低的 25%的测试者在每个问题上的平均分，两者相减所得的差为辨别力评分；辨别力评分最高的问题保留，辨别力评分低的问题删除。辨别力评分的意义，是指问题把态度不同的人区别开来的能力。第四，由一组辨别力高的问题组成量表。然后发送量表让被测试者填写。计算每一个被调查者在所有问题上答案的总级数。按照个人的总级数把所有被调查者排列起来。总加量表的目的在于测量每个被调查者的社会意向总级数，即个人总的态度倾向。为了确定所有被调查者的平均社会意向，需要进一步研究全体被调查者关于某一主题的平均倾向，我们称之为总加平均量表。具体的做法是：把全体被调查者在所有问题上的答案的总级数加总，然后除以被调查的人数，所得之商就是全体被调查者关于某一个主题的平均意向。

举个例子来说明。假如要调查一个村的村民对于本村自治情况的满意度（假定已经完成辨别力评分）。

	完全同意	同意	中立	不同意	完全不同意
村主任带动了全村经济的发展	1	2	3	4	5
村主任能处理好村内的矛盾	1	2	3	4	5
村主任待人热情公道	1	2	3	4	5
村主任同政府的关系好	1	2	3	4	5
村主任在村内人际关系好	1	2	3	4	5

得分在15分以上者为满意，反之为不满意。把所有人得分加总起来，除以被调查者的人数，得到总体平均数，此即全村人对于村民自治的平均满意程度。

三是累积量表（戈特曼量表）。总加平均量表中的问题是随机排列的，而累积平均量表则是按序排列的。累积平均量表的基础是累积量表。这种方法最先是由戈特曼提出的，因此又称为戈特曼量表。其方法步骤如下：

第一，就某一个调查主题提出若干测量项目，即根据测量的特征选择若干的问题。第二，每个问题的答案均为"是"和"不是"。第三，让一批被调查者（约100人）进行填答。第四，取消那些80%以上的被调查者做出肯定或者否定回答的项目，即取消辨别力低的问题。第五，将剩下的项目和被调查者按照各自的等级综合地加以排列。戈特曼为了保证量表的唯一性，提出了再现系数。再现系数=1－误差回答率；误差回答率=误差回答的数目/回答的总数目。一般认为，再现系数超过0.9的量表适于使用，反之不适合使用。

美国社会学家在第二次世界大战中，曾测量过军人在战争中的反应，他们提出了9个项目让93个人进行填答。这9个项目是：(1) 全身摇动或者颤抖；(2) 肌肉感到僵硬；(3) 尿撒在裤裆里；(4) 感到虚弱头晕；(5) 胃有下沉的感觉；(6) 呕吐；(7) 心跳加快；(8) 胃感觉难受；(9) 出冷汗。测量结果表明第9个项目的辨别力比较低（即高于80%的人同意或者不同意），去掉。剩下八个项目，按照等级秩序做出如下的排列：

- 心跳加快；
- 胃有下沉的感觉；
- 全身摇动或者颤抖；
- 胃感觉难受；
- 肌肉感觉僵硬；
- 感到虚弱头晕；
- 呕吐；
- 尿撒在裤裆里。

这些等级是军人在战争中的恐惧感由弱到强的反应层次阶梯。戈特曼量表的最主要特征，就在于后一个等级积累了前面一个等级的强度。因此戈特曼量表也被称为累积量表。

制作与使用累积平均量表的步骤是：

每个测量项目均使用相同的回答等级，并计分（例如，完全同意计 5 分，依次扣 1 分，到完全不同意计 1 分）；根据全体被调查者的回答，计算每一个测量等级的总得分；把这个总得分除以被调查者的人数，得到平均分，然后把这些平均分按照高低顺序排列起来。得分平均值高的项目是被调查者的主要行为倾向。

四是语义差异量表。语义差异量表是一个相对比较简单的量表，是由美国心理学家奥斯古德等人在 1957 年提出来的。奥斯古德等认为，对于智力高和言语流利的研究对象，直接询问一个概念的含义是有效的。通过语义量表的测量可以发现在不同的文化背景下、不同的群体中，测试者对于同一个现象的评价的差异性。语义差异量表是由若干对意义相反的形容词组成的，一对意义相反的形容词可以分为 7 个等级，分别用 1、2、3、4、5、6、7 或者 +3、+2、+1、0、-1、-2、-3 来表示，被测试者只要在他认为合适的地方打钩即可。

虽然语义差异量表是一种较为简单的量表，但是它要求被测试者根据自己对概念的理解选择具体的空格或者分数，因此要求被测试者有较高的教育水平。同时每一组意义相反的形容词没有严格的界定或者操作化的定义，因此在测量时完全凭借被测试者的主观判断进行选择。为了使被测试者把握对概念的理解，最好采用比较研究的方法，或者提供一个参照物，从而提高测量的信度和效度。

（三）问　卷

1. 问卷设计的基本原则

第一，问卷设计必须以研究假设为指导，在进行问卷设计的时候就应当考虑如何对问卷信息进行分析，不能想到什么就问什么。目前在设计问卷的时候对理论假说和分析处理方法考虑得不多，有的甚至抱着"问一下再说"的心态。没有理论假说的问卷调查严格来说只能算一种初步的接触和探索，不能算严格的定量研究。

第二，在设计问卷的时候应当尽可能详尽地考虑如何取得受访者的配合。一份问卷不论其他方面如何完美，如果得不到受访者的支持配合，它也是中看不中用的。在设计问题的时候，一般要避免引起受访者不良的情绪反应，比如厌恶、憎恨等。不要超越受访者可能的知识和社会背景，即不要问一些他不清楚的问题。尽量避免去问一些隐私性的、敏感性的、威胁性的问题。在涉及此类问题的时候应当进行技术处理，尽量淡化它的威胁性色彩。

第三，必须保证收集资料的可靠、正确和方便，尽可能帮助受访者准确便捷地理解问题。要避免存在争议的、模棱两可的、含糊不清的问题；问题不要过于复杂，以受访者能够不假思索地做出回答为好；不要去诱导受访者回答问题，不要给他们以"应当怎样回答"的暗示。要考虑受访者的性别、年龄、教育、社会层次等多方面的因素，努力做到有的放矢。要考虑各个地区和民族的社会生活习惯，努力保持价值中立。

2. 问卷设计的基本步骤

首先是提出研究设想，并提出主要的概念及其操作化的定义（指标）。研究设想至少应当达到相关的程度，最好能够建立一个初步的回归关系。比如我们假想，一个人吸烟的严重程度与他的教育程度成负相关关系。这个判断就构成一个研究假说，吸烟的严重程度、教育程度是概念，必须用一定的指标来衡量。我们可以用每天自己吸烟的支数来衡量吸烟的严重程度，用受教育年限来衡量受教育程度。这里的"每天吸烟的支数"和"受教育年限"就是具体的指标。

在这个阶段上，提出问题与假说、制定概念与指标是最为关键的。其过程就是"课题——假说——概念——变项——指标——问题"的逻辑顺序。

提出问题一定要合理。"搂草打兔子"是问卷设计者最常见、也是最有害的一种心态，就是不管这个问题有用没用、能不能进行分析，都把它写进问卷里面去，"说不定有新的发现呢"。这实际上是问卷设计者思想不清楚的表现。凡是对于研究假说没有关系或者可有可无的问题，要坚决删去；不知道以后如何进行分析的问题，也不要列入问卷里面去。另外，要注意考虑问题是否对全部的被调查者都是适用的。对于只适合于部分被调查者的问题，要设计一个后续问题，如果对前一个问题回答"是"，则回答后续问题；反之，跳过后续问题。比如，不能直接问被调查者："你感觉婚姻幸福吗？"因为被调查者中可能只有一部分人结婚了。这个问题只能是"你结婚了吗？"这个问题的后续问题。另外一个办法是使用包容性措辞，比如，"你（或你的配偶）怀过孕吗？"这样无论对方是男是女，都可以回答这个问题。后续问题与包容性措辞都容易引起被调查者的思考负担，降低回答的质量，所以一般不主张使用；不得已而用之，也应当严格控制其数量。

提出问题一定要科学。所谓科学，有三个标准：第一，单一性。即一个问题中只包含一个调查指标，只询问一件事情。如果在一个问题之中询问了两个调查指标，就构成了双重问题。双重问题有两种具体的表现形式，第一种是递进式的双重问题。例如，"有人认为我国目前教师的待遇偏低。您如何看待这个问题？"这实际上就包含了两个问题：您是否同意目前我国教师的待遇偏低？您如何看待教师待遇的改善？第二种是并列式的双重问题，例如，"有人认为目前我国教师和公务员的待遇偏低，您是否同意这个观点？"这实际上也是同时询问了关于教师和公务员待遇两个问题。双重问题可能使回答者在不自觉中被误导，降低信息的质量。第二，中立性。即提问不能带有倾向性。倾向性有两种。一种是权威倾向性。比如，"医生认为吸烟有害健康。对此您如何看待？"还有一种是叙述倾向性，即只叙述若干种观点之中的一种。比如，"私人老板挣钱很容易。您怎么看待这个问题？"对这些问题，最简单的办法是中性化处理。例如，第一个问题就可以改成："有人认为吸烟有害健康，有人认为吸烟对健康无害。您的看法是什么？"第三，明确性。即提问必须具有明确的含义。造成提问模糊不清的原因主要是：使用了过于抽象的概念；使用了过于专业的词汇；表达不当，造成歧义。

其次是设计问卷草案。主要是理清问题与问题之间的关系，形成一个逻辑上严密的整体。设计问卷草案本质上是一个问题的排列方法。第一，注意同类组合。即相同或者相近的问题要放在一起。如果相同或者相近的文体分得太开，会给人以零乱重复的感觉，也不利于被调查者联想。第二，要先易后难。把容易的问题放在前面，以免被调查者一上来就碰到困难的问题，产生畏难的情绪。让他先回答简单的问题，会使他有一种成就感，从而激励他更认真地回答问题。第三，要先次后主。次要的信息放在前面，主要的问题放在后面，比较有利于被调查者熟悉问卷的结构与风格，从而更加正确地回答问题。第四，先一般后特殊。一般性问题是不容易引起被调查者情绪反应的问题，而特殊问题是容易引起被调查者情绪反应的问题。这主要是为了避免特殊问题放置在前面，引起被调查者的强烈情绪而导致问卷很早就被放弃了，得不到本来可以得到的信息。第五，先大后小。一般性的问题放置在前面，比较精细的问题放在后面，便于回答者逐步深入。第六，先封闭后开放①。开放性问题比较复杂，需要动手拟答案，事实上回答率也不高，放在问卷末尾，即使回答不了也不损害问卷的完整性。

再其次是测试。问卷初步设计完成之后，最好先在小范围内进行问卷调查，发现问题之后立即调整。否则在大规模的调查之中发现问题是不好调整的。

最后是付印并对调查员进行培训。对调查员进行严格的纪律要求和奖惩。尤其要杜绝恶意造假的行为。

3. 问卷设计技术

在设计问卷的时候，总的原则是，问卷应当封闭。关于在问卷中是否允许开放式的问题在学术界有争议，但是即使支持开放式问题的学者也承认，开放式问题对各方面条件的要求太高，因此应用起来是很复杂的。初学者以不用为好。

第一，题型和答案。题型包括填空题、单项选择题、排序题、关联题。在同一份问卷中题型以统一为好，以方便受访者答题。如前所述，关联题常常使问卷变得很复杂，违反了简洁明确原则，因此在使用的时候要注意：关联的层次尽可能少。相关联的问题最好非常显眼地设计在本问题的旁边，受访者无需去寻找。

在设计草案的时候我们对问题已经做了一个初步的排列，经过评估性的试验填写，应当对问题的安排进行进一步调整。问卷通常不能太长，以免受访者感到厌烦而胡乱作答。卷面的安排要整洁、美观、大方。经验上要求一份问卷应当在半小时以内完成。如果因为研究的要求必须做很长的问卷，事先要向受访者做好解释工作，如果有条件的话应当给予一定的报酬或补偿。

第二，问题的用语和提问技巧。为了取得受访者的配合，问题的措辞非常重要，要精心研究，不要把它当作一个文字润色的问题。首先，对于一些容易使人反感或者抵触的问题，需要转化为比较适当的问题。比如，如果你直接提问："您经常赌博吗？"受访者会基于自我保护的本能而倾向于填答"否"。这种问题应当进行适当的转化："在农村人们经常以麻将或扑克娱乐，有时会有经济上的输赢。您喜欢参加类似活动吗？"

第三，编码和编栏。编码是将资料系统化、类别化的过程，即把资料按照一定的标准加以分类，然后以某种符号（一般用阿拉伯数字）来标明这种分类。因此，编码的意义在于简化资料。编码可以事前编好，也可以在调查完毕之后来编。封闭式的调查问卷，由于问题是确定的，因此一般采用事前编码；开放式的问卷答案不确定，就只好事后来编码了。如前所述，我们原则上不赞成采用开放式的调查问卷，因此事前的编码是编码的原则。栏码或者编码序号是指问卷中每个问题在数据文件中的位置，或者形象地说就是每个问题的"地址"。一个问题的栏码位数取决于问题答案的位数和允许选择的次数。比如，调查"家庭结构的类型"，令序号"1"代表核心家庭；序号"2"代表主干家庭；序号"3"代表联合家庭；序号"4"代表残缺家庭；序号"5"代表隔代家庭；序号"6"代表其他。在这个问题之中，允许给出的答案最大编号在10以内，即答案的位数为个位数；每一个家庭只能做出一个选择，即允许

---

① 目前学术界主张把开放性问题看作是对问题的探索性的预研究，不主张放入定量研究的问卷或者量表之中。但是实践上大多数人仍然在采用开放式的问题。笔者倾向于不要设计开放式的问题。但是考虑到实际工作中开放式问题仍然在大量使用，这里仍然采用了"先封闭后开放"这个传统表述。事实上，"先封闭后开放"这个原则本身就是把开放式问题作为"劣质问题"来看待的。

选择的次数为一次。则只需要给出一个栏码序号就可以了。反之，确定被调查者来自的县，加入这些人来自 13 个县，允许给出的答案最大编号为 13，即答案位数为十位数，每个人仅能选择一次，则应该给出的栏码序号应当是两个。在编码完成之后，应当制定一个编码手册，详细地说明每一个编码的意义。

4. 资料收集方法

一是自填法。对于具有相当文化程度的被调查者，主要采用自填的方法。调查员在事前把填写的注意事项告诉他们，取得他们的支持和配合，在他们填写的时候，调查员不宜进行干扰。如果被调查者有问卷之外的其他问题，应当转入访谈方法，但是不应当干扰问卷的填写。

二是结构型访问法。结构化访谈，也称为标准化访谈，是使用事先编制好的访问表，调查者按照访问表的顺序提问，不能任意改变提问的顺序。一般也不做解释。如果要做解释就应当按照统一的规定进行解释。调查者提问时的语气与态度也必须保持一致。

访问表的基本结构如下：

附记。

这是列在表的最前面、由调查者与复核者在调查后填写的内容，包括被调查者地址、工作单位、工作性质、访问的时间、地点、环境和在场的人员，访问意见和复查意见。这一部分内容主要是为了今后分析访问资料的时候获得一个背景信息，以便剔出某些显然被扭曲的信息。

访前语。

这是调查者的自我介绍与对访问的总的说明，是争取被调查者接纳、允许进门的一段话。访前语一般是事先统一设计好的，但是调查者也可以根据当时的具体情况做出调整。但是其中的要点必须使用，包括调查者的身份、项目题目与背景、所得资料的运用方式等。并对受访者的配合表示感谢。

表头。

这是访问表的开头部分，用于了解被调查者的基本情况，包括性别、年龄、学历、职业、家庭成员的构成、政治面貌、收入等，是不可缺少的基础性项目。表头中所列的项目，如果涉及隐私或者其他较为敏感的问题，可以放在后面询问。这些信息必须获得被访者高度自愿的配合，否则难以获得真实的数据。

正题。

即需要调查研究的主要项目。在主要问题和敏感问题之前，应当事先考虑好一个导语，以免事到临头不慎失言。例如，"现在我想同您谈谈您的家庭收入状况。我们知道一般人不愿意谈及这个问题，但是这些信息对我们确实十分重要，我们希望获得您的配合和帮助。您的信息只作研究之用，将严格保密，不向任何第三方披露。"在问完一个问题之后应当有适当的过渡，不要过于生硬死板。

结束语。

访谈结束时，调查者应当以个别问题及感谢辞作为结束语。结束语的目的一则是为了消除访谈的紧张状态，二则是为了给被调查者留下一个良好的印象。例如，访谈完了，你可以说："我们的访谈马上就要结束了。我问了这么多问题，大概让您有点累了吧？"

半结构化访谈是介于结构化访谈和开放式访谈之间的一种形式，它既克服了结构化访谈对于访问者束缚过多的弊病，又保留了结构化访谈便于汇总的优点，因此在实际研究中应用颇为广泛。半结构化访谈的访谈提纲一般比较简单，常用的是单层次访谈提纲与双层次访谈提纲。单层次访谈提纲是只列出需要了解的主要问题的访谈提纲。例如，了解农村社会治安状况的单层次访谈提纲：

（1）本村的刑事案件发生率及其种类。
（2）本村的治安案件的发生率及其种类。
（3）本村民事纠纷激化的数量及种类。
（4）为解决治安问题，本村采取的主要措施。
（5）调查研究的组织和管理。

实施任何形式的社会调查研究都需要一定的调查员，区别只在于不同的方法对调查员的依赖程度不相同。完全封闭的调查问卷和结构化访谈对调查员素质的依赖是最低的；观察和非结构化的访谈对于调查员的素质依赖则很强，可以说本质上就是取决于调查员的素质。因此，调查员的选择与培训是社会调查研究的一项重要的工作。国外比较正式的社会调查机构通常都非常重视调查员的选择。例如英国社会调查协会1953年选拔调查员经过了四个阶段，在第一个阶段就淘汰了四分之一，而最后被录取的只有16%。在对调查员的训练方面各国也是十分重视的，一般分为室内知识培训和实地田野培训。长期使用的调查员培训的时间也更长，内容也更加复杂。实验表明，专业化的调查员调查成功率要高得多。

调查员一般应当具备如下的素质：第一，举止自然、热情有礼，有亲和力。在进行形象设计的时候应当充分考虑被调查者的社会经济和文化背景，努力做到有的放矢。第二，知识丰富，善于发问，能够准确地把握住关键信息。一般来说，"专家"和"内行"的形象更容易得到被调查者的信任与配合。第三，诚实灵活，客观公正。对于一些难以得到答案的问题，一定要开动脑筋想办法，不轻易放弃，但是决不能弄虚作假。通常来说，两到三名调查员更能得到被访者的信任和配合，而且调查员之间也可以起到相互监督的作用，避免弄虚作假。

国内外均有专家专门讨论调查员的胜任能力问题。杜陵提出的十条标准简单实用，可以参考：

（1）在初次见面时能够给人留下良好的第一印象；
（2）具有收集资料的机智和技巧；
（3）具有相当程度的社会常识；
（4）在调查工作上可以做到正确、可靠和诚实；
（5）能忍受枯燥烦琐的访问工作；
（6）在任何时间上都可以做访问；
（7）有礼貌而且风度良好；
（8）受过相当的教育（视调查项目而定）；
（9）无不良嗜好和品行的纪录；
（10）年龄、性别及其他生理特征适合于访问工作的需要[①]。

三、实验研究法

实验研究是研究者在实验过程中改变或者控制一个或者几个变量，观察其他变量是否随

[①] 杜陵：《社会调查》，台北市场研究社1977年版，第78-79页。

之发生变化，以确定社会变量之间的关系。和其他方法相比，实验法能够准确地测定变量的变异和变异方向，运用一定的方法对变异来源加以控制，对实验结果进行统计分析。实验研究法最重要的特点有两个：第一，改变其中一个变量，保持其他变量不变；第二，有一个参照组进行对照。

实验方法虽然主要运用于自然科学，但是在社会科学研究上也有一些运用。在心理学、教育学等领域取得的成功尤其巨大。在社会政治领域运用，最著名的就是梅奥等人进行的"霍桑实验"。今后随着社会科学研究方法的进一步完善、社会科学课题经费的不断增加，实验方法的运用可能会变得更加的广泛。因此本书仍然对这一方法进行一些介绍。

我们首先需要了解一下实验研究方法的基本术语。（1）实验单位，即实验主体或者被实验的对象。（2）实验变量是实验者希望控制的自变量。（3）外来变量，指所有能够影响实验变量的外来变量。外来变量有两类，第一类是实验单位之间存在的差异，这样的外来变量是可以控制而且应当控制的；第二类是一些实验者无法控制的因素，但是可以采用随机选择实验单位的办法加以平抑。（4）实验组和控制组。控制组是指不受实验影响的对照组。控制组是实验方法中必要的单位，否则一个实验将可能完全不能说明任何问题。（5）观察值。即实验结果和因变量。（6）前测和后测。为了比较因变量变化对于自变量的反应程度，必须对于因变量进行两次测量。在实验之前测量一次，成为前测；在实验结束之后测量一次，称为后测。（7）实验次数。如果经过多次实验可以得到相同的结果，可以提高实验的信度。（8）实验误差。可能是随机的也可能是非随机的误差。不论是什么样的误差，在实验中都应当进行控制，对其影响应当给予充分的估计和说明。

标准实验模式及其变形。标准实验模式是指一种包括前测和后测、实验组和控制组、实验变量的标准化实验方式，也称为有控制组的事前事后实验或者经典实验模式。

无控制组的事后实验实际上是一种自然实验，比较适合于对于突发性事件影响的研究。但是由于缺乏控制组，自然实验的说服力是有限的。它的正确性还有待实践的进一步检验。

与自然实验相似的是现场实验。现场实验实际上是一种模拟。例如，观察一个乞丐在一定时间内的施舍者的情况，总结其年龄、性别、社会阶层等方面的信息。

相对而言，无控制组的实验由于缺乏对比的对象，也没有精确地前测，因此对实验结果的判断只能是估计的、粗略的，无法得到一个精确的数字，我们不能排除实验结果还有可能受到其他因素的影响。

在理论上更为精确的实验方式应当是双盲实验。所谓双盲实验，简单地说，就是谁是控制组、谁是实验组是保密的，除了实验的设计者以外任何人都不知道，两个组的实验流程是完全一致的。双盲实验完全排除了被试主观因素的干扰，因此其实验信度是最高的。比如，在医学研究上就必须采用双盲实验来证明药的效果。选择若干疾病症状相同的病人，分成两个组，对甲组给予实验治疗，对一组给予安慰剂。但是哪个组服用的是药品、哪个组服用的是安慰剂，当事人是不知道的。疗程完毕以后，比较实验组与控制组的疾病状态，判断药品的疗效。

从实验的精确性和说服力的角度，当然是希望进行精确的有控制组的事前事后实验，但是正如我们已经指出的那样，在社会科学尤其是政法类学科中进行实验的难度非常大。因此，我们进行某些无控制组的实验的可能性更大一些。与其去追求根本无法实验的精确性，不如去追求一些可以实验的半定量研究。

实验方法的步骤是：（1）选择实验变量。（2）选择实验组和控制组。（3）测量（包含前测和后测)。(4)分析。我们把霍桑实验的第一阶段简化一下来讨论实验的步骤。1929年在西方电气公司霍桑工厂进行的继电器装配实验,最初的研究目标是探索照明状况对于生产率的影响。研究者假定自然光照明条件下生产率最高,照明强度大于或小于自然光都导致生产率下降。在这里,照明条件就是实验变量。选择条件基本相同、生产率基本相同的工人,分成实验组和控制组进行前测,表明在相同照明条件下两组生产率相同。然后对实验组改变照明条件,控制组不变,进行后测。经过多次实验表明,照明条件的改变和工人的生产率之间不存在相关关系(分析)。原有的实验假说失败。要么放弃实验,要么调整假说。梅奥选择了后面一个办法,最终获得了重大的成果。

四、量化资料的整理和研究报告的撰写

1. 初步整理

首先要判断哪些问卷是不能使用的废卷。虽然对于什么是废卷没有一个确定的标准,但是经验上,若超过三分之一的问题没有填答,或背景资料没有填答,或并非研究对象本人的填答,或者专门用于检查回答真实性的问题没有填答,应当被判定为废卷。对于已经被判定为废卷的答案,要敢于、勇于舍弃。

对于被判定为有效卷的问卷,应当进行初步整理。首先是进行审核,判定它的准确性、完整性、真实性和一致性。对于比较重要的问题最好进行现场审核,以确保被研究者的真实思想得到了反映。第二步是编码和录入。大样本的调查研究通常采用计算机辅助完成,目前有一些成熟的调查统计软件可以使用。如果是小样本的调查,且手边没有计算机或者相应的软件,也可以采用手工的方法。一般采用个案简录卡或登录表等方法存储数据。个案简录卡的办法是:用一张硬纸片,大小应当随问卷的问题多少而改变;在边缘上剪出若干的圆孔,每一个圆孔代表一个答案,每几个圆孔代表一个题目,编好号码;如果研究对象选择了某一个答案,就沿边缘把圆孔剪断。在计数的时候,把卡片整齐地叠好,用一根线或者织毛衣的长针穿过圆孔,掉下来的是选择该答案者,没有掉下来的是未选择该答案者。这个方法简便易行,比较适合于个人进行的小成本研究。第三步是纠错,即把一些明显的错误剔除出去。比如,如果两个矛盾的答案同时被选中,就是显然的错误,应当被剔除。

2. 统计整理

统计整理的第一步是分类和分组。可以按照现象或者本质进行分类。分类的目的在于帮助研究者建立资料存取系统,便于资料的存取、查找和利用。分类的时候不要过于复杂,因为越是简单的分类,对变量之间的解释越是清楚。

分类的时候,是按照指标的标志值进行分类的。一种方法是按照性质进行分类,比如,企业可以划分为国有、私有、公私合营三种类型。另一种方法是按照数量标准进行分类,比如收入水平可以划分为月收入3000元以上和以下。数量标志值的分类可以是单值分类,也可以是组距分类。前面举的收入分类的例子是组距分类,而家庭的人数,比如是3个人还是5个人,则是单值分类。

统计整理中最基本的方法是频数和频率统计。频数(次数)统计就是计算一组数据中不同取值的个案次数分布;频率(百分比)统计就是计算一组数据中不同取值的频数相对于总数的比率分布。

统计表和统计图是在对原始数据进行整理、汇总、分组统计以后，对统计结果的表现形式，它可以比较直观地把统计结果展示出来。从统计表的结构来看，统计表由表号、总标题、横行标题、纵栏标题、指标数值、注释和资料来源等构成。统计图以前是手工绘制的，现在可以根据统计表的数值在 Excel 或者 SPSS 里面很容易地生成，这里就不多讲了。如表 7-1（这个表的数据是随便虚构的）：

表 7-1　××学院 2001 级学生就业统计

系科	教育系统就业人数	比重
中文	568	76%
英语	654	67%
政法	453	71%

注：学生总人数中不含留级学生。
资料来源：××学院招生就业处

其中，"表 7-1"是表号；"××师范学院 2001 级学生就业统计"是表名"系科""教育系统就业人数""比重"是纵行标题；"中文""英语""政法"是横行标题；各个数字是指标值。最下面两行是注释和资料来源。标准的统计表要求表的左右不封口，表身不要用横线或者竖线。

3. 统计分析初步

在获得了相关的信息以后，必须对这些信息进行统计分析，以便从中找到定量的规律。但是，统计分析仍然是建立在一定的理论假说基础之上的，它不过是一种认识的手段或者是工具。因此，不能过分夸大统计分析的作用。鉴于我们的读者绝大多数缺乏相应的数学基础知识，在这里我们主要介绍这些分析方法的基本概念和思想，而对于具体的计算方法则进行了简化。我们的目的是让读者懂得它的基本思想。读者如果具备相应的数学知识，可以进一步参阅相关的比较深的专著。

统计分析乃是通过计算结果出错的几率来为自己的研究结果聪明地压个宝。有人把这种推断技术不无幽默地称为"给你的研究下个注"。这个说法正确地揭示了统计分析的本质。当然我们并不是盲目的赌徒。

（1）算术平均数。平均数的计算方法有调和平均数、几何平均数和算术平均数，其中算术平均数是一个最为常用的方法。如果样本比较大，或者存在极端数据，可以先分组或者剔出极端数据（对极端数据进行特别的说明）再进行平均数计算。

（2）中位数（Md）。是指处于一组数值按照大小排列处于中间的那个数值。对于那些只有大小、高低、强弱等顺序的定序变量，由于不能对它们进行数学运算，因此只能够用中位数作为集中量数。

求中位数的基本步骤是：先将数据按照大小或者高低排列；计算累计次数（如果由原始数据求中位数，则不需要计算累计次数）；计算中位数的位置，即 $(n+1)/2$。在原始数据和单值分组数据中可以凭观察找到相应位置的数据，即是中位数。在依据原始数据求中位数的时候，$(n+1)/2$ 可能不是一个整数，比如可能是 4.5，则中位数应当介于数字 4（记为 A）和数字 5（记为 B）之间，则中位数是（A+B）/2。

由定序分组资料求中位数。定序分组资料本身是不能进行数学运算的，但是通过确定样本的中位数位置，可以反映中位的定序分组，因此也是有意义的。比如，一组对象中，小学毕业的 15 人，初中毕业的 40 人，高中毕业的 30 人，大专毕业的 4 人，累计 89 人，中位数为 45，包括在"初中"的累计数中，故该组对象的中位教育程度是初中。由单值分组资料求中位数也采用类似的方法。

（3）众数。调查研究中的很多测量属于定类测量，既不能用平均数也不能用中位数来反映他们的集中量数。因此只能用众数来反映定类变量的集中量数。所谓众数，就是在一组数据中重复出现次数最多的值，即多数的概念，简记为 M_o。在定类变量中，众数是指出现次数最多的变量的标志（项目），而不是具体的数值。众数主要用观察的方法获得。

以上三种方法，称为集中量数。所谓集中量数，是指数据的中心位置、集中趋势，是用一个典型值或者代表值反映一组数据的一般水平或者平均状况。集中量数虽然丧失了原始数据的实在性，但这是一种科学的抽象，是有助于我们认识事物的内在规律的。在上述三种方法中，平均数方法由于每一个数据都参与了运算，所以数据的应用效率是最高的；但是也由于每个数据都参与了运算，因此非常容易受到某些极端数值的影响，在数据比较少的情况下，这表现得尤其明显（因此平均数通常要结合其他统计指标才能比较准确地说明问题）。中位数最大的优点是不受极端数值的影响，但是相应的对数据的利用效率比较低。众数是量化程度最低的一个值。如果一组数据中各类别的次数相当悬殊，则众数的意义就比较大；反之，众数的意义就不大。

统计推论的实例：2008 年 8 月，国家统计局发布数据称，本年度我国职工平均工资增长了约 19%。数据公布后网络上批评之声四起。其中一个人说：张三挣零元，李四挣一万，平均挣五千！国家统计局发言人称，此类数据作假的可能性不大。工资增长的幅度比较大是因为最低收入人群收入涨幅比较大。请您对这个批评者的意见和国家统计局发言人的意见进行评价。

需要注意：涨幅其实同原有收入是相关的，比如一个人原来收入为零，现在找了一个月薪 100 元的工作，当然他绝对是个穷人，但是涨幅是无穷大；另外一个人月薪 10,000，他涨了 100 元的工资，涨幅是百分之一；后者显然比前者富裕得多，涨的绝对数值同前者相同，但是就涨幅来说，前者却要大得多。公众显然误解了涨幅和收入的概念。统计局完全可以把问题解释得更专业、更清楚一点。

但是，19%的平均涨幅肯定也是受到了极端值的过大影响，而极端值究竟存在于哪一个方面是不能靠猜测确定的。

（4）全距。也称为极差或者两点距，是一组数据中最大值和最小值之差。用全距来表示数据的离散程度是一种最简单的方法，但是也容易受到极端数据的影响，因此也是最不可靠的。一般来说，全距只能用于预备性的检查。

（5）异众比率。异众比率是反映众数代表性的离散量数，用 VR 表示，通常用于定类变量。它是指非众数次数与总体内全部次数或个案数的比率，即

$$VR = (n - f_{mo})/n$$

可见异众比率的意义是指出众数不能代表的那一部分个案在总体中的比例。异众比率数值越小，众数的代表性越大。

（6）四分位差。四分位差是反映中位数代表性的离散量数，通常用符号 Q 表示。主要用于定序变量。它是指在一组数据之中，中间 50%的次数所占的距离。

（7）标准差。标准差也称为均方根差，它是由各单位标志值与平均数离差的平方和的平均数的平方根，其平方就是方差。标准差是计算变量变异程度的重要而常用的方法。但是标准差只适合于定比变量，或者由定比变量转换来的定距变量。

（8）离散系数。又称为变差系数，它是标准差与算数平均数之比，是一个相对量，不受计量单位的影响。因此既可以比较同一总体不同变量的离散状况，也可以比较不同总体相同变量的离散状况。离散系数越大，数据的离散程度也越大，集中量数的代表性也就越低。离散系数用 CV 表示，其公式是：

$$CV=s/x$$

其中，X 代表算数平均数，S 代表标准差。

例如，已知某地区人均住房面积 20 平方米，标准差 15 平方米；人均月收入 2500 元，标准差 2200 元，试问住房面积与人均月收入两个变量的差异哪个更大？

解：$CV_{住房}=15/20=0.75$

$$CV_{人均月收入}=2200/2500=0.88$$

可见，人均收入的差异更大（可见住宅的贫富分化程度不如收入分化程度大，住房的公平性更大一些）。

（9）标准分数。又称为 Z 分数，它是表示某一个案（某一数据）在群体中所处的相对位置的量数。某个案的 Z 分数值越大，表明该个案在分布中的位置越靠前；若 Z 分数为负值，则其绝对值越大，排名就越靠后。由于 Z 分数没有单位，因此可以对不同分布中的若干个案的排序进行比较。Z 分数的计算公式是：

$$Z=(x-x')/s$$

其中 x 是个案的值，x′是平均值，s 是标准差。如果是比较相对排名，则可以直接比较 Z 分数的大小；如果是比较绝对排名，应当查询正态曲线下面积表，获取在某个 Z 值下的相对水平。相对水平越高，其排名就越靠前。

4. 相关、回归、推论初步简述

对数据进行统计分析的最终结果是要发现两个或者多个变量之间的关系，或者从有限的样本推论出总体的特征。因此，必须了解相关、回归和推论的初步知识。

（1）相关和相关分析方法。

事物之间的联系大致上可以分为两类，一类是函数关系，两个变量之间是确定性地相互依赖的；另一类是相关关系，两个变量之间是相互影响、相互联系的，但是却不是严格的一一对应的关系，其反映的是变量之间是否存在联系以及联系的程度。不过，相关关系和确定关系之间是可以相互转化的。现在我们的认识水平不够，可能认为两个事物之间是一种相关关系，但是随着研究的逐步深入，我们可能把它转化为一种函数关系。比如，在今天的科学水平下，我们已经知道吸烟和肺癌之间存在着高度正相关关系，但是仍然不能确定它们之间是否存在函数关系。所以很多吸烟者心存侥幸。不过今后科学进一步发展，人们是可能找到致癌因素和癌症之间的函数关系的。

因果关系是一种特殊的相关关系，具体地说是一种加强了的相关关系。它是指一个变量 x 的变化会引起另外一个变量 y 的变化，但是 y 的变化并不会引起 x 的变化。所以，因果关系是单向的，而相关关系是双向的。因果关系存在着一种时间上的先后关系，而相关关系则是同时发生的。因果关系中变量之间的关系是直接的，而不是共同源于一个第三方的因素。

用一个统计值表示两个变量之间的相关程度，就是相关量统计。其值在 1 到 -1 之间变动，如果大于零，则说明两者有正相关关系，数值越大，正相关越强；如果小于零，是负相关。等于零，是不相关。一般认为相关系数在 0.3 以下可以认为是弱相关。在政法类论文中，相关系数最为常用的是皮尔逊相关系数（有时就直接简称为相关系数，用 r 表示）。其公式是：

$$r = \frac{\sum_{i=1}^{n}(x_i - \bar{x})(y_i - \bar{y})}{\sqrt{\sum_{i=1}^{n}(x_i - \bar{x})^2 \sum_{i=1}^{n}(y_i - \bar{y})^2}} = \frac{\sum_{i=1}^{n} x_i y_i - n\bar{x}\bar{y}}{\sqrt{(\sum_{i=1}^{n} x_i^2 - n\bar{x}^2)(\sum_{i=1}^{n} y_i^2 - n\bar{y}^2)}}$$

（2）列联表分析。

列联表又称为两变量交互分类表，是用来分析两个变量之间关系的最基本方法。它是将研究得到的数据按照两个不同的变量及其标志进行分类，显示两个变量之间的数据分布及其依存关系。

列联表解读的方法主要是在确定自变量之后，比较相对比率（不要比较自变量自身的比率），对于定序及以上的变量还可以利用总体百分比比较分析变量变化的具体方向。

举个简单的例子。假设我们要调查文化程度与政治参与之间的关系。我们把文化程度分为两类：初中以下和初中以上（含初中）；把政治参与划分为两类：经常参与和不经常参与。这样就构成了一个最简单的二维列联表：

		初中以下	初中以上	合计
经常参与		1	9	10
		10%	90%	100%
		10%	90%	50%
		5%	45%	50%
不经常参与		9	1	10
		90%	10%	100%
		90%	10%	50%
		45%	5%	50%
合计		10	10	20

表中每一栏的第一行是绝对值；第二行是横向百分比；第三行是纵向百分比；第四行是总体百分比。最右边和最下边是合计栏。可以看到，列联表实质上就是把一个数据与多个基准同时进行比较，从而发现两个变量之间的规律性联系，是凸现变量规律的一个工具。

从上表可以看到，初中以下经常参与政治的人只占被调查者的 5%，占经常参与者的 10%，占初中以下文化程度者总体的 10%，说明政治参与的程度同教育之间呈现正相关关系。

（3）回归分析。

回归分析和相关分析既有联系又有区别。第一，相关关系是一种非确定的关系，而回归分析则是建立一种近似函数关系，是对于相关关系的一个深化；第二，回归分析是对具有相关关系的现象，根据其关系形态建立回归方程，并根据回归方程直观地描述变量之间的关系。相关是回归的必要条件。

回归分析是一种比较复杂的方法，既有线性回归（其中包括一元和多元），也有非线性回归（其中也包括一元和多元）。从初学者的角度上看，一元线性回归方程可以帮助我们理解回归所包含的原理。在政法类专业研究中主要采用的也是一元线性回归。

通过调查研究我们已经获得了一些数据，这些数据表现在一个二维的平面图上就是一些散点，如果这些散点存在着某种关系（比如 x 增大 y 也增大），那么我们就可以为这些散点配一条直线；散点大多数在这条直线上，但是并不全部在直线上，换言之，只要散点偏离直线是一个小概率事件就可以了。如果求得这条直线的方程，我们就可以根据 x 的数值近似地估计 y 的数值。

显然，经过这些散点是可以作无穷多条直线的，但是必然只有一条直线最能够反映反映散点的特征，即拟合度最优。所谓拟合度最优，是指根据这条直线由 x 去估计 y 的数值，其误差最小。

所谓推论统计，是指由样本资料的结论推断出总体特征的统计方法，即在掌握的资料不完全的情况下所做出的一种归纳性的推理。从推论统计的内容上来看，推论统计可以分为两大类，一类是参数估计，一类是假设检验。假设检验也称显著性检验，是研究者从理论或者专业知识出发，对研究总体的有关特征提出的一定的研究假设，即根据样本结果证实或推翻总体有关假设的一种方法。

假设检验的步骤主要是：（1）建立虚无假设和研究假设；（2）选择适当的显著性水平；（3）根据样本数据计算统计值；（4）比较临界值和统计值的绝对值，若临界值大于统计值的绝对值，接受虚无假设，拒绝研究假设；反之，拒绝虚无假设，接受研究假设。

在假设检验中，首先要建立虚无假设和研究假设。虚无假设（null hypothesis）又称为无差假设、零假设，用 H_0 表示；它是进行统计推论的出发点。其含义是样本统计值与它所代表的总体参数之间没有真实误差（因此被称为无差假设），只是偶然误差，受概率规律的支配。研究假设是研究者通过探索性研究确立的假设，是研究问题的时候进行的尝试性解答，用 H_1 表示。统计中的假设检验是围绕虚无假设展开的，以虚无假设的提出为第一步，以虚无假设被接受或者推翻为最后结论，而与研究假设无关。但是由于虚无假设和研究假设是对立的，确知虚无假设的真假，研究假设的真假不问可知。请大家注意，无差假设是一个检验研究假设的工具，即检验样本对总体的差异是否达到了显著性水平，而不是允许的统计误差所造成的。

一般说来，由于研究假设总是在探索一种新的、特殊的东西，因此，研究假设和虚无假设是对立的。比如我们要研究一个班学生的智力水平，进行一次智力测验表明其智力水平为110，产生一个研究假设 H_1：该班学生智力水平超常。但是一次测算是不可靠的，因为产生这个结果的原因可能很多，需要反复多次测试才能确定该班的真实智力水平。这种多次测试是不可能的，或非常困难的，于是假定该班学生的智力水平与一般智力水平无差异，于是产生一个无差假设 H_0：该班学生智力平常。只要能够确定无差假设的真假，研究假设的真假就确定了。

然而，即使到这里，理解虚无假设也是有一定难度的。初学者通常会问：为什么不直接去肯定或者否定研究假设，而一定要从虚无假设入手呢？

直接验证研究假设无疑是一个合乎常理的简洁想法。可是，不妨想象一下你直接去验证研究假设将会遇到什么问题。首先，你不可能验证这个假设：你的取样结果和你提取样本的总体的真实值完全一致。精确到一定的小数位数以后，这一结果永远不会和样本总体的真实值完全一致。例如，对样本总体的计算表明，2000 年美国总统大选有 47.871698%的选民把选票投给了小布什。但是任何抽样都不会得到与之完全一样的结果（假如有的话一定是极小概率事件，是一个科学上可以忽略的偶合）；你无法知道其中的误差到底是多大。你不可能进行检验。

与之相对应，在运用虚无假设的时候，我们选择了单一的替代方案：排除与你希望表述的内容相一致的所有可能的真实值。利用虚无假设，你只需要处理单一的论断，而这个论断则否定了你想论断的各种可能的情况。否决一个明确而具体的假设显然要比证明一个开放而不确定的假设要容易得多。

进一步阅读的材料：虚无假设、研究假设和卡方检验①。

我们用一个很具体的例子来说明问题。我们打算抽取 10 名参议员为样本来看参议院两党在对自由主义的取向上是否有差别。不妨假定我们取样的结果如下表所示：

	民主党人	共和党人
自由主义者	3	2
保守主义者	1	4

假定下列前提：第一，这十位参议员是随机抽取的；第二，在我们取样的总体中，即整个参议院中，各党派与意识形态之间没有关系（更确切地说，假定两党在对待自由主义的态度上是无差异的）。针对上述例子，采用卡方检验，可以计算出，获得至少和你发现的两党间差异一样大的样本的概率是 0.264。因此，即使你设定的前提是正确的，即民主党人与共和党人在这个问题上是毫无差别的，你依然可能在十人抽样中得到与此样本同样强烈的关系。由于你可以保证你选取样本的时候是随机的，所以你能够否定的只是第二个前提——两党在意识形态上的无差异。也就是否定虚无假设。

反过来说，如果你企图宣布你的抽样结果与真实情况足够接近，可以视作有效的话，那么你就不得不从无限种可能的真实情况中选择。这是无法选择的。但是我们可以通过否决其对立情况，陈述如下的观点：两党在意识形态上存在着差别。但是，根据我获得的数据，我的判断错误的概率是 0.264。

卡方检验（χ^2）。卡方是一种比较流行的显著性检验方法。设计这个检验的目的是为了给包含有两个定类变量的列表共同使用。给定表中各种变量之间的关系强度，卡方能让我们大致估算出我们提取的样本总体中，两个变量之间没有关系的可能性有多大。其公式是：

$$\chi^2 = \Sigma\,[(F_o - F_h)^2 / F_h]$$

对于表中每一个单元而言，F_o 是观测到的频率，F_h 则是为画出假想表格而预测的频率。

---

① 夏夫利著，新知译：《政治科学研究方法》，上海翻译出版集团 2006 年版。

因此，需要对表中的每一个表格进行如下的操作：（1）用真实值减去假想表格中的预测值；（2）将所得结果平方；（3）将平方结果除以假想表格中的预测值；（4）将表中每个单元经过上述计算后得到的结果相加。若两个表格完全一致，则 χ^2 为零；差异越大，则 χ^2 越大。

我们在下面一个表格中，随机抽取 200 位被调查者为样本，在此基础上提出一个关于美国种族与政策的优先偏好之间的假设性关系。

	英裔美国人	非裔美籍人	其他	合计
就业及福利	30	27	53	110
外交	11	5	14	30
环境	29	8	23	60
合计	70	40	90	200

在上述样本中，支持就业与福利政策优先的比例是 110/200，已知英裔美国人为 70 人。则可以计算出支持就业与福利政策优先的英裔美国人应当是 70×110/200=38.5。按照这个方法，我们可以逐个构造出这个假想的表格。注意，对于其中的小数不应当舍入。

	英裔美国人	非裔美国人	其他	合计
就业及福利	38.5	22.0	49.5	110
外交	10.5	6.0	13.5	30
环境	21.0	12.0	27.0	60
合计	70	40	90	200

上述表格有两个特征：第一，每一个输入项与其所在行总数的比例等于其所在列总数与总样本数的比例；第二，每一个输入项占该列总数的比例等于所在行总数与样本总数的比例。也就是说，每一行落入给定列的比例均等。

我们该问的是，这两张表的差异是否足够大，以至于我们可以基于研究样本所得的结果，认为整个样本总体与这张假想的表中的分布情况不同？卡方检验就是用来进行这种显著性检验的。根据上面给出的公式，我们可以计算出本次测量的卡方是 8.444。

第八章 政法类专业论文的学术论证方法

经过研究，我们对于自己的研究课题得到了一个有价值的结论，并且已经弄清楚了这个结论的逻辑结构。为了把我们的研究结果记录下来，传播开来，我们还必须注意论文的具体写作方法。论文的写作一般包括三个方面：义理、考据和辞章。义理和考据有一部分属于研究方法，有一部分属于写作方法；辞章则完全属于写作方法。我们在本章中分别从逻辑和文法两部分来讨论论文的写法，即学术论证方法。

论文写作只是科学研究的最后一个环节，是"冰山之一角"。但是，这并不是说写作技巧是不重要的。正相反，一项研究成果能否为社会所接受，论文的写作技巧至关重要的，对于社会科学来说尤其如此。

第一节 逻 辑

逻辑是我们进行思维的形式。一个智力正常的人，甚至在两三岁的时候就可以运用大量的形式逻辑手段表达自己的思想。那么，我们为什么要专门研究形式逻辑呢？就是为了使我们的思维更加自觉，尽可能少犯错误，在表达思想的时候更加清楚有力。

由于形式逻辑抽象掉了语言的具体形式，因此显得比较枯燥难懂。但是这种抽象是必要的。只要我们习惯了这种抽象，就会发现这对于我们揭示思维的规律有很大的帮助。切不可因为它比较抽象就以为它是无用的智力游戏。

任何一篇论文，如果抽掉它的具体语言外壳，完全可以把它改写成一个符号化的逻辑系统，其中包含着大量的定义、判断、推理等。受自然科学迅速发展的影响，18 世纪有一些社会科学家尝试过建立欧几里得几何学一样的社会科学，表明形式逻辑的重大作用。

一、概 念

概念是反映事物的范围和本质的思维形式。概念在研究的过程中，主要地应当是研究的结果。因为严格意义上的研究是不能以确定的概念为出发点的。但是在写作的时候，概念却一定是一个起点。没有概念，就不可能进行任何陈述，当然更不能进行推理和论证。

1. 所用概念要明确

即要能够确定地指明所研究事物的范围和本质。概念的不清通常反映的是思想的不清，表明需要进行进一步的研究。如李嘉图虽然认识到了劳动价值的作用，但是他还不能明确地区分劳动和劳动力的概念，从而把工资当成了全部劳动的价格，所以不能正确地指明剥削的来源。而马克思则明确地区分了劳动和劳动力，从而奠定了剩余价值学说。

2. 使用的概念要准确

即在使用概念做出判断的时候，必须确切地、恰如其分地反映事物的范围和本质。准确地使用概念是恰当地和正确地进行推理的必要条件。

概念的内涵和外延。概念的内涵是指概念所反映的事物的本质特征；而概念的外延指的是概念所指称的外在对象。任何概念都是内涵与外延的统一体。如果没有确定的内涵，概念就是模糊不清的，不能作为科学的概念使用；外延不确定或者不存在，该概念也不能用于科学研究，因为它没有指称的对象。不过，外延不存在和外延在客观世界中不存在不是一回事。在文章中，对某一事物下定义是常见的逻辑方法。定义的准确性是进一步讨论的基础。但是，定义只能揭示事物的某个方面的本质，并不能完整地反映事物的本质，因此决不能用下定义的办法来代替对于事物的具体分析。尤其是当我们把某些定义作为分析的逻辑起点的时候，必须小心谨慎，不要犯过于武断的错误。

我们通常把定义分为实质定义和语词定义。

实质定义是揭示事物的本质的，应用最为广泛，我们最常用一类实质定义叫作种概念定义，采用"属加种差"的方法进行定义，如"商品是为进行交换而生产的劳动产品"。还有一类实质定义叫作单独概念的实质定义，是用来定义宇宙间的唯一事物的，采用"属加个体差"的办法予以定义。还有一种最大概念的实质定义，由于这个概念本身已经是最大的了，在它之上不存在属概念，因此不能用属加种差的办法进行定义，只能通过指出它不同于所有种概念的独特性而加以定义。

语词定义是描述性的，它不反映事物的本质，但是可以反映事物的构成和语义，因此在理论性文章中仍然是有着重要意义的。语词定义可以分为规定性的语词定义和说明性的语词定义。

定义的时候应当遵循下列规则：

第一，下定义必须使用明确的概念；不能以比喻代替定义或者定义模糊不清。

第二，下定义必须使用全同概念，否则定义可能过宽或者过窄。

第三，下实质定义不得使用被定义的概念（禁止循环定义）。

第四，给正概念下定义不得使用负概念。但是给负概念下定义是可以使用负概念的。

关于概念的另一个问题是划分。我们在进行研究的时候，首先就要对事物进行分类。比如我们在撰写比较政治制度的时候，就必须把世界上两百多个国家和地区的政治制度划分到有限的几个类别之中去，而这种划分还要有利于进行理论探讨。概念划分最重要的规则是：

第一，每次划分必须按照同一规则进行。比如，我们把世界上的国家划分为资本主义国家、社会主义国家和最不发达的国家，就违反了划分标准同一的规则。

第二，划分必须按照属种包含层次进行；

第三，划分的概念必须不相容；

第四，划分要与属概念的外延相称，否则就形成不完全划分或者多出子项的划分。

二、命题和判断

命题是一个确定的陈述式的判断。一切论文本质上都是对于一个命题的分析证明。在命题没有获得比较充分的证明之前，我们称之为理论假说。论文必须首先形成明确的假说。因此有必要了解命题和判断的知识。

判断就是对于对象有所断定的思维形式。判断必须有所断定，肯定的或者否定的都可以，但是不允许毫无判断。毫无断定的语句可能看起来十分机警全面，但是实际上信息含量很低。在撰写学术论文的时候，必须反对那种含含混混的不倒翁一样的陈述，那是算命先生讨生活的法宝。比如，我们说"张三在25岁的时候将死亡"，这是个很确定的断定；但是如果我们说"张三不可能长寿"，断定的确定程度就降低了（因为长寿的概念不明确）；再进一步，如果我们说张三可能长寿也可能不长寿，这里面已经不包含任何断定了，因此不再是一个判断了。

判断总是有真有假的，而学术研究的任务，就是依据有限的实践材料，通过形式逻辑的整理来对一个判断的真假进行证明。固然，从哲学的角度上讲，实践将证明一个判断的真假，但是实践的判断常常是漫长而不确定的，而且通常代价是高昂的，因此我们必须采用一系列的科学方法来省时省力地接近于实践的判断。这就是科学研究。

直言判断及其种类。它断定事物具有或者不具有某种性质。直言判断由主项、谓项、联项和量项构成。

按判断的质，直言判断可以划分为肯定判断和否定判断；按判断的量，可以划分为单称判断、特称判断和全称判断。由此可以组合成四类直言判断，即全称肯定判断、全称否定判断、特称肯定判断、特称否定判断（把单称判断看作全称判断）。相应地简写为 A、E、I、O。值得注意的是，特称判断量词"有些"只是指称事物的存在或不存在，并不表明相反事物存在或不存在。比如，我们说，"有些干部是廉洁的"，这个判断并不必然得出"有些干部是贪官"的结论（即特称判断并不判断所指以外的对象）。

在直言判断中尤其应当重视概念的周延性问题。忽略周延性，有可能会对某些词项做出不当的判断，而我们自己却浑然不觉。在直言判断中如果断定了词项的全部外延，则词项是周延的，反之词项不周延。在直言判断中，全称判断的主项都是周延的。特称判断的主项都是不周延的；如"有些人是知识分子"，主项"人"不周延。肯定判断的谓项是不周延的；如"所有知识分子都是人"，谓项"人"不周延。否定判断的谓项都是周延的

直言判断之间的对当关系，其作用在于根据某一个已知的直言判断来推导出另外一个相关的直言判断的真假。这可以看作一个最简单的论证过程。一般来说，我们对直言判断的对当关系推理是不自觉地。但是为了论证更加严谨，应当自觉地学习和运用这种简单而有用的工具。

关系判断是一种简单判断的直言判断，是判断对象之间的关系的。关系判断有两类，第一种是对称关系、反对称关系、非对称关系；第二种是传递关系、反传递关系、非传递关系。

联言判断，断定几种事物同时存在的判断，反映对象不同属性之间的共存性。其一般形式是 P 并且 Q（记作 P∧Q），可以分为联主判断、合谓判断、联主合谓判断。当且仅当每一个联言肢都为真的时候，联言判断为真。

选言判断。选言判断是一种复合判断，断定在几种可能的事物之中至少有一种事物情况存在。选言判断可以是相容的也可以是不相容的。显然，对于不相容的选言判断，只有当选言肢同真或者同假的时候，选言判断为假。对于相容的选言判断，只有当选言肢为全假的时候，选言判断为假。如他要么是英语系的学生，要么是政法系的学生是一个不相容的选言判断，如果选言肢同真，显然违反常理；若选言肢同假，证明该选言判断不成立。

假言判断是反映事物之间条件与结果的关系，也称为条件判断。假若判断可以分为充分条件的假言判断、必要条件的假言判断、充要条件的假言判断。

负判断，是一种特殊的复合判断，它是由否定一个判断而构成的判断。比如，"所有的胎生动物都不生活在水中"，其负判断是"并非所有胎生动物都不生活在水中"，用符号可以记

为：P；－P。负判断是对整个判断的否定，它与否定判断是不同的。

负的复合判断包括负的联言判断和负的选言判断。其基本的关系是：否定一个联言判断，得到一个选言判断；否定一个选言判断，得到一个联言判断。

负假言判断。充分条件假言判断的负判断可以表述为前件真而且后件假的联言判断、负必要条件的假言判断、负充要条件的假言判断。

三、多重复合判断

前面我们所讲的都是一些"单纯形式的"复合判断。还有一些复合判断，可能它的组成部分本身有一个复合判断。这样的多重判断组合在一起，就可以构成相当复杂的论证。为了使我们的写作和阅读有一个清晰的思路，就必须像剥笋子一样，一层一层地剥离出来，不能有丝毫的混乱。

以联言判断为前件的充要条件的假言判断。"只要公共空间是受到法律保护的，并且协商信息可以自由地获得，那么协商民主总是可以有效影响政治决策的。"相应地，还可以有其他的具体组织形式。在进行判断的时候首先要抓住多重判断的主干，然后再分析每一个组成部分的主干。不要被具体的细节所困扰。

在进行判断和推理的时候，应当注意：

一是准确地使用概念。

二是选用合适的判断形式。

三是对于简单判断来说，要非常慎重地使用联项和量项。

四是对于复合判断来说，要注意把握选言肢与整个复合判断的关系，特别是

他们之间的真假关系。

五是必须遵守后面将要讲到的逻辑规律。

下面我们来看一篇驳论文章对于假言判断的应用。这篇文章指责被批评者断章取义地引用了马克思的文字来证明自己的论题。马克思说："……因此，只有民主制才是普遍与特殊的统一"，但是被批评者将其引用为："……民主制才是普遍与特殊的统一。"批评者认为这样的引用是一个严重的错误。下面是他的一部分论证：

第二，如果"民主制"前面有"只有"两字，那么在"只有……才……"这个条件关系复句中，"民主制"就是必要条件，是唯一的、排他的，也就是说，除了民主制，世界上的其他一切事物、至少"其他一切国家结构"都不可能是"普遍与特殊的真正统一"，或者照他（被批评者——引者注）的意思来说，都不可能是"普遍性和特殊性的统一"，这不就完全违背了辩证法吗？马克思会这样说吗？

为了掩盖这两点，他（被批评者——引者注）故意把"因此""只有"都砍掉了。但是这样一来，后面的"才"和"真正"就落空了，就无所依傍了，马克思的话就成了不合语法的病句了。连小学生都会使用"只有……才……"这一条件关系复句来造句，都知道在一个名词前用了"真正"两字就意味着其他都是虚假的，难道马克思的文字水平还不及小学生？[①]

[①] 材料来源于中国政治学网 2008-8-3。原文作者不详。需要特别声明的是，本书引用这一则材料只是为了说明逻辑方法在论文中的运用，并不关心两位学者对这个问题的论战，更无意特别肯定或者否定其中一方。因此省略了被批评者的名字。

四、形式逻辑的基本规律

在进行写作的时候必须注意不要违反形式逻辑的基本规律。

1. 同一律

在同一思维过程中，每一思维必须与其自身保持同一，也就是说，每一个概念和判断都必须是确定不变的。在同一思维过程中概念的内涵和外延应当是不变的。为了避免发生混乱，必须预先确定各个概念。否则很可能发生自说自话的"讨论"。在自己思考问题时，要有确定的思考对象，要始终围绕这个中心，有个确定的范围。在向别人表述思想时，论点要明确，保持同一。写文章的时候一定要注意全文要有一个确定的中心思想，不要这一段在讨论这个问题，那一段又去谈那个话题（这种情况常常是比较隐蔽的；比如他撰写的研究综述同他后面的分析完全没有关系，仅仅是为了满足一种形式上的要求）。在取舍材料的时候，一定要舍得割爱，对于那些与主题没有严密关系的材料一定不能用，否则可能在某种程度上违反同一律。在讨论问题的时候，一定要首先确定对方讲的究竟是什么意思，双方的分歧究竟在哪里，不要歪曲对方的愿意，更不能凭空捏造对方的意见；要注意不要断章取义，注意对方发表这个意见的主客观环境和条件。这一点在驳论中是比较难以做到的。

违反同一律，主要导致混淆概念和偷换概念，转移论题和偷换论题。古希腊有一个著名的诡辩：

问：你没有失掉的东西，那么你就有这件东西，是不是？

答：是的。

问：你没有失掉头上的角吧？那么你就有角了。

在这个诡辩中，是通过偷换"没有失掉的东西"这个概念来完成的；而诡辩论者之所以能够做到这一点，正是利用了在日常语言中概念的含糊不清。在日常语言中，通常来说，只要讲述者没有恶意，人们是可以通过语言环境来达成对概念的共识的。但是在文章里面，由于完全脱离语言环境、肢体动作、神态等辅助表意因素，因此概念的混淆与偷换特别容易发生。要防止违反同一律的错误，首先就要做到概念的明确和确定，然后是在每一个分析环节上反思概念是否严格同一。

不过我们应当明确，同一律要求概念、判断的同一性，是指在同一时间、同一关系、同一思维过程下对于同一对象来说的，并不是永远保持思想的僵化不变。如果事物本身已经发生了变化，概念当然要发生相应的变化，在这样的情况下，自然谈不上违反同一律的问题。比如，有人说，以前我们要消灭资本家，现在却又鼓励私营企业的大力发展，这就违反了同一律的要求。殊不知这两个政策是在不同的历史条件下提出来的，正确地反映了事物发展变化的规律，当然谈不上违反同一律要求的问题。

2. 不矛盾律

在同一思维过程中，两个互相矛盾或者互相反对的判断不能同时都真，其中至少一个是假的。A不是非A。并非A并且非A。两个互相矛盾或者反对的判断，不能同真，但是可以同假。如"所有的大学生都是党员"和"所有的大学生都不是党员"不可能同真，其中必有一假。但是是可以一个为假，或者同假的。不矛盾律是用否定形式表达同一律用肯定形式所表达的同一思想。

比如黑格尔哲学的根本缺陷之一就是违反不矛盾律。根据他的辩证法，世界上的一切都是发展变化的，但是根据他的体系，他的哲学又构成了所有发展的终极顶峰，不再发展了。这样，他的体系和方法之间就存在着不可克服的逻辑矛盾，用恩格斯的话讲就是体系窒息了方法。

伽利略对亚里士多德落体理论的否定最初也是通过揭露其逻辑矛盾实现的。按照亚里士多德的理论，重的物体应当比轻的物体落得快。可是，假如把一个重物 A 和一个轻物 B 捆绑在一起形成一个新的物体 C，因为 C 比 A 更重，因此 C 应当比 A 落得快；但是由于 C 物体里面的落得较慢的轻物体 B 把重物体 A 的速度拉低了，因此 C 应当比 A 落得慢。这就得到了两个矛盾的判断，故前提必错。同样地，如果假定重物比轻物落得更慢也会出现同样的逻辑矛盾。据此，伽利略得出结论：物体下落速度与重量无关，在真空中物体的下落速度是一样的。

矛盾现象可以存在于两个判断之间，也可以存在于一个判断之中，甚至存在于一个比较复杂的概念之中。有的比较明显，有的则需要经过推导才能发现。揭露其他人的理论中或者日常生活常识中包含的逻辑矛盾常常是我们发现课题、增进知识的重要的手段。

比如，马克思主义从来都是把实践作为检验认识真理性的唯一标准。但是搞"两个凡是"的人却坚持某个领袖的言论也是检验真理的标准。这样，就出现了两个相矛盾的判断，它们是不可能同真的。为了解决理论上的困难和思想上的困惑，必须确定两个判断之中哪一个是真的。

有的矛盾现象则比较隐蔽一些，有的甚至"约定俗成"，需要经过一定的分析才能发现。比如：

1. 有将近 70 多人参加了比赛。
2. 这座大楼将在今年元旦以前完工。

不矛盾律的运用是有条件的。它要求在同一时间、同一方面、同一条件下，对同一事物不能做出相反的判断。如果时间、条件、对象发生了变化，那么表面上似乎自相矛盾的判断是可以成立的。尤其需要注意的是，我们有时是对于事物的不同方面做出判断，但是出于行文简洁的需要，我们把一些众所周知的前提或者与预设省略掉了。一旦这些前提和预设到了另外一个环境下不再是众所周知的了，就容易发生误解，有时甚至要花很大的力气去解释。

比如，毛泽东说：帝国主义既是纸老虎，又是真老虎。这并不违反不矛盾律，因为他是分别就帝国主义的本质和现象来进行判断的。在当时的语言环境下，这样的区分是显而易见的。他实际上是说：就本质、历史而言，帝国主义是纸老虎；就现象、当前而言，帝国主义是真老虎。两个判断断定的是事物的不同方面，因此是无所谓矛盾与否的。

另外，逻辑矛盾和辩证矛盾是两个不同的问题。应当明白，遵守不矛盾律不足以认识辩证矛盾，但是一旦违反不矛盾律，确是绝不可能认识辩证矛盾的。正如列宁所指出的："逻辑矛盾——当然在正确的逻辑思维的条件下——无论在经济或者政治分析中都是不应当有的。"[①]

3. 排中律

在同一思维过程中，两个互相矛盾的判断不能同时都假，其中必有一个为真。对于这样

[①]《列宁全集》，人民出版社 1990 年版，第 23 卷，第 33 页。

的两个判断,如果同时都加以否定,就会出现两不可的错误。在重大的原则问题上,在是非之间,不能都不肯定,不能两不可,不能含糊其词,不置可否。科研论文尤其不能两不可。

应当注意,排中律仅仅适用于矛盾判断,不适用于反对判断。反对判断是不排中的。例如,所有学生都是共产党员,所有学生都不是共产党员,这是一个反对判断,存在着中间状态——可能有些学生是共产党员,有些学生不是共产党员。

不矛盾律要求不能两可,排中律要求不能两不可,即不做判断。

违反排中律的错误:一是"两不可",对两个矛盾判断全都否定;二是不置可否,拒绝判断。比如指着一个动物,给出矛盾的判断:牛,非牛。你不能说它既是牛又不是牛。"两不可"的错误,常常是转移或者偷换论题,但是表面上却显得很全面、很具体、很深刻。

4. 避免推不出

在文章的写作过程中要注意满足充足理由律。在思维论证的过程中,要确定一个判断是真的,必须有充足的理由,否则是没有论证性的,而只能算是一个武断。在科研论文中,武断的形式常常不是直接给出结论,而仅仅是依据某权威的话或做法作自己的论据,或者以有限的经验作为自己的论据,笔者把这种武断称为一种"弱化的武断"。

比如有人论证中医是伪科学,就说:

"因为美国某权威说中医是不科学的……因此中医是伪科学的。"

同样地,支持中医的人也运用这种弱化的武断:

"毛泽东认为中医是中国人对世界的伟大贡献……因此中医是科学的。"

中医是否科学不在我们的研究范围之内。在这里,我们只是依据充足理由律的表达式 $B \wedge (B \rightarrow A) \rightarrow A$,分析一下双方对充足理由律的运用。反对中医的人士实际上是说:

如果美国权威说什么是伪科学,什么就是伪科学;美国权威说中医是伪科学;所以中医是伪科学。

肯定中医的人士也有类似的推理过程。

这里对充分条件假言判断为真的肯定是不假思索的,是作为公理来使用的。而事实上,这个假言判断是否为真才是充足理由律的论证重点。可见正反两方面都犯了违反充足理由律的错误①。

具体来说,违反充足理由律有以下几个方面的表现:

一是毫无理由。作者完全不能对自己的判断给出理由,只是武断地提出一个命题,然后称其为不可怀疑的绝对真理。也有一些人在论证的时候似乎理由是充足的,但是他故意地隐含了一些限定条件,一般人不能觉察到这些限定条件的存在,因而被作者所"说服"。

二是理由虚假。表面上看起来,作者似乎也给出了一些理由,但是这些理由可以证明是不能成立的,因此整个推理就不能成立。比如,"大量吸烟很容易得肺病,张三大量吸烟,所以他得肺病了"。张三事实上并不吸烟,他的肺病是一种职业病。这就是一个理由虚假的论证。

三是推不出来。论证者给出的所有前提都是真实可靠的,但是这些前提之间不存在任何必然的联系,所以根本无法得出正确的结论。

---

① 这里具体的例子是作者杜撰出来的。但是读者如果稍加留心,就可以发现类似的争论到处都是。

在论文的写作中，绝对无理由的强词夺理是比较少见的（在宣传品中比较常见），但是某种程度上的无理由确实存在。尤其是如果论证者的地位比较强势，而论证者又确实把自己的意见看作真理的时候，就容易犯这种错误。理由虚假的错误比较常见于引用他人的研究成果的时候。某些研究可能存在着重大的缺陷，但是后来的研究者不假思索地使用他们的成果，结果就犯了"理由虚假"的错误。比如，有人通过对北京在职的高级知识分子死亡年龄的调查，得出了中国知识分子过早死亡的结论。这个研究在抽样上使用了一个有重大错误的判断抽样，因而是不对的。但是他们的研究结论却在社会上广泛流传，被其他人不假思索地使用。推不出的错误如果比较隐蔽，尤其是同常识吻合的话，也不容易被人们所发现。我们在进行写作的时候要注意避免这些错误：

一是注意逻辑顺序。

在论文写作的时候，要确定一个立足的基点，然后根据一定的逻辑顺序逐层展开，使整篇文章的线索和层次清楚，使阅读的人一目了然，能够感觉到逻辑的力量。不要把自己手头的资料不加分析地堆砌到一起，也不要不看对象、不分场合地采用一种固定的逻辑顺序。我们经常使用的方法是：（1）执因索果；或者反之，执果索因。（2）由现象到本质，或者反之，由本质到现象；（3）提出问题、分析问题、解决问题、对策建议。（4）遵循事物发展的历史线索。（5）由事物的核心到事物的外围，或者反之。

在行文的时候，逻辑顺序一般不要改变。如果在某一个小节里面确实需要改变逻辑顺序，应当有清楚的交代。即使全文逻辑顺序改变了，在一个小节里面逻辑顺序也不能随便变换。无论如何，我们不赞成在行文的时候进行过于频繁的逻辑顺序的转变，那会干扰读者对论文的理解。

二是不要面面俱到。

初学论文写作的人最容易犯的错误，就是害怕别人说自己以偏概全，总是力图在一篇论文里面把方方面面的问题都讲到。他们喜欢使用的词句就是"一方面……另一方面""有的……有的""虽然如此……但是"，等等。在科学研究中，哪怕是一个很具体的问题，都不可能在一篇论文之中得到完全、透彻的研究。任何一次具体的研究，都只能是对特定问题在特定角度上的探索。许许多多的人从不同的角度上展开研究，然后进行综合，才可以得到一个全面的认识。从某种意义上说，偏激产生深刻。如果企图在一次研究中、在一篇论文中对所有问题展开讨论，那么必然的结果就是对所有问题的讨论都是毫无价值的。因此，在写论文的时候，只要能够把一个特定的问题讲清楚就行了，不要企图一劳永逸地解决所有问题。

第二节 学术论文的具体论证方法

一、常见的逻辑论证方法

推理就是由已知判断引出新判断的思维形式。推理由前提和结论两部分构成。在现代汉语里，推理的前提和结论之间通常由"因为……所以……"，"由于……，因此……"，既然……就……等来加以指示。但是在日常语言中表达形式是多种多样的。形式逻辑的一个重要作用，就是理清楚隐藏在语言形式里的推理形式，从而更好地表达各种推理，使推理的运用更加的自觉。

"如果我们有正确的前提，并且把思维规律正确地运用于这些前提，那么结果必定与现实相符。"①也就是说，正确的推理需要前提正确和推理形式正确这两个条件，形式逻辑只解决第二个问题，是正确推理的一个必要不充分条件。

按照前提和结论之间联系的性质的不同，可以把推理划分为演绎推理和非演绎推理。在演绎推理中，前提必然蕴含结论，而在非演绎推理中，前提是不必然蕴含结论的。也可以按照前提和结论一般性程度的不同，把推理划分为演绎、归纳和类比。由于归纳和类比在前面已经有了大量的论述，为了避免重复起见，本节主要讨论演绎推理的应用。

1. 归纳推理

归纳推理是一种最自然的推理方法。由于演绎推理总是需要前提的，因此归纳推理在人类知识体系中扮演了极其重要的角色。有的哲学家甚至认为归纳推理是人类知识的真正来源，演绎推理只起到整理知识的作用；而归纳总是不可靠的，因此人类知识的可靠性便始终存疑。

归纳可以分为完全归纳和不完全归纳。由于科学研究一般来说针对的对象越多，意义就越大，因此完全归纳在科学研究中的意义是有限的。此外，有的对象虽然可以进行完全归纳，但是没有意义。我们可以把生产出的全部炮弹都射出去，从而完全归纳出本批次炮弹的合格率。但是这显然是没有意义的。

大多数时候我们不得不使用更加不可靠的不完全归纳方法。我们可以尽量增加不完全归纳的数量，也可以尽量设法避免荒谬的结论，但是我们无法彻底解决归纳的可靠性问题。例如，我们可以进行下述的归纳：张三喝水，张三死了；李四喝水，李四死了；……N 喝水，N 死了。初步的结论：所有人都喝水，所有人都死了。进一步的结论：喝水是死亡原因。对策建议：为了避免死亡，建议不要喝水（？）。从归纳方法的角度上讲，没毛病；但是结论之荒谬，显而易见。归纳是必要的，但是归纳是有风险的。我们唯一正确的态度是：勇敢地进行归纳，谦逊地等待反例。

2. 演绎推理

演绎推理的第一种形式是直言判断的直接推理，即由一个直言判断前提直接推导出一个直言判断结论的方法。这种推理形式在发现问题的时候有很大的作用；在写作的时候，可以根据论战对手的命题直接推导出一个逻辑上或经验上不能接受的命题，从而证明对手的判断为错误。这实际上也包含了反证法的论证方式；有时候，我们也根据某个权威的意见或者众所周知的公理、原理推导出自己的命题为真，从而达到简化、加强论证的目的。

根据直言判断之间的若干对当关系，可以进行最简单的推理。比如，由全称判断真推导出特称判断真。"所有的主观认识的真理性都只能由实践加以检验"是一个公认为真的全称判断，那么，"毛主席的主观认识的真理性也应当由实践来进行检验"这个特称命题为真就是无可怀疑的，因此"两个凡是"一定是错误的。直言判断的直接推理是可以改写成三段论推理的。比如上面举的例子，可以写成一个规范的三段论："所有的主观认识的真理性都要由实践来检验；毛主席的认识是主观认识；所以毛主席的主观认识得真理性也应当由实践来检验。"但是，相比之下这样的三段论推理太烦琐了，有的时候甚至显得迂腐可笑。因此，直言判断的直接推理可以简化论证的过程，且论证的力度并不削弱。

---

① 恩格斯语。见《马克思恩格斯全集》，人民出版社 1971 年版，第 20 卷，第 661 页。

有时候可以通过改变判断的形式就直接得到我们想要证明的论题，包括换质、换位、同时换质位。需要注意的是，改变判断的形式之后，谓项应当做出相应的改变，以符合相应的规则。比如，给定犯罪的概念："犯罪就是严重危害社会的行为，违反了刑法并应当受到刑罚的处罚。"也就是说，"所有犯罪行为都是危害社会的行为"，进行换位推理，"对社会无害的行为都不可能是犯罪行为"。这样一换，就使得我们论证的前提更加的清楚（或得到了待证的命题）。如果我们待证的命题是"同性恋不是犯罪行为"，下面的工作就是论证"同性恋对社会无害"。很多时候，改变原命题的判断形式可以降低论证的难度。

　　有时候可以同时对命题的主谓两项附加上某些成分，得到的新命题的真假不变。这种方法的意义，在于我们可以由一个比较抽象的、公认为真的命题直接推导出比较具体的待证命题。例如，"共产党是工人阶级的先锋队"为真，那么"中国共产党是中国工人阶级的先锋队"必为真。论战的对手如果要否认"中国共产党是中国工人阶级的先锋队"，必然就要去论证中国共产党不是中国的政党或者中国共产党不是真正的共产党，那么他论证的难度必然会大大增加。附性推理有时候直接地就可以完成论证，但是更多的时候是为进一步的论证打下基础。

　　演绎推理的第二种形式是直言三段论推理。在论文写作中，这种推理形式的运用是最为广泛的。直言三段论就是借助一个共同的前提，把两个直言判断连接起来，从而得到新的结论的推理方法。其主要的特点是从一般性的前提之中推导出个别的结论，并且这个结论具有必然性。直言三段论的语句形式一般是由陈述句组成的复合句，当然具体的句子则是千差万别的。

　　在论文写作的过程之中，直言三段论可以存在于若干句子组成的句群之中，也可以存在于一个或者若干个段落之中，甚至可以存在于整篇文章之中。但是，在文章中直言三段论的运用可能是相当隐蔽的，不一定有具体的词语标志，也不一定具有完整的形式；有时候则是若干的直言三段论纠缠在一起。我们在写作和阅读论文的时候，要有意识地借助直言三段论的知识。

　　直言三段论的基础是一个"公理"，即凡对一类事物有所肯定或者否定，则必然对全体有所肯定或者否定。直言三段论包含若干的规则；每一格的直言三段论又各自有自己特定的规则。我们在写作的时候，应当注意不要违背直言三段论的公理、总规则和具体规则；在阅读的时候，应当注意文章是否违反了这些规则；尤其是当我们感觉到自己的或者其他人的论证十分古怪，但是又苦于找不到具体的理由来反驳的时候，更应当仔细地考虑直言三段论的各种具体规则。

　　直言三段论的形式可以是省略的。我们在写作的时候，为了表达的简洁，应当学会自觉地使用直言三段论的省略式。但是在思考的时候（尤其是在考虑文章的论证结构的时候），应当注意使用完整形式的直言三段论。在阅读他人的文章的时候，要注意把省略式的直言三段论补充为完整形式的直言三段论，这样更容易发现问题。在补足省略式的直言三段论的时候，首先要确定被省略的是前提还是结论（结合上下文的文意，这是不难做到的）；然后确定省略的是大前提还是小前提，然后把省略的部分相应地恢复出来。

　　应当注意的是，形式逻辑只管推理形式的正确性，推理前提的正确性并不在它的研究范围之内。因此在阅读和写作的时候，即使推理形式是正确的，也不一定就能保证结论的成立。对于前提的正确性，要特别慎重。尤其是某些隐含前提，我们常常不假思索地认为它是"当然正确的"，很容易陷入陷阱之中。

演绎推理的第三种形式是复合判断推理和模态推理。前面所讲的推理都是基于单一的直言判断的推理。但是还有一种推理，它的每一个判断句子可能不是直言判断，而是一种复合句。这种推理形式更灵活、更精密一些，在写作中应用也是非常广泛的。复合判断推理包括联言推理、选言推理、假言推理、二难推理等等。比如，"中国要么走资本主义道路，要么走社会主义道路。实践证明中国不能走资本主义道路，所以中国应当走社会主义道路。"这就是一个选言复合推理。"只要党做到了'三个代表'，党就可以立于不败之地。"这是一个充要条件的假言推力。对于假言推理，判断它是必要条件假言推理、充分条件假言推理还是充要条件假言推理，在写作中是具有重要意义的。

3. "二难推理"

"二难推理"是一种重要的推理形式。它一般是由一个选言判断的前提列举两种可能，而无论对方承认其中任何一个前提，得到的结论都是不能接受的，从而陷入进退维谷的困境。"二难"的"二"字只是举其代表者，实际上三难、四难都是可以的。在写作中，有时候一个巧妙构造的二难推理可以给对方造成巨大的困难，胜过了千言万语。如哲学史上有一个著名的二难推理："上帝能不能造出一块他举不起的石头？"如果有神论者回答"能"，那么上帝举不起它，因此上帝并不万能，上帝不存在；反之，假如有神论者回答："不能"，那么他就直接承认上帝并不万能，因此上帝不存在。这个著名的二难推理使得后来所有的神学家都不再承认上帝是一个人格存在，而是信仰的归依。在进行驳论的时候，要注意精心地构造可能存在的二难推理形式。

4. 归谬式论证

在证明与反驳之中还有一种非常重要的方法，就是归谬式论证。其典型的形式是，首先假定待反驳的命题为真，但是有这个命题将会推出两个矛盾的结论同时为真。显然，两个矛盾的命题是不可能同时为真的或者为假的，因而假定待证明的命题为真是不能成立的。比如，我们经常听到有人说"什么都是假的"，如果承认这个命题，那么世界上至少有一个命题（即"什么都是假的"）是真的，则"什么都是假"的这个命题本身就是假的。物理学史上著名的伽利略在比萨斜塔上扔铁球证明亚里士多德错误的例子，实际上也是这种思维方法的完美应用。因此，正确的思想方法是走在实验的前面的。

在写作的时候，我们并不是每一个命题都是斩钉截铁的，有时候可能会有一个"模态"（程度）的问题。比如，我们会说，"他也许是一个合格的共产党员"。这里的"也许"（可能）就是一个模态词。再比如，我们论证说，"没有哪一个党会绝对不犯错误。所以中国共产党也会犯错误。"模态推理是一个比较复杂的问题，我们在这里只是指出，在进行判断的时候要注意分寸，不要超出模态范围，否则可能使自己很被动。

二、常见的书面论证方法

1. 引 证

当别人对某一问题的论述非常可靠、而自己的研究又暂时无法超越他的研究的时候，就可以进行引证。引证的时候应当注意：第一，引证的原因应当是被引证者的研究成果确实可靠，而不仅仅是希望借重被引证者的权威。第二，引证以必要为限。不能满篇文章都在引用别人的东西，作者自己不知道跑到哪儿去了。第三，引用的时候不能断章取义。既不能进行低级的断章取义（例如把一个句群截断），也不能进行"高级的"断章取义（例如忽略被引用文本的隐含前提）。不能曲解被引用者的本意。

在指导本科生论文的时候，多数老师会批评学生引用不足、不权威、不准确等，这是有道理的。但是引用过多、过滥、"装饰性引用"的问题也不能忽视。

2. 例证法

例证法即通过举出一些例子来说明自己的观点。这实际上是案例研究方法的浓缩使用。

例证法非常符合人的直观思维特点。对于理论思维水平较低的人会产生很强的说服力。但是这种方法实际上有很大的局限。因为现实世界中存在着无穷无尽的实例，很难通过一个或少数几个例子来证成一个理论。因此，仅仅通过少数的"孤例"来进行论证要慎之又慎。更不能为了证明自己的观点，而故意选取孤例。严格来说，例证法只能处于一个辅助的地位。

3. 比较法

当我们把几个显著不同的事物进行对比的时候，可能会产生较强的说服力。在进行比较的时候，也特别注意可比性的问题。例如，我们说乘船很快，"千里江陵一日还"，这是与当时的交通条件相对比的；我们不能与现代的交通条件相对比，说乘船不如飞机快。其次要注意"比得起来"的问题。例如要比较佛教徒和普通人的政治参与行为，就必须要找到准确的比较点。我们不能去比较他们的饮食习惯。

要把比较和类比区分开。类比是根据事物的表面上的相似性，把一种事物比拟为另一种事物。一般来说，这是一种比较低级的思维方式。而比较是把两个事物的相同点或相异点进行对比，进而找到其内部的决定机制。

4. 反证法

反证有两种形式，一种是反例，一种是归谬。

反例是寻找与结论不同的例子。例如，找到一只黑天鹅，就足以反证"所有天鹅都是白色的"这个判断。但是应当注意，某些反例不足以推翻一个判断。例如，我们发现一个人长期大量吸烟，但是身体非常健康；这个反例就不足以推翻"吸烟有害健康"这个判断。可见，反例用于推翻全称命题很容易，但是用于推翻特称命题就很困难。

归谬法是假定某个论断是正确的，然后以这个结论为前提，推出一个显然不可接受的接受结论，由此判断原来预定的结论为假。使用归谬法应当注意，"更加不可接受的结论"要具有可靠性。例如，有人说，"要是女人会开车的话，女人不都变成男人了吗？"表面上看，这个归谬推理得出了一个"更加不可接受"的结论，但是这种归谬是以"只有男人会开车"作为前提的，而这个前提显然不能成立的。

有的学者把间接证明也看成反证[①]，这是不妥当的。间接证明只是论证的一个中间环节。例如，我们要证明"张三是富人"，我们现在已经知道"富人必然具备行为特征 A"，我只要证明了张三存在 A，就间接证明了张三是富人。

---

① 童之侠：《学术研究与论文写作》，人民日报出版社 2016 年版，第 135 页。

5. 喻证法

喻证法是通过打一个比方来说明问题。例如，"我们的军队是鱼，老百姓是水；鱼离不开水，所以军队离不开人民"，这就是典型的喻证法。喻证法内在地包含了比较或者类比的思维方式，但是比比较和类比更加形象生动。"比喻应当贴切自然，要能恰到好处地说明被论证事物的特点"，但是"要完整深刻地论述一个问题，不能仅靠比喻，而应把它和例证法、分析法等结合起来使用。"①

第三节 文 法

一、文字以准确、规范、简洁为佳

有人借用王国维"成大事业者的三重境界"的说法，提出文章应该有五重境界：第一境界，准确明白；第二境界，生动形象；第三境界，简洁凝练；第四境界，质朴自然；第五境界，创新出彩②。这五重境界是针对一般情况而言的，政法类专业论文有自己的特点，但是总体来讲，这样的看法还是能够使用的，只是我们要注意各项要求的轻重缓急的次序，不要本末倒置。

语言文字总是在一定程度上反映了社会与作者的思想观点，绝对客观中立、如实地描述其实并不存在。当我们去描述一个事件的时候，实际上已经包含了我们对这个事实的判断。语言同时反应与塑造社会。比如传统的英语里面，讲到总统的时候我们总是说"he"，因为美国历史上没有女性总统是一个事实。但是随着女权主义运动的发展，我们在这种情况下往往要很麻烦地说"he or she"。我们现在一般不说 an insane man 或者 a crazy man（疯子），而说 a mental-ill man（精神病人），此类例子不胜枚举。尽量不要使用具有种族、年龄、性别、能力歧视的术语，已经是学术界的共识。

一是准确。文章是用来表达和传递我们的思想的，因此对文字的最基本的要求就是要能够准确地表达我们的思想。如果能用现成的日常语言中的词汇准确地表达思想那是再好不过了，但是某些创新程度比较高的论文因为创造了新的概念，所以用一般的日常词汇表达不了，这就不得不创造新的词汇来表达。在这种情况下，我们就会为了语言的准确性而牺牲其平实性。比如，毕塞特在 1980 年为了表达对多数民主的批评、强调民主过程中理性意见的交流与妥协而创造了"协商民主"的概念。对于习惯于传统政治学语汇的人来说，"协商民主"就是一个比较费解的新概念。但是为了学术语言的准确，却不得不去创造这样一个新概念。当然，这种情况应当以必要为限。为了吸引眼球而故意使用一些与众不同的概念，是玩弄文字、故弄玄虚，是不足为训的。

二是规范。文字最大的优点，就是它能够跨越我们日常语言的差异，为人与人之间的沟通创造一个有效的工具。如果我们在文章中大量使用一些不规范的口语、方言、网络语言或者其他只有特定人群才能懂得的语言，那么文字的沟通作用就会受到很大的阻碍。因此文字的规范性是一个很重要的要求。从实践中看，同学们写作论文，最常见的问题就是文字过于口语化。

---

① 童之伟：《学术研究与论文写作》，人民日报出版社 2016 年版，第 135 页。
② 周溯源：《文章五境界》，载《红旗文稿》2007 年第 20 期。

贺雪峰教授特别强调平实的文风①。当前某些文章思想不够深刻、内容不够丰富、研究不够扎实，一味想通过玩弄文字来博取关注，从而形成了一种空洞玄虚的文风。所谓平实，我们可以把它理解成上面两种要求的综合。以平实的语言来表达丰富深刻的思想，往往是非大手笔莫办的。

文字在规范准确的基础上应当讲究的凝练和优美。社会科学主要是以文字作为传播思想的媒介的，如果语言过于枯燥无味，很影响它的传播。政治学史上的名著如托克维尔《美国的民主》、普布利乌斯的《联邦党人文集》、卢梭的《社会契约论》、马克思的《共产党宣言》，都可以当作优美的散文来阅读。鲁迅把这种语言的锤炼称作"炼话"。从而形成了一些流传久远的成语和格言。今天我们广泛使用的一些成语，实际上就是前人在学术著作中创造的。这虽然是一个比较高的水平，但是仍然值得我们去追求。目前学术著作语言过于平淡无味，毫无个性，不见得是一个好事情。一个值得注意的现象是古代学者能文者多，而现代学者能文者少。这恐怕同我们目前学科分科太细、学者缺乏语言文字方面的素养有很大的关系。

目前有一个很突出的现象是学术语言过度西化。语言是活的、发展的，中文与外语相互影响交流的现象其实不能绝对避免，我们并不一厢情愿地维护汉语的"纯洁"。但是，汉语本来可以很好表达的词语和句子，就没有必要去西化了。这是一种坏的西化。比如"He was elected congressman"，汉语直接就可以说"他当选国会议员了"，但是有的人受被动语态影响太深，一定要写成"他被选举为国会议员"，这就违背汉语的特征了。英语的特征之一是大量使用被动句，而汉语则主要使用主动句。当然，这只是大量"不当西化"的一个例子而已。我们在写作的时候，经常有意无意地使用一些多余的字。如果反复阅读文章，是可以把这些"可有可无"的字句删掉的。这样文章会更加简练优美。

另外，在汉语的论文写作中不提倡使用长句。有人认为在科技论文中使用长句难以避免。但是，也应当注意汉语自身的特点。汉语有一个特点是大量使用若干短句组成的句群来表达复杂的思想，而英语的论文写作中则大量使用结构严谨的长句，有时候整个段落就是一个句子。汉语是一种"意合语言"，过多使用长句会给人一种压迫感，让人喘不过气来。英语是一种"形合语言"，具有严谨的语法规则，根据特定的标志词很容易预测下一句是什么，因此就不存在压迫感的问题。在英汉翻译的时候人们一般会注意到两种语言的差异，但是在单独进行写作的时候则常常忽略了。

论文写作中应当避免使用过度口语化的词汇，那会给人以不正式的感觉。更重要的是，口语使用的时空差异太大，此时此地的人使用的口语词汇，对彼时彼地的人来说常常难以理解。口语词汇只有经过通俗文字作品（如小说、影视作品）固定化以后，得到大家的公认，才能够作为论文写作的词汇使用。感情色彩过于强烈的词汇，如果没有充分的证据，原则上也不要使用。例如。有人在论文中写道，"我敢说，她的意见完全就是一堆臭狗屎，毫无价值！"如果没有充分的证据，这些貌似强烈的词句实际上具有的说服力反而很低，有时甚至会引起读者的反感。笔者2008年秋写过一篇文章，其中有几句话："2001年乐山市劳动监察大队加大了对市内经济较为发达地区的监察工作。""乐山市率先进行了'金卡工程'的建设……"。结果编辑把第一句话里面的"经济较为发达的地区"改成了"工矿企业较为集中的地区"，理

---

① 贺雪峰:《什么农村，什么问题？》，法律出版社2008年版。

由是：原文言过其实，乐山市内地区谈不上经济发达。在第二句话"率先"一词前面加上了"在全省"三个字，理由是：乐山搞"金卡工程"只是省内领先，在全国并不领先。措辞要准确。

文章中可有可无的字词应当删去。比如口语里面的"我是不喜欢读书的"，完全可以简化成"我不喜欢读书"。如果意思已经表达完整，不要画蛇添足。

不要使用不规范的标点符号。在规范的标点符号中，惊叹号和省略号的使用应当慎重。惊叹号实际上已经表明了作者一种强烈的情感和态度，如果缺乏必要的论据，用得太多只会让人讨厌。尤其不要使用两个或者三个惊叹号重复使用的不规范的符号。有的同学写文章喜欢用省略号。一个地方写不出了就用一个省略号代替，或者干脆就是故作深沉。写论文的时候，除了引用他人的原文，中间有一段文字不必全部引用的情况，一般来说是不使用省略号的。括号可以偶尔使用，如果大量使用会增加阅读的难度。在使用括号的地方应当优先考虑改变句子的结构，把括号中的内容放到句子里面去。其次考虑采用注释的方法。不得已的时候才考虑使用括号。括号里面再加括号的做法应当避免。有的同学在阅读列宁的著作的时候，常看到列宁大量使用括号、省略号。其实他看到的是列宁的手稿。这个时候列宁的思想还不成熟，还在考虑使用什么措辞来表达思想，因此他就把几个可用的选择放到括号里面去，以供进一步研究。正式写论文的时候是不能这么写的。

另外谈一下关于序号的问题。毛泽东同志早就批评过某些论文，就会写大一二三四、小1、2、3、4，像开中药铺。这种文章读起来感觉就是几块拼凑起来的，文气不连贯，很难给人以阅读的美感。文章适当地分一下小节，可以使文章的内在结构更加突出，阅读起来也比较省力。但是这些符号加得太多，文章就支离破碎了。学术杂志一般要求这样的序号不能超过五个层次。实际上，就大多数的文章而言，两三个层次也就够了。如果文章本身就不长、也不难读，不分节也是可以的。有的文章每一两个自然段就加一个序号，那完全就是一篇笔记了。

三是文章的形象、气势。这是一个比较高的要求。孔子曾说：言而无文，行之不远。我们写文章，总是为了在一定程度上改变别人的思想，因此如果文章有文采、有气势，无疑会使我们的论文锦上添花。但是论文的文采气势，应当以前面讲的准确规范简洁为前提。我们固然不赞成把文章写成死气沉沉的八股文，但是更不能赞成牺牲语言的准确规范来追求文章的文采气势。说到底，这是一个本与末的关系，是不能颠倒的。不要说是写专业论文，就是写诗，诗人们也不赞成为了追求纯粹的形式美而牺牲感情的表达。

绝大多数情况下，论文是作者以一种中立的态度，客观地、直白地描述一个思想成果。科研成果一旦产生，它就不再属于作者个人了。但是在论文（尤其是长篇论文）中，有时候我们会安排一定的篇幅来描述研究的过程、方法、困难，这里面可能会有作者思想与感情的渗透。美国著名社会学家 William F. Whyte 1943 年发表了《街角社会》一书，但是没有引起很大的关注。1955 年再版的时候，他加了一个八十页的附录，真实地描述了他进行此项研究的过程，包括其中的成败得失和困惑，一时间引起学术界的巨大震动。20 世纪 70 年代这本书销量达两万余册，是社会学著作中最畅销的，并奠定了其经典地位。

二、材料的选用要精严

一个假说总是需要材料来加以支持的。没有材料，只有一个逻辑框架，都会使人感到不过是空论而已。所以精严地选用材料是论文成功的要素之一。关于材料的获取，本书前面花了很大的篇幅加以论述，本小节主要讨论材料的选择。我们的基本原则是，材料的收集宜宽，使用宜严。笔者的格言是"看百、存十、用一"。也有人提出,材料的收集要"以十当一",材料的使用则要"以一当十",这个说法也很形象,很有启发性。当然这只是说明材料选择之严格,不是一定要遵循这么个比例关系。材料的收集和使用须注意以下几个方面:

一是要特别重视对经验材料,尤其是第一手经验材料的收集。在收集材料的时候,经验材料对于科学思维具有"原动力"的意义,因此其说服力要强于其他材料。第一手材料保留的原始信息最多,因此应当给予充分的重视。当然,在收集经验材料的时候要特别注意方法论的问题,切忌"一叶障目,不见泰山",或者被一些表面现象所迷惑。这些问题在前面具体讨论研究方法的时候多有论述,此处不再赘述。

二是材料的收集不妨稍宽。在收集材料的时候,不妨把标准稍微放宽一点。不仅收集支持自己论点的材料,也收集反对自己论点的材料;不但收集一些与自己的论点直接相关的"核心材料",也收集那些与自己论点只有少许联系的"边缘材料",这对于打开思路是十分重要的。根据自己的需要去取舍材料,很容易成为一个"井底之蛙"。

三要认真审查材料的可靠性。尤其是关键材料,绝对禁止捏造、歪曲、断章取义。对于难以断定其真伪的材料,或者明知其有缺陷的材料,要舍得割爱。凡引用第二手的资料,应当尽可能追溯其原始出处。一些数据、结论还要追究其获得的方法。须知我们的选题和理论,往往都是建立在这些关键材料上面的。一旦关键材料站不住,则整个论文将应声崩溃。例如,中国国家体委的研究员李力研做出了一个研究结论,认为中国高级知识分子寿命比中国人的平均寿命低十岁以上,大约只有58岁。这个结论曾引起很大的轰动,并被广泛引用,因为它同国际上公认的"平均寿命与教育程度成正比"的结论相反。但是,后来有几位研究者却指出,李力研的研究在方法论上有重大缺陷——样本框错误。李力研从在职高级知识分子死亡的平均年龄来推断所有高级知识分子死亡的平均年龄,犯了一个重大的错误。但是,到目前为止,李的结论仍然被广泛引用,不能不说是一个很大的遗憾,反映了相当一部分学者治学的严谨性不足。

四是在使用材料的时候要非常慎重。不仅要断定其真伪,而且要求有最大的相关性、最大的代表性。一份材料即使是真实的,如果相关性和代表性不足,也应当割爱。有的人准备了大量的材料,写文章的时候觉得不用又可惜,或者觉得材料多可以增加论文的分量,于是不分良莠地把它堆砌到论文之中,这是不对的。须知一篇论文中材料的说服力,不在于其数量的多少,而全在于其真实性、相关性、代表性、权威性。能够做到以上四条,即使只有一两则材料,文章也会使人感到无可辩驳;反之,即使材料堆积如山,也不会让人服气。

下面举一个例子:

原文参见鲁迅之《关于<三藏取经记>等》,见其《华盖集续编的续编》。其事由是日本人德富苏峰读鲁迅之《中国小说史略》,看到鲁迅疑《大唐三藏法师取经记》乃是元刻本(通说认为是宋刻的),而对鲁迅进行批评。鲁迅对他的批评进行反驳。

德富苏峰持通说,其论据有三:第一,纸墨字体是宋;第二,宋讳缺笔;其三,罗振玉认定是元刻本。德富苏峰的论文逻辑是极为简单的,都是第一格的直言三段论。以第二个论据为例,其逻辑就是:"凡是有宋讳缺笔的书必是宋刻本;《三藏取经记》有宋讳缺笔;故《三藏取经记》必是宋刻本。"每一个论证在逻辑上都没有毛病;三个理由合在一起可以满足充足理由律。

所以鲁迅要反驳,不能驳逻辑,只能驳论据或者前提,也就是说,反驳的途径有二:第一，《三藏取经记》并无宋讳缺笔；第二，有宋讳缺笔的书并不一定都是宋刻本（有些宋讳缺笔书不是宋刻本——特称否定命题）。由于《三藏取经记》有宋讳缺笔乃是显而易见的事实，故第一条路不通。只能走第二条路。鲁迅采用的是例证法。要证明一个全称命题不成立，只要证明判断对其中一个元素不成立即可。鲁迅的论据是"前朝的缺笔字，因为故意或者习惯，也可以沿至后一朝……"，并特举《易林注》残本为例（该书也是原来依据纸墨特征、宋讳缺笔、专家认定而被公认为宋刻本，但是后来发现其中引用元代人著作而被定为元以后的著作）。据此，德富苏峰的论证不能满足充足理由律，故鲁迅可以存疑。鲁迅的反驳之所以有力，全赖《易林注》残本一个强大的例子。

可见，上述的德富苏峰的论证与鲁迅的反驳，关键不在于逻辑，而在于论据。论据的重要性，由此可见一斑。

第四篇 应用篇

第九章 政法类本科学生毕业论文的答辩

第一节 毕业论文答辩概述

一、毕业论文答辩的含义

毕业论文答辩是指即将毕业的各类大学生在完成毕业论文后,为检验毕业论文质量,评价学生学术水平,由校方组织,相关专业专家负责实施,通过问答、辩驳方式进行的毕业论文检验活动。

毕业论文答辩有以下几个特点:

第一,答辩论文是大学生为申请相应学位而写的学位(毕业)论文。高等教育作为培养高层人才的教育系统,其"产品"——学生的质量影响着国家整体科研、生产水平,衡量"产品"质量的标准除了学生对专业理论和知识的掌握程度外,相应的科研能力也是极为重要的一项标准。为保证高等教育"产品"的质量能够达到较高的水平,以满足经济和社会发展的需求,在完成相应学习任务后,还要求本科、硕士和博士层次学生完成一篇能够反映自身研究水平和能力的本专业学术论文,以此申请相应学位。毕业论文答辩时的答辩论文即是学生为申请相应学位而作的学位论文。

第二,毕业论文答辩系由校方组织、相关专业专家实施的活动。毕业答辩关系到毕业生能否获得相应学位,而根据《中华人民共和国学位条例》的规定,学位授予权属于各高等学校,因而,毕业论文答辩均由各高校组织。不过,由于每个高校都设有数十乃至数百个专业,因此,实际组织毕业论文答辩的一般都是各个院系。

毕业论文答辩的实际实施者是相关专业的专家学者。毕业论文(学位论文)主要考察的是学生的研究能力,因此,对学生研究能力和研究水平的判断只能由相关专业专家学者进行。一般而言,各高校在进行论文答辩时,根据不同学位层次,会邀请本校或外校专家组成答辩小组进行毕业论文答辩。

第三,毕业论文答辩主要通过问答、辩驳的方式进行。毕业论文答辩既不是学生单方面全面介绍毕业论文内容,也不是答辩老师对毕业论文进行点评,学生被动接受,而是通过答辩老师提问,学生回答,双方进行辩论、反驳等方式进行深入的学术交流,发现论文中存在的问题,帮助学生提升学术水平。因此,论文答辩重在答与辩。

第四,毕业论文答辩结果直接影响毕业生能否获得相应学位。因为毕业论文是衡量毕业生是否具备相应研究能力的最主要标准,因此,毕业论文答辩能否通过,直接反映出毕业生是否具备相应的学术研究能力,最终直接影响其能否获得相应学位证书。

根据不同的学历层次,毕业论文答辩主要分为本科毕业论文答辩、硕士毕业论文答辩及博士毕业论文答辩。三种答辩在答辩程序、答辩要求、答辩组织等方面虽然存在一定差异，但基本上是大同小异的。

二、毕业论文答辩的目的

1. 考查和验证学生对所著论文的认识程度和当场论证论题的能力

毕业论文作为学生在校期间最重要的学术研究成果，从选题到最后成稿，主要由学生独立完成，因此，对于论文的选题和内容，作者应该是非常了解的。但是由于学生自身研究能力的差异，以及许多学校在毕业论文选题时往往是由学生在老师拟定的题库中选择论文题目，所以学生在写作毕业论文时，也会存在对论文选题及内容认识不清甚至认知错误的问题，通过论文答辩能够发现学生在这方面存在的问题。

体现学生的研究能力的除了论文所反映出的书面论证能力外，更重要的是现场论证能力。在未进行充分准备的情况之下，根据所掌握的专业知识，当场对某个专业问题进行论证，这是研究能力的更高层次体现。通过答辩老师提问，学生作答的方式，能够发现学生当场论证论题的能力的大小，进而也能够反映出其专业理论掌握程度和研究能力。

2. 考查学生对专业知识掌握的深度和广度

毕业论文作为一项研究成果，学生在写作过程中必须充分运用所掌握的专业知识，对某个选题进行深入的研究。因此，毕业论文的质量是衡量学生专业知识掌握程度的最重要标准。但是，毕业论文因为选题所限，其所涉及的专业知识范围往往较为狭小，所以无法充分展现学生掌握专业知识的深度和广度。而在毕业论文答辩中，答辩专家往往除了关注论文本身涉及的主要理论问题外，还会关注与论文相关（作者需要考虑或澄清的问题）但并非论文主要问题的专业理论知识。如对于一篇名为《环境行政公益诉讼制度研究》的论文而言，答辩专家除关注环境公益诉讼本身的问题外，往往还会就"公共利益""环境民事公益诉讼"等相关问题进行提问，以了解作者是否搞清楚这些相关问题。这都是对学生专业知识深度和广度的考察。

3. 审查毕业论文是否论文作者独立完成，即检验毕业论文的真实性

毕业论文必须独立完成，这既是学术道德规范的要求，也是毕业论文作为衡量学生研究能力的载体的角色所要求。遵守基本学术道德规范，是每一个研究者进行科学研究的基本准则，毕业论文写作同样也是学术研究的一种，因此，不得存在抄袭、剽窃、侵吞、篡改他人学术成果等学术不端行为。相应地，在毕业论文答辩中，一项重要的工作就是识别参加答辩的毕业论文是否存在抄袭、剽窃问题。如果一篇毕业论文的主要内容和观点存在抄袭、剽窃的问题，作者往往在回答问题时表现出对论文不熟悉、对相关理论知识不了解、对论文数据及案例来源不清楚等问题。因此，通过分析学生在回答问题时的情况，答辩专家可以发现论文是否系作者独立完成，准确评判其学术价值。

4. 发现论文漏洞，完善毕业论文

毕业论文答辩的另一项重要功能在于帮助学生发现论文存在的问题，完善毕业论文。在论文答辩中，答辩老师和学生并非处于对立地位，一方面答辩老师通过提问的方式了解和评价学生的研究能力，发现学术不端行为，另一方面答辩老师更多的是对毕业论文提出修改意

见，帮助学生完善毕业论文。因此，在毕业论文答辩中，答辩老师都会针对毕业论文在内容、结构、观点、论据等方面存在的问题提出修改意见，供学生修改时参考。

5. 促进学术交流，提升学生学术研究水平

一方面，毕业论文答辩是提升学生研究水平的重要渠道。在答辩过程中，答辩老师会针对论文存在的问题、涉及的理论，以及研究方法等提出问题或修改意见，学生通过与答辩老师的交流，能够充分了解其在论文写作过程中存在的问题与不足。同时，在论文答辩过程中，学生也会学习或了解到答辩老师严谨的治学态度、科学的治学方法，以及深厚的学术功底。这些都能够明显地提升学生的研究水平。

另一方面，毕业论文答辩也是一个教学相长的过程，学生通过毕业论文获得研究水平提升的同时，答辩老师在毕业论文答辩（尤其是高水平论文答辩）中也能够获得一定的益处。因为毕业论文所研究的主题往往是本学科最新、最前沿的问题，在答辩过程中，答辩老师从中也可以获得本学科的前沿信息、全新的研究方法或者最新的研究材料，为其学术研究提供助益。

三、毕业论文答辩的意义

1. 毕业论文答辩是一个增长知识、交流信息的过程

如前所述，在毕业论文答辩过程中，通过问答、辩驳的方式，学生可以充分地和答辩老师就有关毕业论文的问题进行交流，通过老师的提示与解答，答辩学生既可以了解自己论文中存在的问题，也能够从中学到自己此前所未掌握的知识，提升自己的理论水平。

2. 论文答辩是大学生全面展示自己的勇气、风度和口才的最佳时机之一

毕业论文答辩主要是通过口头问答方式进行。论文本身所体现出的作者的写作能力不同，毕业论文答辩所展现的主要是作者的口才、风度、面对问题时的勇气，以及临场应变能力。对于大学生而言，往往缺乏在正式场合发言的经验，这对于其毕业后走入社会是不利的。而毕业论文答辩恰恰能够为所有学生提供这样一个锻炼、展示自己的口才、勇气以及做事风度的机会。

3. 论文答辩是大学生们向答辩小组成员和有关专家学习、请求指导的好机会

为公正衡量学生研究能力，参加毕业论文答辩的老师往往都是长期从事相关专业研究与教学工作的专家。对于学生而言，其在写作毕业论文过程中虽然全程有指导老师进行指导，但指导老师因其专业背景、研究方向等不可能面面俱到地对毕业论文进行全方位指导。因而，学生就可以利用毕业论文答辩之机，向答辩专家请教相关问题，答辩专家也可以在答辩过程中主动对论文中的一些重要问题进行讲解，答疑解惑。

4. 论文答辩是大学毕业生们学习、锻炼辩论艺术和能力的一次良机

毕业论文答辩是通过问答、辩驳的方式进行，因此，对于学生而言，是一次难得的锻炼辩论能力的机会。毕业论文答辩并非学生被动地回答问题或接受老师提出的意见，在答辩过程中，对于答辩老师提出的一些不合理或者不正确的意见，学生都可以进行辩驳。

第二节　毕业论文答辩准备

一、毕业论文答辩学校管理方的准备工作

1. 学生参加毕业论文答辩的资格

参加毕业论文答辩，需要具备一定的条件：

第一，参加答辩的学生必须是已经修完高等学校规定的全部课程，获得学校准许毕业的学分的应届毕业生或符合有关规定并经过校方批准同意的上一届未毕业学生。

第二，答辩论文必须是符合毕业论文质量、形式基本要求的论文。一篇毕业论文在完成后，并非都能够参加论文答辩，在答辩之前，毕业论文还必须经过重重审查。首先，毕业论文完成后，需要经过指导老师的审查。指导老师作为论文的全面把关者，在学生完成论文之后，必须对论文进行全面审查，以判断其是否达到毕业论文要求。如果指导老师认为毕业论文已经达到了基本要求，则需要签署指导老师评语，给出论文成绩，并做出同意参加答辩的意见；如果指导老师认为毕业论文仍然存在较多的问题，达不到答辩要求，同样也需要签署指导老师评语，给出论文分数，并作出不同意参加答辩的意见。

第三，毕业论文还需要经过同行专家匿名审查。指导老师签署同意答辩的意见后，学生就可以按照要求提交论文答辩稿了。对于论文答辩稿，校方为保证论文质量，还会将其交给校内外同行专家进行匿名评审，评审专家人数一般来说本科毕业论文 1~3 人，硕士毕业论文 3~5 人，博士毕业论文 5~7 人。评审专家要对论文出具评审意见，并给出成绩等次或分数。如果多数评审意见认为论文不合格或者分数、等次不及格，则该论文不能参加答辩。

校方在论文答辩之前，必须汇总各指导老师的意见以及评阅专家的意见，以确定哪些学生的毕业论文能够参加答辩。

只有同时具备以上三个条件，才有资格参加毕业论文答辩。

2. 组织答辩委员会或者答辩小组

毕业论文答辩由答辩专家组成的答辩组织具体负责，答辩组织一般称为答辩委员会或者答辩小组。毕业论文的答辩，必须成立答辩委员会，答辩委员会是审查和公正评价毕业论文、评定毕业论文成绩的重要组织保证。答辩委员会由学校或学校委托下属各院系统一组织。答辩委员会一般由三人以上的专家组成，本科论文答辩人数一般是 3~5 人，硕士毕业论文答辩一般是 5~7 人，博士毕业论文答辩一般是 7 人以上。答辩专家一般要求具有高级职称，本科毕业论文答辩中可适当放宽条件。每一个答辩委员会都应当根据学术水平确定一名主任委员，负责答辩委员会的召集、协调工作。

3. 拟定毕业论文成绩评定标准

如前所述一篇毕业论文会经过多重审查，包括指导老师评阅、专家匿名评审和答辩委员会评审。每一重审查都会给出相应成绩，而毕业论文的最终成绩是由这些评审成绩加权平均得出。为保证指导老师、评阅老师及答辩老师能够公正、合理地评定成绩，防止出现分数畸高畸低的问题，校方应当事先制定一个较为科学合理的评分标准，供相关老师遵照执行。对于评分标准，不同高校、不同学科之间没有统一的要求，但大体上而言，指导老师评阅和专家匿名评阅标准基本一致，主要包括选题质量、研究方法、论证、逻辑结构、语言表述、格

式等几个方面，而对毕业论文答辩委员会评阅而言，根据毕业论文答辩的特点，评分标准应当包括论文选题质量、研究方法和材料、论文质量、论文形式、答辩情况等几个方面。如表9-1、表9-2所示。

表9-1 ××××学院学生毕业论文指导教师（专家）评分标准

选题质量（20分）	选题符合专业要求；选题具有一定的难度，有一定的理论或实践意义；选题具有一定创新性。
研究方法（20分）	研究方法得当，研究方案设计合理。
论证（20分）	论证严谨、论据充分、具有一定的理论深度。
逻辑结构（20分）	论文结构完整，部分与部分之间逻辑合理。
语言表述（10分）	论文语言表述严谨、规范，符合专业要求。
格式（10分）	论文排版格式规范。

表9-2 ×××学院学生毕业论文答辩评分表

答辩教师：

学生 \ 评分项	选题质量（20分）	研究方式、方法及内容（30分）	论文质量（35分）	答辩语言与逻辑（15分）	答辩得分
	选题符合专业要求；选题具有一定的难度，有一定的理论或实践意义；选题具有一定创新性。	研究方法得当，研究方案设计合理，能独立从事调查研究；能综合运用专业知识发现并解决问题，得出有价值的结论。	结构合理，表述严谨，论证充分，逻辑性强；格式规范。	答辩态度端正，语言流畅，思路清晰，表达准确；回答问题准确，有深度。	

毕业论文评阅与答辩成绩，一般分为优秀（90～100分）、良好（80～89分）、中等（70～79分）、及格（60～69分）和不及格（59分以下）五个档次。

4. 答辩分组安排和布置答辩会场

参加答辩的学生人数较多时，需要分成几个答辩小组，每个答辩小组的人数应当控制在10人以内，以保证每个答辩学生有充足的答辩时间。每个答辩小组安排相应的答辩老师组成答辩委员会负责答辩工作。为保证毕业论文答辩工作公正性，答辩分组时应当注意几个问题：第一，答辩教师指导的学生，尽量与指导教师分在不同的答辩组；第二，论文匿名评审教师尽量与所评审的论文的作者分在不同的小组；第三，论文方向尽量与答辩教师研究方向相同。

答辩会场没有特别要求，一般的教室或会议室都可以，如果使用PPT的，必须要配备投影仪。答辩会场安排应当提前通知答辩学生和老师。

二、答辩学生的准备工作

在论文答辩前，答辩学生应当做好以下准备工作：

1. 完成毕业论文，并交指导老师签署同意答辩的意见

毕业论文完成后，首先应当交指导老师进行全面审查，指导老师审查后认为论文已经达到基本要求，即可签署同意答辩意见。只有指导老师签署意见同意答辩的毕业论文才能够进行答辩。

2. 对毕业论文进行重复率检测

为防止抄袭、代写等问题的出现，目前各高校对于毕业生毕业论文在答辩前均要求进行论文重复率检测，只有经过检测重复率不超过一定比例的论文才是合格论文，才允许参加答辩。论文重复率的标准各高校要求不一，大致范围在10%～30%之间。

3. 按照要求提交论文答辩材料

毕业论文在获得指导老师同意答辩意见，经重复率检测合格后，就可以正式进行答辩了。论文答辩前学生必须按要求提交论文答辩材料，以便校方进行答辩前的准备。一般而言，需要提交的材料包括：毕业论文定稿（数量根据答辩老师的人数确定）、毕业论文匿名定稿（匿名评审用，数量根据评审老师的人数确定）、毕业论文成绩评定表一份、毕业论文查重报告一份等。

4. 写好毕业论文的简介

在毕业论文答辩时，一般首先要由作者简要介绍自己的论文内容（即后文所指的答辩陈述），而这一论文简介，必须在答辩之前准备好。论文简介应当包括选题的背景、研究方法、论文主要内容、论文核心观点、论文创新之处几个方面。论文简介切忌将一些不重要的内容如写作过程、参考文献、非核心观点等包括进去。因为对于答辩老师而言，其最关心的是为什么选这个题目、论文的基本内容和观点以及论文有哪些创新这些关键问题。

目前许多学校要求将论文简介作成PPT在答辩时进行演示，对于学生而言在制作PPT时应当注意：首先，PPT只是论文简介的载体，而非论文的载体，因此，PPT的内容必须遵循上述论文简介的要求；其次，PPT的目的在于更清晰地向答辩老师展示论文内容，因此在背景选择，字体、字号设置时必须考虑到实际效果。背景不能过于花哨，字号应当大小适中，以便于答辩老师和旁听人员观看。

5. 熟悉自己所写论文的全文，尤其是要熟悉主体部分和结论部分的内容

论文答辩围绕着毕业论文进行，答辩老师所提的问题都与论文相关。因此，学生如果希望在答辩中取得较好的成绩，首先必须熟悉自己的论文。答辩时如果对自己论文的内容不熟悉，答辩老师就会产生论文是否由作者自己独立完成的疑问，或者会给老师不重视答辩、做事不认真的印象，进而影响答辩成绩。对于答辩人而言，虽然应当对自己所写的整篇论文了如指掌，但也应当有侧重点。答辩老师在审阅论文时，主要关注的是论文的主体部分以及结论部分，对引言、注释、参考文献等不会过多关注，因此其提问针对的对象往往也基本上集中在论文主体及结论部分，其他部分极少涉及。所以答辩前学生在熟悉自己的论文时，应当重点熟悉论文的主体和结论部分。

6. 要了解和掌握与自己所写论文相关联的知识和材料

一篇毕业论文的完成，往往是作者对相关知识与材料通过科学的方法进行组织、筛选、分析、鉴别、论证的最终结果，但是限于篇幅和文章逻辑结构所限，在最终论文中，往往只包括其中比较重要的内容。然而文章本身的观点、结论却仍然是建立在更多的相关联的材料和知识基础之上的。比如，在一篇研究监护制度的完善的论文中，作者提到我国的监护制度与国外亲权制度有所不同，虽然论文并没对亲权制度进行论述，但在写作这篇文章时作者必须要对什么是亲权、亲权与监护权的区别进行分析，因为这两个概念的区别关系到论文的基本观点和结论的做出。在答辩中，答辩老师常常会脱离论文的内容就与论文密切相关的知识、材料等进行提问，以考查学生是否真正在论文写作过程中掌握并运用了这些知识、材料。与

论文相关的知识与材料包括：论文所采纳的理论观点的发展历程；与论文中核心概念相似的概念的含义及其区别；论文研究问题的学术界研究现状；重要引文的出处和版本；主要论证材料的来源渠道，等等。对这些方面的知识和材料都要在答辩前有比较好的了解和掌握。

7. 要了解自己所写论文存在的不足

在答辩过程中，答辩老师往往会针对论文存在的不足或可改进之处进行提问。对于参加答辩的学生而言，在论文答辩前，根据自己写作毕业论文的情况，应当对论文中存在的一些问题进行归纳、概括，分析其原因，并提出一定的修改完善方案。

第三节 毕业论文答辩的程序

毕业论文答辩的流程大致如下：学生陈述、答辩老师提问、学生回答问题、答辩老师点评评论并提出修改意见、答辩委员会填写论文评语并评定论文成绩。对博士论文而言，除正式答辩外，毕业论文完成后还有一次预答辩程序，由本校导师组成员对论文进行初步审查，并提出修改意见。预答辩的程序和正式答辩程序基本相同。

一、答辩学生陈述

1. 陈述的主要内容

毕业论文答辩时，在答辩老师提问之前，答辩人须先行进行陈述，陈述的主要目的是让答辩老师进一步了解论文的写作过程、论文主要内容和观点以及创新之处，以便提出问题。论文答辩陈述的主要内容有两个方面：

其一，简单地自我介绍，以便让答辩老师知晓答辩者的身份以及所答辩的论文。

其二，对毕业论文的介绍。对毕业论文的介绍应当侧重于以下几个方面：

一是论文选题的背景。为什么选择这个选题，对这一选题进行研究有什么理论和实践价值。

二是论文的主要研究方法。即在论文中所采用的研究方法是什么。但这里介绍的研究方法应该是比较新颖的有别于其他论文的研究方法，如果答辩论文中所采用的研究方法和其他论文没有什么区别，研究方法可以不进行介绍。

三是论文的主要内容。答辩论文共分为几部分，每一部分论述了什么，得出了什么结论，引用了什么数据、案例等要全面地概括陈述。

四是论文的核心观点。论文得出了哪些重要的结论，提出了哪些核心的观点，答辩人要逐一进行陈述说明。

五是论文的创新之处。一篇学术论文的最重的价值就在于其创新性，因此对于答辩老师而言，对于答辩论文其最关心的就是论文有哪些创新的地方。所以答辩人必须详细说明论文在研究方法、主要观点、论据材料以及论文选题等方面有哪些创新的地方。

2. 陈述时间

答辩陈述无需长篇大论，只需将论文中的相关内容进行归纳概括即可，答辩陈述的时间没有统一标准，一般而言本科毕业论文答辩控制在 10~15 分钟，硕士毕业论文答辩控制在 20~30 分钟，博士毕业论文答辩控制在一小时以内。

二、答辩老师提问

学生陈述完成之后,答辩老师要针对答辩论文进行提问,这也是整个答辩过程中最重要的一个环节。答辩老师提问的目的在于通过学生回答情况了解学生是否真正掌握论文涉及的理论问题,是否具备了基本的研究能力,是否存在学术不端行为。

答辩老师提问主要有两种方式,一种是每个答辩老师针对论文提问,另一种是由主答辩老师进行提问,其他答辩老师可以进行补充提问。如果采用逐一提问的方式,每个老师提问的数量一般是1~3个。如果采用主答辩老师提问的方式,所提问题的数量应当至少在3个以上,以便更全面地考察学生的研究能力。

答辩老师如何进行提问,这是每一个参加答辩的学生最为关心的问题。因为每一篇论文都不相同,每一个老师的学术背景也各不相同,因此究竟在答辩时提哪些问题无法事先判断。但答辩教师的提问还是有一定规律可循的,其所提的问题大致有以下几类:

第一,概念比较类问题。对于论文中的一些核心概念,答辩老师有时为了解学生对这一概念的掌握,会就这一核心概念与其他相关概念的比较进行提问。如一篇名为《论我国人民陪审员制度的完善》的论文,答辩老师可能会提出"我国人民陪审制与英美国家陪审团制的区别"的问题。

第二,理论阐释类问题。对于论文中所采用的某一重要理论,答辩老师为了解学生是否对此一理论有充分的理解和认识,在答辩时可能会就这一理论的内容、历史沿革、争议之处等进行提问。如对一篇名为《论我国的刑事和解制度》的文章,答辩老师可能会提出"刑事和解制度的概念、内容、历史沿革、学术界争议"的问题。

第三,研究方法类问题。如果一篇论文中采用了较为独特的研究方法,答辩老师为考查学生对这一研究方法的掌握和运用程度,在答辩时会就研究方法的原理、要求以及使用过程进行提问。如在一篇名为《××社区老年人幸福度调查》的毕业论文中,作者采用了问卷调查方法收集相关数据,答辩老师可能就会提出"问卷调查法的基本要求""你调查的对象数量有多少""调查对象的范围有多广"等问题。

第四,缺陷与不足类问题。答辩老师在发现论文中存在的缺乏与不足时,为启发学生对相关问题的思考,往往会针对论文存在的不足或缺陷进行提问。如在一篇名为《从网约车合法化看中国法治》的论文中,作者并没有阐释清楚网约车合法化过程究竟反映出了中国法治的哪些特点和发展变化。因此在答辩老师提问时,首先提出的问题就是"网约车合法化过程与法治的关系是什么?反映出我国法治建设的什么现状?"通过这些问题提示学生论文中存在的不足,启发学生进一步深入思考,以完善论文观点和内容。

第五,论文材料、参考文献类问题。答辩老师为判断学生真实的科研能力,检验毕业论文是否存在抄袭情况,有时会就论文中所使用的案例、数据、图表等材料的内容和来源进行提问。答辩老师也会就论文中的参考文献进行提问,以此来了解学生在写作论文时是否真正认真阅读了相关参考文献。如在一篇名为《地方政府信息公开受体接受能力研究》的论文中,作者的很多观点都是建立在《中华人民共和国政府信息公开条例》的规定基础之上的,因此,在答辩过程中,答辩老师首先提出了"《政府信息公开条例》规定的主动公开和依申请公开的信息的范围和公开方式是什么"的问题,以检索作者在论文写作过程中是否仔细阅读了这一至关重要的法律文件。

答辩提问案例:

1. 论文题目:《优化团学组织在高校大学生教育中的作用探讨》

问题:(1)本文的创新点在哪里?

(2)你认为社团存在的最突出的问题有哪些?

(3)共青团作用弱化的主要原因有哪些?

2. 论文题目:《明星代言虚假广告法律责任研究》

问题:(1)明星代言虚假广告的危害性有哪些?

(2)对明星代言虚假广告的规制,现有法律规定有哪些不足?

(3)国外关于明星代言虚假广告的法律规制有哪些经验可以借鉴?

3. 论文题目:《网络监督对政府执政权威性影响的分析》

问题:(1)"网络公民"的概念定义及与"一般公民"的联系与区别。

(2)网络监督影响司法公正,削弱政府权威的内在逻辑。

(3)增进与保持政府执政权威性的条件有哪些?

4. 论文题目:《高校女大学生就业现状分与困境分析》

问题:(1)当代的男女社会性别定位是什么?

(2)为什么女大学生求职积极性不高?

(3)在进行问卷调查时,调查对象范围有多广?如何进行的调查?

5. 论文题目:《供给侧改革中的煤炭行业和失业保险:挑战与应对》

问题:(1)我国新的能源结构为什么对煤炭行业挑战最大?

(2)调整煤炭行业结构、降低成本与煤炭保险制度面临的挑战之间的关系是什么?

(3)文中提到要强化煤炭行业失业保险社会化程度,具体应当有哪些措施?

三、答辩学生回答问题

答辩老师提问结束后,就进入学生回答问题的环节。学生何时回答问题,一般有两种做法,一种是即问即答,即老师提问完毕之后,学生立即回答问题;另一种是老师提问后给答辩学生留一定时间的准备,然后再回答问题。问即答方式因为不给学生准备的时间,因此更能够准确地考察学生的真实研究能力、对论文涉及的问题的掌握程度、临场反应能力,以及毕业论文是否存在抄袭的情形,所以各高校在论文答辩时都优先采用这种方式。不过也有学校在答辩时采用后一种方式,主要是基于答辩流畅性的考虑,尤其是对于本科学生而言,如果不给其预留一定的准备时间,大多数学生在回答问题时将无所适从。采用这种方式进行答辩,其流程一般是先由第一个学生进行陈述,然后由答辩老师提问,提问之后学生进行答题准备,接着第二个学生进行陈述,并由老师提问,提问之后学生进行答辩准备,然后第一个学生进行回答,依此类推。

答辩学生回答问题时要注意以下几个方面:第一,老师所提问题要记录清楚,老师提问时有不清楚的地方应当立即询问清楚;第二,对于确实回答不了的问题,应当谦虚地承认自己的不足,不要强辩、诡辩,以免给答辩老师留下不好的印象;第三,对于比较难的问题,不能自暴自弃,应当尽量运用所学知识进行回答;第四,紧扣问题,不要东拉西扯,偏离主题;第五,当论文中的主要观点与主答辩老师的观点相左时,可以与之展开辩论。

四、答辩老师对回答进行点评,并对论文提出修改意见

学生回答完问题之后,答辩老师应当对回答情况进行适当点评,肯定其回答的好的地方,

指出其回答的不足之处，并尽可能对所提问题做简单的解答与分析，以解决学生的疑惑。答辩老师还必须对论文提出修改意见，因为，论文答辩不仅仅是评判论文的优劣，更重要的是帮助学生提升研究能力，完善毕业论文。答辩老师应当指出论文在内容、观点、结构、形式等方面存在的问题，并提出修改意见，供学生在修改完善论文时参考。

五、答辩委员会评定论文成绩，填写答辩意见（评语）

所以学生完成答辩后，答辩委员会应当根据论文质量及答辩情况评定论文成绩，论文成绩采用百分制，一般分为五个档次：优秀（90～100分）、良好（80～89分）、中等（70～79分）、及格（60～69分）和不及格（59分以下），也有部分学校划分为四个档次：优秀（90～100分）、良好（75～89分）、及格（60～74分）和不及格（59分以下）。答辩委员会在给毕业论文评定成绩的同时，还需要根据评分标准填写答辩委员会意见（评语）。

六、答辩学生在答辩时应遵循的基本要求

论文答辩是一项正式、严肃的教学活动，因此，参加毕业论文的学生在答辩时应当遵循以下基本要求：

1. 态度端正、谦逊、诚恳

参加答辩的学生应当认真对待论文答辩，不能抱有轻视、不重视的态度。答辩过程中态度应当谦逊，既不自负，也不自卑，应当以一种平和的心态对待答辩。答辩时要以诚恳的态度虚心接受答辩老师的指导和意见，不要进行诡辩。

2. 所述内容真实可信

答辩过程中，无论是在进行论文介绍（答辩陈述）时，还是在回答老师提出的问题时，都应保证内容的真实性，不能存在编造、伪造的情形。

3. 表述条理清楚，语言简洁、流畅

在答辩陈述或回答老师提问时，应当做到条理清楚、观点明确，紧紧围绕问题中心逐条展开陈述，切忌表述缺乏条理，观点含糊。答辩时语言应当简洁、流畅，尽量避免不必要的长篇大论；语速不要过快，确保答辩老师和旁听人员能够清楚地把握所表达的意思。

4. 遵守答辩纪律，尊重答辩教师，衣着整齐，不大声喧哗

答辩时必须遵守答辩纪律，尤其要遵守答辩各阶段的时间要求，不要超时。

七、答辩学生在答辩时应当注意的事项

1. 携带必要的资料和用品

学生参加答辩时应当按照校方要求，携带好答辩需要的资料和物品，主要包括记录用的笔、纸张，校方允许携带的资料。尤其要注意的是，因为答辩老师的提问都是围绕毕业论文展开，而且还会对论文提出修改意见，因此答辩时必须携带一份毕业论文。

2. 要有自信心，不要紧张，听清问题后经过思考再回答

答辩时要保持放松的心态，要有自信，不能紧张，对于一篇完全由自己认真撰写的论文

而言，老师所提的问题，作者完全是可以回答出来的。在老师提问时要注意认真记录，认真思考，思考成熟后再做答。

3. 要讲文明礼貌

答辩时对待老师要有礼貌，在老师提问或发表意见时不能随意打断。

八、学生在答辩结束后的工作

答辩结束后，答辩学生应当根据答辩老师所提修改意见，在征求指导老师意见后进行论文修改，完成毕业论文最终定稿。

第十章　政法类科研项目的申报、组织研究与成果验收

一、政法类科研项目的含义和特征

1. 政法类科研项目的概念

政法类科研项目，也称为政法类科研课题，是指依照科学研究规划，有计划、有组织地、有目的地进行政法领域有关学科的科学研究和技术开发的活动。科学研究并非是盲目和无序的，有效的科学研究活动应当是有计划、有目的的。同时，科研活动也往往需要资金、人才、设备、政策等方面的支持。因此，人们在进行科学研究活动时，除了研究者依据自己的兴趣自主进行的研究外，更多的是以科研项目的形式开展研究活动。

2. 政法类科研项目特征

（1）研究性。科研项目不同于实践性项目，其主要目的在于进行科学研究，以实现特定的研究目标，取得特定的研究成果，推动理论或技术的进步。因此科研项目的首要特征即在于其是研究者运用专业理论与科学的研究方法，探索事物的本质规律的活动。如果一个项目不具备研究性的特点，则其不能称之为科研项目，如建设项目、工程项目等。

（2）计划性。所谓计划性是指科研项目有其既定的主题、研究内容、研究目标、研究方法，科研活动必须按照既定的研究计划有序开展，不能脱离计划随意进行。

（3）时限性。为保证科研活动尽快取得成果，科研项目一般都规定有研究期限，少则数月，多则数十年。一方面时限的要求促使研究人员提高研究效率，另一方面如果时限规定不合理，也会导致研究活动因过度强调效率而忽略研究质量的问题的出现。因此，在设定研究时限时，必须合理，要给研究人员较充分的研究时间。

（4）管理性。为保证按时高质量地完成研究，科研项目都有相应的管理机构对项目立项、结项、经费使用等方面进行管理。当然，由于科学研究的专业性、探索性与复杂性，对科研项目的管理并不会涉及研究内容、研究方法、观点结论等专业性问题，其仅仅针对科研项目的形式、程序等非专业性问题进行。

二、政法类科研项目的类别

（一）按项科研目级别进行划分

科研项目按项目级别划分，主要包括四级：国家级科研项目、省部级科研项目、市厅级科研项目和校级科研项目。

1. 国家级科研项目

国家级科研项目是所有科研项目中级别最高、影响最大的，当然其申请难度也是最大的。国家级科研项目在自然科学领域主要包括国家自然科学基金委项目以及科技部项

目。①对于人文社会科学而言，国家级科研项目主要包括国家社会科学基金项目、国家软科学研究计划项目、全国教育科学规划项目和全国艺术科学规划项目。对于政法类专业而言，相关的国家级科研项目仅包括国家社会科学基金项目和国家软科学研究计划项目。

（1）国家社会科学基金项目。

国家社会科学基金（简称国家社科基金）设立于1991年，由全国哲学社会科学规划办公室负责管理。该基金主要用于资助我国现代化建设中具有重大实践意义和理论意义的研究课题和对科学发展具有重要意义的研究课题，扶持和加强急需的新兴学科、边缘学科和交叉学科的建设，支持具有重大科学价值的历史文化遗产的抢救和整理工作。国家社会科学基金项目主要包括以下几类：

① 重大项目。

重大项目是现阶段国家社科基金中层次最高、资助力度最大、权威性最强的项目类别，包括应用对策研究、重大基础理论研究和跨学科研究三类，平均资助额度为60万~80万元。应用对策类重大项目设立于2004年，主要资助研究我国政治、经济、文化和社会发展中具有全局性、战略性、前瞻性的重大理论和实际问题，为党和政府决策服务。基础理论类重大项目设立于2010年，重点支持一批弘扬民族精神、传承民族文化、对学术发展和学科建设起关键作用的重大基础理论和文化研究课题，着力推出具有原创性或开拓性、具有重要文化传承价值的经典之作。跨学科研究重大项目设立于2011年，旨在鼓励通过不同学科的视角、知识、方法和人员的交叉融合，研究解决单一学科难以解决的复杂性、前沿性、综合性问题。重大项目采用面向全国公开招标的立项方式，每年组织两次，分别在3月和7月。

② 年度项目。

年度项目是国家社科基金项目的主体，主要资助对经济社会发展具有重要价值的专题性应用研究和对学科建设具有重要意义的一般性基础研究，旨在提高科研水平、培养优秀人才、多出优秀成果，包括重点项目、一般项目和青年项目（课题负责人及课题组成员年龄不超过35岁）三个类别。年度项目在国家社科基金项目资助体系中设立时间最早、立项规模最大、覆盖面和惠及面最广。自1986年设立以来，年度项目已累计资助立项2万多项，资助范围涵盖马克思主义·科学社会主义、党史·党建、哲学、理论经济、应用经济、政治学、社会学、法学、国际问题研究、中国历史、世界历史、考古学、民族问题研究、宗教学、中国文学、外国文学、语言学、新闻学与传播学、图书馆·情报与文献学、人口学、统计学、体育学、管理学等23个一级学科。

年度项目面向全国、公开申报、公平竞争、择优立项。全国哲学社会科学规划办公室每年组织各学科规划评审组，制定《国家社科基金年度项目课题指南》，经全国哲学社会科学规划领导小组批准后在媒体发布《申报公告》。申请年度项目必须符合《课题指南》的指导思想

---

① 国家自然科学基金委员会管理的项目有：面上项目、重点项目、重大项目、重大研究计划项目、青年科学基金项目、地区科学基金项目、优秀青年科学基金项目、国家杰出青年科学基金项目、创新研究群体项目、海外及港澳学者合作研究基金项目、国家（地区合作研究与交流项目）、联合基金项目、数学天元基金项目、国家重大科研食品研制项目等。科技部管理的项目有：国家高技术研究发展计划（863计划）项目、国家重点基础研究发展计划（973计划）项目、科技部国家科技基础条件平台建设计划项目、国家科技支撑计划项目、国家政策引导类科技计划项目（包括国家星火计划、火炬计划、国家重点新产品计划、国际科技合作计划等）、国家重点科技成果推广计划项目。

和基本要求，应用对策研究要具有较强的现实性、针对性和时效性，基础理论研究要力求具有原创性或开拓性。年度项目每年申报时间为 12 月至次年 3 月。

年度项目的完成时限，基础理论研究一般为二至三年，也可根据研究需要适当延长；应用对策研究以研究问题的时效性确定时限，最终成果形式为专著、专题性论文集、研究报告、工具书、软件和数据库等。

③ 西部项目。

2004 年，经全国哲学社会科学规划领导小组批准，国家社科基金设立专项资助西部地区社科研究项目（以下简称"西部项目"）。西部项目旨在资助西部地区社科研究工作者重点围绕西部地区改革开放和现代化建设中的重大理论和现实问题，围绕加强民族团结、贯彻党的宗教政策、维护国家统一问题，围绕民族优秀文化遗产抢救和区域优势学科建设等问题开展相关研究，更好地服务西部地区经济社会发展。西部项目每年同国家社科基金年度项目一同申报和评审，资助强度与国家社科基金一般项目大体相当。

④ 国家社科基金后期资助项目。

国家社科基金后期资助项目设立于 2004 年，主要资助人文社会科学基础研究领域中完成 80%以上且尚未出版的优秀科研成果，旨在鼓励广大人文社会科学工作者潜心治学，扎实研究，多出优秀成果，进一步发挥国家社科基金在促进我国哲学社会科学繁荣发展中的示范作用。

后期资助项目以资助中文学术专著为主，也资助少量学术资料汇编和工具书；申报范围为国家社科基金 23 个学科（暂时不包括教育学、艺术学、军事学三个单列学科）。除由同行专家推荐申报外，也可由指定的出版学术著作为主的出版社推荐申报。常年随时受理申报，一般每年 5 月、11 月各评审一次。全国社科规划办组织成果鉴定结项，并统一安排出版。

（2）国家软科学研究计划项目。

软科学是自然科学、社会科学、人文科学、工程技术和哲学的交叉和综合。软科学研究是科学理论与科学方法的高度集锦，决策民主化与科学化的集中体现。它针对决策和管理实践中提出的复杂性、系统性课题，为解决各类复杂社会问题提出可供选择的各种途径、方案、措施和对策，以解决我国社会主义现代化建设的决策、组织和管理问题，促进经济、科技、社会的协调发展为目标，以辅助各级领导决策为根本目的，利用现代科学技术提供的方法和手段，是采用定性分析和定量分析相结合方法而进行的一种多学科、多层次的综合性研究活动。软科学又称科学指挥学、战略科学、政策科学等。

1990 年国家科学技术委员会出台《软科学研究计划管理办法》，每年申报评审国家软科学研究计划项目。该计划由科技部负责管理，每年申报评审一次。

2. 省部级科研项目

省部级项目包括省级科研项目和部级科研项目，由于省与部在行政级别上平级，相应地由各省或各部管理的科研项目一般都视为同一级别。

（1）部级科研项目。

部级科研项目是指由国务院下属各部委管理的科研项目。目前许多部委都设有部科项目，最主要的包括：教育部、民政部、文化部、司法部、人力资源和社会保障部、住房和城乡建设部等。在部级科研项目中，影响最大的是教育部科研项目，其他部委的项目往往仅限于个别领域，且很多部委项目管理并不规范，因此影响力相对较弱。这里仅就教育部科研项目作简单介绍。

教育部社科项目是教育部面向全国普通高等学校设立的各类人文社会科学研究项目的总称。主要包括：

重大课题攻关项目。它指以课题组为依托，以解决国家经济建设与社会发展过程中具有前瞻性、战略性、全局性的重大理论和实际问题，以及人文社会科学基础学科领域重大问题为研究内容的项目。选题由教育部向全国高等学校、科研院所及实际应用部门征集，面向全国高等学校招标。

基地重大项目。它指为普通高等学校人文社会科学重点研究基地设立的、围绕基地学术发展方向进行研究的重大项目。选题由重点研究基地根据基地中长期规划确定，并经基地学术委员会审议通过后，报教育部统一组织招投标。

一般项目。一般项目包括：规划项目，含规划基金项目、博士点基金项目、青年基金项目，经费由教育部资助；专项任务项目，经费由申请者从校外有关部门和企事业单位自筹。选题由申请人根据教育部社科研究中长期规划和个人前期研究积累自行设计。鼓励申请人从实际应用部门征得选题并获得经费资助。

教育部一般项目申报时间为每年12月到次年3月，基本和国家社科基金项目申报时间一致，且近几年教育部一般项目与国家社科基金项目不允许同时申报。

（2）省级科研项目。

省级科研项目是指各省级行政部门，根据国家科研计划和地方发展需要下达的科研项目。各省设立的省级科研项目，涉及自然科学类专业的主要包括省科技厅项目、省自然科学基金项目、省高技术产业化计划项目；涉及人文社科类专业的主要指省社科规划办管理的项目。下面以四川省社科规划项目为例作简单介绍。

四川省社科规划项目由四川省社会科学规划办公室负责管理，主要包括重大项目、年度项目、专项项目几类。

重大项目着眼于解决四川省内经济建设与社会发展过程中具有前瞻性、战略性、全局性的重大理论和实际问题，采用招标方式进行。

年度项目包括重点项目、一般项目、青年项目和市州项目。市州项目重点研究市州经济发展的重大问题，由市（州）社科联牵头，整合本地区社科研究力量进行研究。年度项目每年申报评定一次，申报时间为每年6月到7月。

专项项目旨在研究某一特定领域中的具有重大理论和实践价值的问题，以推动该领域的发展。目前专项项目主要有四类：法治四川专项项目、统计发展专项项目、外国语言文学学科建设与发展专项项目以及白酒产业发展专业项目。专项项目申报评审每年一次。

3. 市厅级科研项目

市厅级科研项目包括市级科研项目和厅级科研项目。市级科研项目是由地级市政府设立并管理的科研项目，最主要的有两类，一是由地级市社科联负责管理的项目，主要针对哲学社会领域；另一类是由地级市科技局负责管理的项目，主要针对自然科学领域。此外，地级市政府及其职能部门有时也会设立一些科研项目，但大都没有形成稳定的制度。

厅级科研项目是指由各省、自治区、直辖市政府下属的各厅、局设立的项目。主要包括教育厅科研项目、科技厅科研项目以及国家部委和省教育厅所批准的设立在各高校、科研机构的研究中心项目，如四川省医事法治研究中心项目、西南少数民族研究中心项目等。

市厅级科研项目基本上均为每年申报评审一次，某些特殊的招标项目，可能评审次数会多一些。

4. 校级科研项目

校级科研项目是所有科研项目中级别最低的项目，当然申请难度也最低。校级科研项目是各高等院校为推动本校科研水平的提升，促进学科发展所设立的科研项目。各高校校级科研项目五花八门，如人才科研启动项目、年度项目、校内各研究中心项目、校内各部门项目等。

（二）按经费来源方式进行划分

科研项目按照经费来源方式的不同，可以分为纵向课题和横向课题。纵向课题是指由各级政府或各级政府职能部门基于提升国家或地区整体科研水平，进行科技攻关，解决理论或实际问题而立项的课题，纵向课题的项目管理单位与项目负责人是管理与被管理的关系，此类课题行政化管理特点较为明显，项目管理单位对项目的经费使用、项目的研究进展、项目成果评审验收等有较大的管理权。纵向课题的经费来源于国家财政，其申请具有开放性与竞争性，其研究的目的具有公益性，并非为某个机关或组织单独服务。上述国家级项目、省部级项目、市厅级项目均属于纵向课题。

横向课题是指国家机关、社会团体、企事业单位等组织为解决管理、生产中的实际问题而委托高校或科研机构进行研究的课题。横向课题是学校扩大对外联系，服务地方经济建设，提高科研水平和知名度的重要途径。与纵向课题不同，横向课题的委托人与课题负责人是平等的关系，对于课题涉及的经费使用、研究内容、研究方法等双方可以进行协商确定。横向课题与纵向课题的另一个重要区别在于，横向课题研究的往往是应用性课题，其目的在于解决国家机关、社会团体、企事业单位在管理、生产中的实际困难或问题；而纵向课题大多数属于理论性的课题，侧重于理论研究。从项目级别上来看，横向课题均属于上述校级课题级别。

（三）按研究内容进行划分

按照科研项目的研究内容的不同，可以将科研项目分为基础性研究项目、应用性研究项目两类。基础性研究项目也称为理论性研究项目，是探索社会现象和精神现象的本质和一般规律，从而发现和开拓新的知识领域，提出新学术、新论点、新依据，其目的在于提高人类的知识水平或综合认识能力。[1] 基础性研究不以任何专门或特定的应用或使用为目的，研究结果通常具有一般的或普遍的正确性，成果常表现为一般的原则、理论或规律。其研究难度大，周期也较长。

应用性研究项目是为满足社会或生产技术发展的实际需要，而运用基础研究的成果对人类、文化和社会方面的理论问题进行研究、分析，以达到特定应用目的或目标的研究项目。应用性研究项目与基础性研究项目最大的区别在于应用性研究项目是以解决实际问题而进行研究，而基础性研究项目则侧重于发现社会、自然规律与本质。应用性研究项目研究难度总体较基础性研究难度略小，研究周期也较短。

---

[1] 文传浩，程莉，张桂君，夏宇等：《经济学研究方法论：理论与实务》，重庆大学出版社2015年版。

（四）按研究主体进行划分

根据研究主体的不同，科研项目可以分为高校项目、社科院项目、党校项目、军队项目及国家机关项目。从国家社科基金每年的立项情况来看，高校作为最重要的科研机构，其科研人员数量也是最多的，因此，高校教师每年申报的各类科研项目均占绝大多数。社科院作为专门从事社会科学研究的机构，其研究人员每年申报的科研项目数量仅次于高校，排在第二位；党校系统作为我国的一类特殊的教育科研机构，其教师和研究人员每年申报的科研项目数量一般排在第三位；军队系统每年申报立项的项目排在第四位，军队系统项目研究主体包括军队院校和军事科研机构；除此之外，全国各级国家机关中的工作人员也会申报一定数量的科研项目。

另外，为鼓励在校大学生积极从事科学研究，各高校及相关社会团体、国家机关近年来逐渐开展了学生科研创新活动，设立了学生科研项目。其中最有影响力的就是由共青团中央、中国科协、教育部和全国学联、地方省级人民政府共同主办的"挑战杯"全国大学生课外学术科技作品竞赛。

三、科研项目申请书的填写

科研项目申报中最重要的一环就是科研项目申请书的填写。在申报科研项目时，申报人与评审专家并不会一对一进行当面交流，评审专家仅凭申请书来评判一个申报的项目能否通过评审进行立项。因此，对于所有研究者而言，了解科研项目申请书的内容及其填写的方法至关重要。

（一）政法类科研项目申报书的主要内容

各类科研项目申报书一般仅根据上述自然科学类项目、人文社会科学类项目及软科学类项目的不同特点而分别编制，并不会根据具体的专业再进行编制。因此对于政法类专业而言，并没有专门的项目申请书。不同级别的人文社科类项目申请书内容大致相同，这里根据人文社会科学项目通用的项目申请书格式对政法类科研项目申请书的主要内容进行简要说明。

统观当前各类人文社科类课题申请书，虽然在某些方面有所区别，但基本上都包括以下一些内容：

1. 封　面

申请书的封面从上到下依次包括以下内容：项目登记号、项目序号（编号）、学科分类、项目类别、课题名称、申请人姓名、申请人所在单位、填表日期。

2. 课题负责人承诺

为保证课题的正常管理需要和课题研究不存在学术不端行为，各类申请书中都有课题负责人承诺的内容。

3. 填写说明

为保证申请书填写正确，在申请书中还会对填写应当注意的事项进行说明，填写说明中一般还包括提交材料的各项要求。

4. 数据表

也有的申请书称之为基本信息表。数据表中需要填写项目负责人的详细信息和课题组成员的基本信息、推荐人的信息、预期成果的形式、成果字数、申请经费以及计划完成时间。

5. 课题设计论证

课题设计论证是课题申请书中最重要的部分。课题申请人须详细填写选题依据、研究内容、思路方法、创新之处、预期成果、参考文献等内容。

6. 研究基础和条件保障

本部分须填写课题负责人的学术简历、课题负责人前期相关研究成果、课题负责人承担的各类科研项目、完成本课题研究的时间、资料、设备等科研条件，如果申请的课题系以既有项目或博士学位论文、博士后出站报告等为基础申报的课题，一般还需要说明该项目或论文与课题的关系。

7. 经费预算

本部分要求填写研究课题所需要的经费的详细预算，包括分类预算和年度预算。

8. 推荐人意见

国家级项目和省部级项目一般要求申请人必须拥有高级职称或博士学位，对于某些不具备高级职称和博士学位的人员，如果要申请课题，则需要有两名拥有高级职称的专家进行推荐并填写推荐意见。

9. 课题负责人所在单位审核意见

出于规范管理科研项目的需要，当前科研项目管理制度要求各类课题申请须经过所在单位审核，所在单位要对申请书填写的真实性，课题组成员的政治和业务能力以及研究条件是否具备等提出意见。只有所在单位审核通过，该申请书才能报送上一级管理机构。

10. 省级课题管理机构审核意见

对于国家级课题而言，课题负责人所在单位审核同意后，还需要报送省级科研项目管理机构进行审查。对于人文社科类项目而言，此一机构就是各省、自治区、直辖市、兵团中设立的哲学社会科学规划办公室，省级规划办审查申请书之后需要填写审核意见，只有通过省级规划办的审查，申请书才能继续报送全国哲学社会科学规划办公室参考课题最终评审。除国家级课题外，也有部分部级项目需要相应省级业务主管部门进行审核，如教育部人文社会科学项目申报书要求省级教育部门进行审核并填写审核意见。

11. 评审意见

评审意见是评审专家对课题能否立项的意见，一般包括评审专家意见和学科组意见两部分。一项课题申请只有通过最终的专家评审和学科组评审才能获得立项。

(二) 政法类科研项目申请书的填写方式

1. 填写科研项目申请书的基本要求

（1）规范性。

科研课题申报作为科研活动的一项重要内容，其本身应当充分体现科学研究的规范性。因此，规范性是填写科研项目申请书的最基本要求，科研项目申请书的规范程度也能够反映

出课题申请人本身的学术研究能力与基本素质。课题申请书的规范性要求有以下几个方面

① 语言表述的规范性。每一个学科都有其独有的专业术语和表述方式，对于科研课题申请而言，其同样也是科研活动的一部分，因此，在填写申请书时必须做到语言表述的规范性。科研课题申请书中语言表述的规范性要求和学术论文中的要求完全相同。首先，用语要简洁，一句话中尽量删除一些不必要的关联词以及修饰语，句子要尽量精简。其次，术语使用要准确，尤其是申请书中涉及其他相关专业术语时，申请人可能会误用，此时必须认真查清术语的含义和使用范围，避免发生常识性错误。再次，语言表述要严谨，要使用学术性表述，不能过度使用文学性语言，也要避免使用新闻报道性或政府文件式语言表述。文学性语言虽然可以增加可读性，但由于包含过多的感情色彩，会影响研究的公正性；而新闻报道性或政府文件式语言往往严谨性不足，内容过于空洞，与学术研究的严谨、精确相背离。最后，在课题申请中书不能使用注释。一方面因为课题申请书都是采用表格形式，如果使用注释会影响表格；另一方面则是因为课题申请书中的论证毕竟不是研究成果，也不会对外发表，因此没有必要像学术论文一样使用注释，即使引用了他人的观点只需要在正文中注明即可。

② 填写信息与内容的规范性。申请书填写的信息和内容的规范有两个基本要求：其一，项目申请书内容要准确无误。一方面，在科研项目申请书中所填写的内容都必须是真实的，不能存在编造、伪造、虚假的情形。如课题负责人的职称、学历等信息，推荐人的意见，课题组成员的专业和研究专长等信息，项目负责人的前期研究成果以及主管部门的审核意见等都必须真实可靠。任何一项内容存在问题，都会导致课题申请无法通过。另一方面，在科研项目申请书中所填写的内容必须是准确的，不能存在错误的情形。如项目类别、学科分类、研究类型、预期成果、经费预算等都必须准确无误，一旦填写错误也会影响到课题的评审。此外，在科研项目申请书中文字书写要正确，不能出现错字、别字、漏字等低级错误。

其二：项目申请书前后内容要一致。科研项目申请书填写内容必须保持前后一致，包括基本信息如课题名称、预期成果、经费预算等基本信息必须前后一致，不能出现冲突；另外，在课题论证中也要保证基本观点、论证材料等内容的一致性。

③ 申请书形式的规范性。一份优秀的科研项目申请书，不仅需要有优秀的选题，严谨的论证、合理的研究团队、还需要美观且规范的形式。科研项目申请书在形式上的规范性要求排版打印要符合管理机构的要求，如果管理机构对于申请书打印排版没有要求的，则应当根据一般学术论文的排版打印要求进行排版打印。字体、字号、行距等要根据申请书填写的需要进行调整。

（2）完整性。

科研项目申请书内容繁多，格式又较为复杂，不同的申请书在某些方面又有所不同，因此，在填写科研项目申请书时，必须根据所申请的项目的类型，完整填写申请书所要求的所有应当填写的信息，不能有所遗漏。课题名称、关键词、申请人及课题组基本信息及签名、课题论证所要求的各个部分、研究基础所要求的各个部分、推荐人意见及签名、项目预算、管理单位审核意见等都不能遗漏。项目申请书中的基本信息表（数据表）因为需要填写的内容较多，所以尤其要注意。

（3）科学性。

科研课题的申报作为科研活动的一部分，自然也必须具有科学性。科学性也是衡量一项

待选课题质量高低,最终能否立项的主要依据。科研项目申请书的科学性需要在三个方面有所体现:

① 课题选题的科学性。一项课题能否申报成功,最关键的部分在于选题。一个成功的课题选题和学术论文选题一样,也必须具备创新性、可行性以及必要性等要素。从创新性来看,科研课题是一个学科最前沿研究的体现,所以要求选题要在问题、观点、材料、方法等方面有创新,一个选题缺乏创新性的课题是无法获得立项的。课题选题的可行性是指论文选题所研究的问题必须是切实可行,在既有科研条件之下可以进行研究,并取得显著成果的。如果一个选题过于超前,即使其再有创新性,因为无法进行研究,所以也难以获得立项。课题选题的必要性是指选题所研究的问题是当前理论或实务界所迫切需要的,即这一问题的研究有理论或实践价值。对于大多数非基础性研究的课题而言,存在研究必要性是获得立项的至关重要的条件。

当然对于大多数项目而言,项目管理单位会拟定课题指南,罗列当前学术界所关注的前沿性选题,这些选题都是由国内相关领域的专家推荐拟定的,所以在选题的科学性上能够得到保证,申请人只需要根据课题指南中的题目进行调整即可确定课题选题。而对于其他不发布指南的项目而言,科学地确定研究主题就成为课题申报的第一个步骤。

② 课题论证的科学性。课题论证的目的在于,确定选题后说明课题选题的合理性,说服评审专家相信课题组能够在规范期限内高质量地完成科研项目。课题论证在项目申报中非常重要,它直接关系到评审专家能否同意课题立项。成功的课题论证必须建立在论证的科学性基础之上。论题论证中所要求填写的选题依据、研究内容、思路方法、创新之处、预期成果、参考文献等都必须紧密围绕课题选题展开,构建科学的研究内容体系,设计最优的研究思路,选择最恰当的研究方法。

③ 课题研究计划的科学性。一项科研课题的实施是一项系统性工程,研究内容、研究思路、研究方法在项目研究中的具体落实,依赖于科学的研究计划。课题负责人在申报课题时,需要事先制定项目研究计划,包括课题组成员的选择、每个成员承担的工作任务、项目研究的具体实施方式、项目研究的具体步骤和时间限制,以及课题经费的使用等。如果课题研究计划设计得不科学,在课题立项后进行研究时,就会出现课题无法顺利推进、课题研究受阻、课题无法按时完成、课题经费超支等问题。

2. 申请书中各项内容的填写方式与要求

① 申请书封面。申请书封面主要包括学科分类、项目类别、课题名称、申请人姓名、申请人所在单位、填表日期等内容。在填写封面内容时,为使封面看起来比较美观,各项内容的字体和字号要保持一致,字号要根据申请书封面上已有内容的字号调整,字体也要尽量与原有格式中的字体保持一致。如果课题名称较长,一行填写不了,可以适当缩小字体或者另起一行填写。课题名称一般不加副标题。

在填写封面时还要注意学科分类和项目类别填写的准确性,在填写这两项内容时,需要根据填写说明确定准确的学科分类和项目类别。有些项目的申请书在封面上还有项目编号或项目序号等内容,这部分内容的填写要根据项目申报要求进行。有些项目如四川省社科规划办管理的省级项目,因为是在线进行填报,在线填报完成之后系统会自动生成项目编号,这种情形之下就需要课题申请人在申请书封面中填写该项目编号。

② 数据表或基本信息表。数据表或基本信息表中需要填写的项目很多，主要包括：课题名称、关键词、项目类别、学科分类、研究类型、课题负责人的基本信息（姓名、性别、民族、出生日期、行政职务、专业职称、研究专长、最后学历、最后学位、是否担任导师、所在省份、所属系统、工作单位、联系电话、通信地址等）、课题组成员基本信息（姓名、出生年月、专业职称、学位、工作单位、研究专长、本人签字等）、推荐人信息（姓名、专业职称、工作单位、本人签字）、预期成果、成果字数、申请经费、计划完成时间等。数据表中的各项内容务必如实填写，不能有编造、伪造的信息。信息表中的课题名称、项目类别、学科分类、课题负责人等要与封面信息保持一致。

在填写关键词时要注意填写说明中的数量要求，不同的项目可能对关键词的数量的要求会有所不同，如国家社科基金申报书中要求关键词不超过三个，词与词之间空一格隔开，在填写时就必须按照其要求的数量进行填写。

在填写信息表时如果涉及专业名称、单位名称、学科名称等项目时，必须填写全称，不能使用简称。

课题组成员不包括课题负责人，课题组成员必须是真正参加课题的研究人员，不包括科研管理、财务管理、后勤服务等人员。在将某一专家列为课题组成员前必须征得其同意，课题组成员信息表中必须有本人签字。

信息表中的学科分类按照《中华人民共和国学科分类与代码国家标准（GB/T 13745—2009）》进行填写；研究类型可以填写基础研究、应用研究、综合研究、其他研究；行政职务填写省长（部长）、副省长（副部长）、局长（厅长、司长）、副局长（副厅长、副司长）、县长（处长）、副县长（副处长）以下；专业职称填写正高级（教授、研究员等）、副高级（副教授、副研究员等）、中级（讲师、助理研究员等）、初级（助教等）以下；研究专长的填写与学科分类相同；最后学历填写研究生、大学本科、大学专科、中专以下；最后学位填写博士、硕士、学士。预期成果部分填写专著、译著、论文集、研究报告、工具书、电脑、软件、其他。

③ 课题设计论证。课题设计与论证是科研项目申请书除选题之外的最重要的部分，也是项目申请书中篇幅最大的部分。项目申请书中课题设计与论证部分需要填写的内容主要有：

选题依据。介绍国内外相关研究的学术史梳理及研究动态；本课题相对于已有研究的独到学术价值和应用价值等。

研究内容。介绍本课题的研究对象、总体框架、重点难点、主要目标等。

思路方法。介绍本课题研究的基本思路、具体研究方法、研究计划及其可行性等。

创新之处。介绍本课题在学术思想、学术观点、研究方法等方面的特色和创新。

预期成果。介绍本课题的最终成果形式、使用去向及预期社会效益等。

参考文献。列举开展本课题研究的主要中外参考文献。

在撰写课题设计论证部分时要注意以下几点：

第一，国内外相关研究的学术史梳理及研究动态仅作简明扼要的说明，只需要将本项目领域内有价值的、前沿性的研究者及其著作、论文中的观点进行分析说明，切忌事无巨细，将一些价值不高、影响不大的成果也罗列进来。在进行学术史梳理时不能遗漏重要的专家和重要的代表性成果。另外，在评价既有研究成果时，要客观公正，不能为突出本课题的价值而故意贬低他人研究成果。学术史梳理的目的在于提示本课题研究的学术价值或应用价值，因此，在进行学术史梳理时要突出与本课题相关的既有研究的不足之处，以凸显课题研究的意义。

第二，研究内容部分是课题论证的重中之重。本部分需要概括课题研究的各部分的主要内容和核心观点。在概括各部分内容时，每一部分要拟定一个标题或有一个主题句，内容要尽可能地展现独特的视角和思路。

第三，研究思路与方法要突出课题研究的独特之处，要有自己的思考和设想。为更清楚地对研究思路进行描述，可以借助图表形式进行说明。

第四，创新之处是评审专家重点阅读的内容之一，无论是一篇学术论文还是一项研究课题，创新性是其灵魂所在，如果没有创新性，学术论文与科研课题是没有任何学术价值的。课题论证中的创新之处，要突出课题在选题、观点、材料或者方法上的创新之处。

第五，在选择列举的参考文献时，要注意对相关文献进行仔细筛选，仅列举与课题相关的，能够反映课题研究背景、研究内容、研究方法等的重要的文献。列举参考文献时要将文献根据不同的类型（论文、著作、政府出版物、资料汇编等）进行分类列举。申请人的前期成果不得列入参考文献。

第六，在撰写课题论证部分时要注意层次分明，每一个大点要有一个标题，每一层意思要尽量单独作为一段。为突出课题设计论证的层次性，标题、主题句可以和其他部分采用不同的字体和字号。

④ 研究基础和条件保障。研究基础和条件保障部分需要填写以下内容：

学术简历。课题负责人的主要学术简历、学术兼职，在相关研究领域的学术积累和贡献等。

研究基础。课题负责人前期相关研究成果、核心观点及社会评价等。填写研究基础需要注意的是，只能够填写与课题相关的研究成果，包括论文、学术著作、译著。课题负责人此前取得的研究成果如果与课题无关就不能填写。另外，申请人承担的已结项或在研项目属于承担项目类，不属于前期研究成果。论文信息应当包括：论文题目、发表期刊、发表时间、期刊级别、作者排序；著作（译著）信息包括：著作名称、出版社、出版时间、作者排序。

承担项目。负责人承担的各级各类科研项目情况，包括项目名称、资助机构、资助金额、结项情况、研究起止时间等。

与已承担项目或博士论文的关系。凡以各级各类项目或博士学位论文（博士后出站报告）为基础申报的课题，须阐明已承担项目或学位论文（报告）与本课题的联系和区别。

条件保障。完成本课题研究的时间保证、资料设备等科研条件。

填写研究基础和条件保障部分的内容时，只需要根据课题负责人自身的实际真实情况填写即可。

⑤ 经费预算。对科研课题的经费预算要求，不同的项目有所不同，以国家社科基金为例，项目资金分为直接费用和间接费用两部分，直接费用是指在项目研究过程中发生的与之直接相关的费用，具体包括：

资料费：在项目研究过程中需要支付的图书（包括外文图书）购置费，资料收集、整理、复印、翻拍、翻译费，专用软件购买费，文献检索费等。

数据采集费：在项目研究过程中发生的调查、访谈、数据购买、数据分析及相应技术服务购买等支出的费用。

会议费/差旅费/国际合作与交流费：在项目研究过程中开展学术研讨、咨询交流、考察调研等活动而发生的会议、交通、食宿等费用，以及项目研究人员出国及赴港澳台、外国专家来华及港澳台专家来内地开展学术合作与交流的费用。

设备费：在项目研究过程中购置设备和设备耗材、升级维护现有设备以及租用外单位设备而发生的费用。

专家咨询费：在项目研究过程中支付给临时聘请的咨询专家的费用。

劳务费：在项目研究过程中支付给参与项目研究的研究生、博士后、访问学者以及项目聘用的研究人员、科研辅助人员等的劳务费用。

印刷出版费：在项目研究过程中支付的打印费、印刷费及阶段性成果出版费等。

其他支出：项目研究过程中发生的除上述费用之外的其他支出，应当在编制预算时单独列示，单独核定。

间接费用是指责任单位在组织实施项目过程中发生的无法在直接费用中列支的相关费用，主要用于补偿责任单位为项目研究提供的现有仪器设备及房屋、水、电、气、暖消耗等间接成本，有关管理费用，以及激励科研人员的绩效支出等。间接费用一般按照不超过项目资助总额的一定比例核定。具体比例如下：50 万元及以下部分为 30%；超过 50 万元至 500 万元的部分为 20%；超过 500 万元的部分为 13%。

一般而言，在课题申请书中填写的经费预算只是经费使用的概算，项目正式预算往往是在立项后进行编制，如国家社科基金项目的预算编制，按规定是在立项后 30 日内。预算编制及经费管理的具体要求可参见《国家社会科学基金项目资金管理办法》和各项目管理单位相关规定。

⑥ 推荐人意见。按照要求，推荐人必须认真负责地介绍课题负责人的专业水平、科研能力、科研态度和科研条件，说明该课题取得预期成果的可能性，并承担信誉保证。推荐人意见栏中需填写推荐人的亲笔签名。选择推荐人时要注意选择课题相关专业的专家学者，如果选择与课题所属学科专业不同的专家进行推荐，在说服力上会有明显不足。

⑦ 课题负责人所在单位审核意见。课题负责人所在单位在审核课题申请书时，需要就申请书所填写的内容是否属实；该课题负责人及参加者的政治和业务素质是否适合承担本课题的研究工作；本单位能否提供完成本课题所需的时间和条件；本单位是否同意承担本项目的管理任务和信誉保证等问题进行审核认定，并做出审核意见。

具体而言，单位审核意见可以采用如下模板：

"申请书所填内容属实;课题负责人及参加者的政治和业务素质适合承担本课题的研究工作；我校能提供完成本课题所需的时间和条件；同意承担本项目的管理任务和信誉保证。"

⑧ 上级项目管理部门审核意见。如前所述对于国家社科基金项目或教育部人文社科项目而言，课题负责人所在单位审核后还要报上级项目管理部门进行审核（省社科规划办或省教育行政主管部门），该上级项目管理部门需要出具对课题负责人所在单位意见的审核意见；对是否同意报全国哲学社会科学规划办公室送学科评审组评审等问题提出意见。其可采用如下模板：

"课题负责人所在单位的审核意见属实,同意报全国哲学社会科学规划办公室送学科评审组评审。"

⑨ 评审意见，由评审专家和学科组填写。评审意见中需要填写的内容有：表决情况（包括学科组人数、实到人数、表决结果、赞成票数、反对票数、弃权票数）、建议资助金额、评审专家意见、学科组意见等。其中评审专家意见主要包括两项内容：其一，立项（或不予立项）的依据、项目类别；其二，改进建议。学科组意见一般只填写是否准予立项，以及项目类别。

3. 课题论证活页的填写

科研项目申请的评审为了保证其公正性，避免暗箱操作，各类课题先要采用专家匿名评审方式进行评审，匿名评审通过后再进入评审会议进行最终评审。专家匿名评审时，为保证评审的公平性，评审材料并非项目申请书，而是课题论证活页。

在填写课题论证活页时要注意：第一，活页中的文字表述中不得直接或间接透露个人信息或相关背景资料。第二，前期相关研究成果只填成果名称、成果形式（如论文、专著、研究报告等）、作者排序、是否核心期刊等，不得填写作者姓名、单位、刊物或出版社名称、发表时间或刊期等。申请人承担的已结项或在研项目、与本课题无关的成果等不能作为前期成果填写。申请人的前期成果不列入参考文献。第三，除以上不同之处外，其余内容活页应当与申请书保持一致。

4. 打印要求

科研项目申请书除了以上内容方面的要求外，还需要注重形式上的美观，申请书形式上是否美观能够反映出项目申请人治学的严谨性，所以在申请课题时同样需要重视。形式上的美观主要体现在排版打印上。对于排版而言，上文已经有所述及，这里不再重复。从打印方面的要求来看，不同的项目对打印的要求略有差异。省部级、国家级项目一般都要求统一用A3纸双面打印，中缝装订；其他项目大多没有此类要求，也可以用A4纸打印装订。如果项目申请书要求用A3纸双面打印，那么项目申请书包括活页）的页数就应当是4的倍数，以保证最终打印出来的申请书每一页都有内容，不存在空白页。对于项目申请人来说，在填写申请表时就要注意根据需要调整字体、行距，保证申请书的页数是4的倍数。如果项目申请书不要求A3纸双面打印，对申请人来说就可以根据需要自由调整字号和行距了。一般来说，申请书的字号设置为小4号，行距为1.5倍行距较为合适。当然，不论何种项目申请书，在打印时都要注意纸张要干净、平整，字迹要清晰。

四、科研项目研究工作的组织与开展

1. 合理组建研究团队

一项课题能否顺利完成，除依赖于课题负责人本身的研究能力之外，还有赖于课题组成员的研究能力与研究水平。对于大多数课题而言，应当进行集体研究，单纯依靠课题负责人一人是无法完成的，或者即使能够完成，也很难研究出高质量的成果。高质量的研究成果往往是集体劳动的结晶。所以，越是组织高的课题，对研究团队的要求越高。在课题评审时，评审专家除审查课题论证外，还要审查研究团队组成人员。在课题评审中，经常出现论证非常好，但因为课题组成员只有一两个人或者研究能力不足而被否定的情形。

研究团队在课题申请时就应当确定，课题立项后一般不允许随意调整。组建课题的研究团队时要注意：第一，对于研究实际问题的课题，课题组成员中除从事理论研究的专家学者之外，还必须包括一些与课题相关的实际部门的工作人员，以便于吸纳实务部门的经验，方便调查和收集资料。第二，对于研究基础理论的课题，课题组成员应当尽量由在相关领域具有较高造诣的教授、副教授以及具有博士学位的专家组成。当然，研究实际问题的课题的研究团队中从事理论研究的人员，也应当遵循这一要求。

2. 合理制定研究方案

科研项目在立项后即应进入研究阶段,在正式开展研究之前,为保证课题研究的有序、顺利进行,课题组需要就课题研究制定详细的研究方案。课题的研究方案是在课题选题论证的基础之上,对课题具体研究中各项工作开展的具体安排和部署。研究方案之所以重要,原因在于:第一,研究方案是对课题选题的展开和细化。在申请书中,对课题的论证往往是框架式,而在立项后,则需要对课题的各部分内容进行细化和具体化,这就需要通过研究方案解决。第二,课题研究是一个系统性的工作,研究内容繁杂,研究人员众多,如何科学合理地为每个课题组成员分配研究任务,合理规划研究步骤,做到课题研究的有序、有控,确保课题研究的质量,是一个至关重要的问题。因此,课题研究前必须进行研究方案的设计。

科研项目的研究方案大致包括如下一些内容:

(1)课题研究的内容。课题研究的内容虽然在项目申请书中已经有较细致的论证,但限于申请书篇幅,课题研究内容无法详细进行论证;同时,课题申请书中的研究内容,也缺乏课题组成员的集体深入讨论,往往只是课题申请者自己的构想。因此,在制定研究方案时,课题组成员应当对申请书中的课题研究内容进行深入讨论,对其进行补充、修改、完善,形成完整的课题研究内容框架。当然,由于在申请科研课题时,评审专家同意立项的最主要的原因就在于课题内容的论证,所以,在进行研究方案设计时,要避免对研究内容进行重大调整,如果确有需要进行重大调整的,必须报经项目管理机构同意。

(2)课题研究的方法。课题所采用的研究方法对课题研究能否成功至关重要。在课题申请书中,虽然会对研究方法进行说明,但并不会十分详细和具体。所以,在科研项目研究方案中,需要对课题的研究方法进行详细说明,明确研究方法的内涵、具体要求、操作规程及其实施步骤。如一个课题如果采用问卷调查的研究方法,那么在研究方案中必须对问卷的设计、调查对象的范围、调查的时间和程序、调查的具体实施方案等问题进行详细科学设计。

(3)课题研究的步骤。一项课题的研究必然是分步骤进行的,对一些高级别的课题而言更是如此。在研究方案中,课题组需要理清课题研究的具体步骤,先做什么,后做什么要有科学的规划。而且每一个步骤都要确定好时限,防止在研究计划实施中某个步骤出现时间延误,耽搁后续研究计划的情况。

(4)课题研究的人员分工。如前所述,一项课题的研究往往需要研究团队的通力合作,因此,在研究方案中,需要将课题研究的任务进行划分,分别交给相应的课题组成员具体负责。在进行分工时,每一个课题组成员的任务应当明确具体,而且需要规定完成期限以及具体要求。如果一项任务根据需要交由多个成员具体负责,则还需要确定一名课题组成员为主要负责人,由其具体协调、督促其他成员的研究工作,并承担未能按时或按要求完成的责任。

(5)课题研究的经费、设备条件。在研究方案中,还需要对研究经费的支出进行详细预算,为每一项任务保留必要的经费。研究设备等研究条件的准备也是必须的,在研究方案中,需要就研究设备等研究所需要的条件进行梳理,分析条件是否满足,如果研究条件不足的,要制定相应的解决方案。

3. 合理处理阶段性成果与最终成果的关系

一项科研课题的研究过程往往较为漫长,在项目研究过程中,课题中的某些部分会提前完成,这些提前完成的部分即是课题的阶段性研究成果。一个课题最终形成的完整的成果即是最终研究成果。虽然，从本质上来说，无论是阶段性成果还是最终成果，都是科研项目研究的成果，课题组成员有权将其随时发表，但从课题的实际操作上来看，随意公开发表阶段性成果或最终成果将会承担一定的不利后果。

就阶段性成果而言，由于当前各类高级别课题在申请结题时，都会对项目科研成果进行重复率检测，以防止出现抄袭、剽窃等学术不端行为，如果课题组成员在最终科研成果提交评审结项之前就将一部分阶段性成果公开发表，而且这些阶段性成果又是项目最终成果的重要组成部分，在结项时进行重复率检测时就会将这部分公开发表的成果视为抄袭，如果这部分内容所占比重较大，就会影响项目结项。因此，一个科研项目的阶段性研究成果的公开发表应当慎重，尽量避免公开发表属于项目最终成果的内容的阶段性研究成果。当然，如果阶段性研究成果不会被纳入项目最终成果之中，仅仅只是项目研究过程中就项目选题相关的边缘性问题所做的研究，则可以予以公开发表。如果课题组成员已经公开发表了最终成果中必然包含的一部分内容作为阶段性成果，则在完成最终研究成果时，这部分已经公开发表的内容必须重新撰写。需要说明的是，以上要求主要针对项目最终成果为著作或研究报告的情况，如果项目最终研究成果是系列论文，则不存在阶段性成果与最终成果冲突的问题。

就最终成果而言，除形式为系列论文的情况外，专著与研究报告按照当前国家社科基金项目、教育部人文社科项目及各省社科规划办项目的规定，均不允许在未通过评审前提前发表或出版。在通过结项评审后，课题组方能将所取得的成果进行出版。

4. 课题中期检查

对一些中长期的项目，课题管理机构为了监督立项课题，确保课题研究按时、按计划进行，在研究时间过半时，对课题研究的进展情况进行检查。课题中期检查的主要内容包括课题研究进程以及课题经费使用情况。

课题负责人应当按照要求在课题研究时间过半时，填写课题中期检查表，并由所在单位和课题管理机构进行审查。中期检查表填写内容包括研究工作情况和阶段性研究成果。其中研究工作情况需填写立项以来课题组所做的研究工作、课题研究进度以及课题经费使用情况。

如未按时提交检查评估报告，项目后续经费将不再拨付；如项目未开展实质性研究工作或存在违规使用经费情况，课题管理机构将根据情况做出调整资助计划、暂停拨付经费、终止研究等处理。课题中期检查情况是课题结项的重要依据。

五、政法类科研项目成果的验收

1. 科研项目成果验收的意义

科研项目研究完成后，就进入项目验收环节。科研项目成果验收有以下几点意义：

第一，检验课题研究成果的质量。课题管理机构立项课题的目的在于希望课题研究人员能够取得高质量的研究成果。但是由于研究能力以及研究态度的差异，并不是每一项课题的研究成果都能够达到较高的学术水平。为检验课题研究成果的质量，公正评判课题研究人员的工作成效，课题管理机构会对课题项目成果进行验收，筛选出成果质量无法达到要求的项目，并对课题负责人进行处罚。

第二，审查课题经费使用是否合规。科研项目成果验收的另一项重要内容是对课题研究经费的使用情况进行审查。课题研究经费是项目管理机构拨付给课题负责人，专门用于课题研究的经费，为防止课题负责人违规使用科研经费，如将科研经费用于购买与科研无关的物品，支付个人开支，或套取科研经费等，课题管理机关在进行项目成果验收时，要对项目研究过程中的经费使用情况进行详细审查，确保经费真正用在了项目研究上。

第三，课题结项的前提条件。对于课题负责人来说，最终研究成果完成后，该项目的研究即告完成，但是课题要想真正完结，还需要项目管理机构的认可与同意。项目管理机构在同意结题前，会对项目成果进行验收，只有通过成果验收，管理机构才会做出同意结项的决定，该课题才算真正完结。所以对于课题负责人来说，其项目如要顺利结题，必须充分重视项目管理机构对课题研究成果的验收工作。

2. 科研项目成果验收的方式

对于人文社科类课题来说，除少数实务操作性课题外，大多数科研课题成果验收均采用书面验收的方式，即课题负责人只需要提交书面验收材料，课题管理机构也仅通过书面验收材料来评价项目研究成果的质量、课题经费使用是否违规。

在进行科研项目成果验收时，课题负责人需提交课题成果及课题结项申报表（申请表）等书面材料。各类项目的结项申报表内容要求不一，有的比较简单，有的则很详细。以国家社科基金项目为例，在研究完成后，课题负责人需填写"国家社会科学基金项目鉴定结项审批书"，该审批书需填写的内容包括：

（1）封面部分。项目批准号、项目类别、学科分类、项目名称、项目负责人、所在单位、填表日期等。

（2）声明。成果不存在知识产权争议，成果是否涉及第三问题或其他不宜公开的内容，成果是否涉密。

（3）数据表。鉴定结项成果名称、主题词（4个）、预期成果形式、最终成果形式、计划完成时间、实际完成时间、申请鉴定时间、成果字数、是否计划出版、计划出版时间和出版社、获省部级奖项情况、转摘引用情况、项目负责人信息、课题组主要成员。

（4）总结报告。总结报告内容包括：项目预期研究计划的执行情况；成果研究内容及方法的创新程度、突出特色和主要建树；资料收集和数据采集情况；成果的学术价值和应用价值，以及社会影响和效益；成果存在的不足或欠缺，尚需深入研究的问题等。总结报告字数要求3000字左右。

（5）课题组的主要阶段性成果。

（6）项目最终成果简介。"最终成果简介"是结项的必需材料，供介绍、宣传、推广成果使用。简介内容包括：该项目研究的目的和意义（略写）；研究成果的主要内容和重要观点或对策建议（详写）；成果的学术价值、应用价值，以及社会影响和效益（略写）。简介内容应由项目负责人撰写；文章标题自拟，内容要层次清楚、观点明晰、用语准确、文风朴实，要有实质性内容，并具有整体性和系统性，不得简单排列篇章目录；成果形式为专著的4000字左右，调研报告、论文（集）等3000字左右。文章开头应注明项目负责人姓名和工作单位、项目批准号、项目名称、最终成果形式和名称、课题组主要成员。"最终成果简介"用A4纸打印，作为活页附在本《鉴定结项审批书》中。

（7）申请免于鉴定的理由。凡符合下列条件之一的项目，可以申请免于鉴定：阶段性成果获得教育部人文社会科学优秀成果二等奖以上或者其他省部级科研成果奖项一等奖的；项目研究提出的理论观点、政策建议等得到省部级以上党政领导批示并被有关部门采纳，或被国家社科规划办《成果要报》采用的；经有关部门认定成果内容涉密不宜公开的。

（8）建议回避鉴定的专家名单。课题组可根据成果研究内容，提出可能影响评价公正性的专家回避鉴定本成果，但要说明理由；建议回避鉴定的专家人数不得超过3人。

（9）项目资金决算表。项目资金分为直接费用和间接费用。直接费用须如实填写开支细目，同时附上预算调整情况说明和由所在单位财务管理部门打印的经费开支明细账。有外拨资金的项目，由项目负责人汇总编制项目资金决算，并附上合作研究单位财务、审计部门审核签章的直接费用开支明细账。

（10）所在单位审核意见。项目负责人所在单位审核事项包括：成果有无政治导向问题或其他不宜公开出版的内容。获奖情况和转摘、引用情况是否属实。填报的阶段性成果是否在项目研究期间完成，与项目研究主题有无直接联系，信息是否属实。最终成果的形式和内容是否符合预期研究目标，引文、注释和参考文献是否规范。以博士论文或博士后出站报告为基础申报的项目，结项成果是否在原文基础上有实质性修改。经费使用是否属实合理。

（11）成果通讯鉴定结果。填写五名鉴定专家的鉴定分数、鉴定等级建议及成果出版建议。

（12）省级社科规划办审核意见。审核事项与所在单位审核事项相同。

（13）全国哲学社会科学规划办公室审核意见。

（14）全国哲学社会科学规划办公室审批意见。

其他项目相对国家社科基金项目而言略为简单，但至少也应当包括基本信息、总结报告、成果简介、经费决算、审核意见等内容。

3. 科研项目成果验收的程序

科研项目成果验收的程序大致相同，以国家社科基金项目为例，项目成果验收程序如下：

（1）项目负责人按要求填写《国家社会科学基金项目鉴定结项审批书》。

（2）项目负责人向所在单位报送科研成果、《国家社会科学基金项目鉴定结项审批书》等材料，由所在单位进行审核并填写审核意见。报送材料包括：① 国家社科基金重点项目：研究成果6份、《国家社科基金项目鉴定结项审批书》3份、成果简介3份、《国家、省社科研究项目结项报送验收单》2份。② 国家社科基金一般、青年、西部项目：研究成果5份、《国家社科基金项目鉴定结项审批书》2份、成果简介2份、3位同行专家预鉴定表一套、《国家、省社科研究项目结项报送验收单》2份。③ 国家社科基金后期资助项目：研究成果3份、《国家社科基金项目鉴定结项审批书》2份、修改说明1份、《国家、省社科研究项目结项报送验收单》2份。

（3）由所在单位将材料报送省级社科规划办。省级社科规划办根据以下不同情况，分别进行处理：

① 国家社科基金重点、后期资助项目转报全国规划办，由全国规划办负责组织专家鉴定。

② 国家社科基金一般、青年项目由成果鉴定中心负责聘请省外同行专家3名，省内同行专家2名，进行双向匿名鉴定。国家社科基金西部项目由成果鉴定中心负责聘请省外同行专家2名，省内同行专家3名，进行双向匿名鉴定。鉴定中心根据5位鉴定专家的书面意见，给做出审核意见。

（4）省级社科规划办将结项鉴定材料报送全国哲学社会科学规划办公室进行最终审核，并做出是否结项的结论。

附　录

附录一　××师范学院毕业论文（设计）规范化要求

××师范学院毕业论文（设计）规范化要求

毕业论文（设计）是实现本科培养目标的重要教学环节，对大学生的创新精神、实践能力和综合素质的培养有着十分重要的作用，同时也是衡量高等学校办学质量和办学效益的重要评价内容。为确保毕业论文（设计）的规范化，特提出如下要求，作为各学院根据专业特点制定具体要求的参考。

一、毕业论文（设计）的篇幅要求

每个本科学生均应完成毕业论文。每篇文科类论文正文字数应在 8000 字以上，理工科类论文正文字数应在 6000 字以上，艺体类论文正文字数应在 5000 字以上。

考虑到个别专业个别学科以及个别选题和设计的特殊性，经学院同意，学生论文（设计）字数的要求可适当降低。

二、毕业论文（设计）文本内容

1. 标题

标题应以最恰当、最简明的词语反映论文（设计）中最重要的特定内容的逻辑组合，要求做到文、题贴切。标题中不使用非规范的缩略词、符号、代号和公式等，通常不采用问话的方式。题名所用的每一词语必须考虑到有助于关键词和编制题录、索引等二次文献可以提供检索的特定实用信息。

中文标题字数一般不超过 20 个字，外文标题一般不超过 10 个实词。如果有些内容细节必须进入标题，则可分出主标题和副标题。

2. 作者： 姓名、学院、专业、学号

3. 摘要

摘要是论文（设计）内容不加注释和评论的简短陈述。摘要一般应说明研究工作目的、方法、结果和最终结论等，而重点是结果和结论。摘要应具有独立性和自含性，即不阅读论文（设计）的全文，就能获得必要的信息，供读者确定有无必要阅读全文，也供文摘等二次文献采用。摘要应用第三人称的方法记述论文（设计）的性质和主题。摘要通常不用图、表、化学结构式以及非公知公用的符号和术语。

毕业论文（设计）的摘要包含中文摘要和外文（多用英文）摘要。其中中文摘要字数为 200 字以内，外文摘要为 250 个实词以内。

4. 关键词

关键词是为了文献标引工作从论文（设计）中选取出来用以表示全文主题内容信息款目的单词或术语。每篇论文（设计）选取 3～5 个词作为关键词。

5. 正文

正文是毕业论文（设计）的核心部分，占据主要篇幅，可以包括：调查对象、实验和观测方法、仪器设备、材料原料、实验和观测结果、计算方法和编程原理、数据资料、经过加工整理的图表、形成的论点和导出的结论等。由于研究工作涉及的学科、选题、研究方法、工作进程、结果表达方式等有很大的差异，对正文内容不能做统一的规定。但是必须做到客观真实，准确完备，合乎逻辑，层次分明，简练可读。

正文部分的编写格式可由作者自定。论文（设计）中的图、表、附注、参考文献、公式、算式等，一律用阿拉伯数字分别依序连续编排序号。论文（设计）中使用的各种量、单位和符号，必须遵循国家标准的规定执行，单位名称和符号的书写方式一律采用国际通用符号。

必要时正文前面可以有引言，引言主要说明研究工作的目的、范围、对前人工作的评述以及理论分析、研究设想、研究方法和实验设计、预期结果和意义等。该部分应言简意赅，不能与摘要雷同，也不能成为摘要的注释。

必要时正文后面可以有结论，论文（设计）的结论是最终的、总体的结论，不是正文中各段小结的简单重复。结论应该准确、完整、明确、精炼。如果不可能导出应有的结论，也可以没有结论而进行必要的讨论。可以在结论或讨论中提出建议、研究设想、对仪器设备的改进意见、尚待解决的问题等。

6. 参考文献

参考文献是指为撰写论文（设计）而引用的有关图书资料。参考文献的著录格式如下：

（1）图书文献：[编号]作者.书名.出版社，出版年.版本

（2）期刊文献：[编号]作者.文章题目.期刊名，出版年.期数.页码

（3）专利文献：[编号]专利题名.其他责任者.附注项.专利国别，专利文献种类，专利号.出版日期

7. 翻译部分

正文若用中文撰写，则将题名、作者、摘要、关键词等内容翻译成英文，并置于参考文献之后；正文若用外文撰写，则将题名、作者、摘要、关键词等内容翻译成中文，并置于参考文献之后。

三、毕业论文（设计）的打印要求

（1）毕业论文（设计）要按规定格式打印出来，纸张为A4。

（2）毕业论文（设计）文本打印格式如下：

① 字体、字号要求：

题名采用二号黑体字，居中。

作者姓名占一行，采用四号楷体字，加粗，居中。

学院、专业、学号占一行，学院后空一个字的位置写专业、专业后空一个字的位置写学号，采用小四号楷体字，居中。

"摘要"采用五号黑体字（英文"Abstract"采用五号"Times New Roman"字型，加粗），外加中括号；摘要内容采用五号楷体字（英文采用五号"Times New Roman"字型）。

"关键词"采用五号黑体字（英文"Key words"采用五号"Times New Roman"字型，加粗），外加中括号；内容采用五号楷体字（英文采用五号"Times New Roman"字型），关键词之间空一格，不使用标点符号。

正文内容中一级标题序号采用四号黑体字。

正文内容采用小四号宋体字（英文采用小四号"Times New Roman"字型）。

"参考文献"采用五号黑体字（英文"References"采用五号"Times New Roman"，加粗），外加中括号；参考文献内容采用五号楷体字（英文采用五号"Times New Roman"字型）。

参考文献后面的外文题名和作者姓名分别采用四号和小四号"Times New Roman"字型（中文则采用四号黑体字和小四号楷体字），参考文献后面的外文（中文）摘要和关键词的字体、字号同前。

② 空行要求：

学院与摘要之间、关键词与正文之间、正文中一级标题与上段文字之间、正文结束处与参考文献之间、参考文献与外文翻译之间，均空一个标准行。

③ 页面设置要求：

上 2.5cm，下 2.5cm，左 3.0cm，右 2.8cm。有国际惯例或特殊需要可不受此限。

页眉以小五号宋体字键入"XX 师范学院毕业论文（设计）"，居中。

论文插入的页码设置在页面底端右侧。

中文（外文）摘要、关键词、参考文献的行间距均为 18 磅。

正文内容行间距设置为"1.5 倍行距"。

④ 标题序号要求：

文科专业学生毕业论文正文中标题层次一律采用分级连续编号。

一级标题序号使用一、二、三、……，四号黑体；

二级标题序号使用（一）（二）（三）……，小四号黑体；

三级标题序号使用 1. 2. 3. ……，小四号黑体；

四级标题序号使用（1）（2）（3）……，小四号黑体；

编号应左起空两个字的位置书写。

理工科专业学生毕业论文根据国家《科学技术报告、学位论文和学术论文的编写规格》的有关规定，毕业论文正文中标题层次一律采用阿拉伯数字分级连续编号，一般不宜超过 3 级。

一级标题序号使用阿拉伯数字 1、2、3、……，四号黑体；

二级标题序号使用 1.1、1.2、1.3、……，小四号黑体；

三级标题序号使用 1.1.1、1.1.2、1.1.3、……，小四号黑体；

编号应左起顶格书写，在编号与标题之间空一个字的位置。

（3）毕业论文中所有文字、图表、公式等，必须符合国家有关科学论文的要求和规定。

（4）外语专业毕业论文打印规范要求由本学院自行拟定，经学校审定后执行。

四、毕业论文（设计）过程材料

（1）毕业论文（设计）的过程材料一般包括以下几个方面：

① 毕业论文（设计）成绩评定表；

② 毕业论文（设计）任务书；

③ 毕业论文（设计）开题报告；

④ 毕业论文（设计）工作指导、检查登记表；

⑤ 论文独创性声明及论文使用授权声明；

⑥ 毕业论文（设计）答辩评分表；

⑦ 毕业论文（设计）终稿；

⑧ 其他文档（根据本专业特点增加的文档材料等）；

⑨ 光盘（可把相关电子文档刻录成光盘，是否每个学生必须有一张光盘，由各学院自行确定）。

（2）毕业论文（设计）完成后，应把相关过程材料装入学校统一印制的毕业论文（设计）档案袋。

（3）各学院应将本年度学生毕业论文（设计）终稿统一刻录成光盘存档，以便于调阅，同时将光盘送交图书馆文献工作部建立毕业生论文（设计）数据库。

（4）学院毕业论文（设计）工作计划、毕业论文（设计）选题指南、选题汇总表、学生毕业论文（设计）成绩汇总表、学生毕业论文（设计）质量分析、工作总结等材料均应按时报送学校教务处，归入学校教学档案。

附录二　某高校本科生毕业论文成绩评定表

本科生毕业论文（设计）
成 绩 评 定 表

题目＿＿＿＿＿＿＿＿＿＿＿＿＿＿＿＿＿＿＿＿＿＿＿＿

选题类型：　　论文　　　　毕业设计　　　其他毕业实践环节

学生姓名　＿＿＿＿＿＿＿＿

指导教师　＿＿＿＿＿＿＿＿
（姓名及职称）

学　　　院　＿＿＿＿＿＿＿＿

专　　　业　＿＿＿＿＿＿＿＿

班　　　级　＿＿＿＿＿＿＿＿

学　　　号　＿＿＿＿＿＿＿＿

完成日期：　20　　年　　月

填 表 说 明

1. 本表中所有签字（签名）处须手工填写。
2. 学生本人填写登记表封面和表格一。

本科毕业论文（设计）成绩评定说明

一、毕业论文（设计）成绩评定，应以学生的学风、开题报告、论文质量和答辩水平为依据，既要考核学生基本理论、基本技能掌握情况，又要评定学生的创造能力、分析和解决实际问题的能力、答辩相关情况等。

二、毕业论文（设计）的成绩评定，采用结构评分方法，其操作方法为：

1. 指导教师参照学校及本专业的毕业论文评分标准评定毕业论文（设计）的成绩（按照百分制记载）。

2. 答辩小组参照学校及本专业的毕业论文评分标准评定答辩成绩（按照百分制记载）。

3. 各教学院均需开展交叉评阅制度，评阅教师参照学校及本专业的毕业论文评分标准评定毕业论文（设计）的成绩（按照百分制记载）。

4. 论文（设计）总评成绩由教学院将指导教师评定成绩、评阅教师评定成绩和答辩小组评定成绩按照 3:3:4 的比例进行计算（按照百分制记载）。

一、论文提纲

论文（设计性说明、实践谈等）提纲应包括目的意义、研究方法（社科类论文、其他毕业实践环节可略）、研究结果与结论（其他毕业实践环节可略）。（字数应在 400 字左右）

注：可另附页。

二、指导教师成绩评定表

指导教师评语：对毕业论文（设计性说明、实践谈等）的学术评语主要应涉及：（1）毕业论文（设计）选题的意义及其难度；（2）毕业论文（设计）内容质量评价；（3）毕业论文（设计）形式的规范性评价（其他毕业实践环节可略）；（4）毕业论文（设计）存在的主要问题。

指导教师评分：_____

指导教师签名：_____

          年   月   日

三、评阅教师成绩评定表

评阅教师评分：_____

评阅教师签名：_____

____年____月____日

四、答辩记录表

答辩小组名单	姓　名	性别	职　称	研究方向
答辩时间		答辩地点		

答辩记录：

　　　　　　　　　　　　　　　　　　　　　　记录人：

　　　　　　　　　　　　　　　　　　　　　　　年　月　日

注：可另附页。

五、答辩成绩及总评成绩评定表

答辩小组意见	答辩小组评语： 答辩成绩：_____　　答辩小组组长：_____ 　　　　　　　　　　　　　　　　年　月　日
学院答辩委员会意见	 总评成绩：_____ 答辩委员会主任： 　　　　　　　　　　　年　月　日（学院公章）

附录三　某高校毕业论文答辩要求

毕业论文（设计）答辩要求

答辩是毕业论文（设计）工作的最后阶段，学生以系（院）为单位分成若干个小组进行毕业论文（设计）答辩。本科毕业生必须全部参加毕业论文（设计）答辩，其答辩成绩按40%的比例计入毕业论文（设计）总评成绩。

一、答辩时间

1. 各系（院）应安排在第八学期四月底之前组织第一轮答辩。
2. 在第八学期五月中旬对第一轮答辩不合格的学生组织第二轮答辩。

二、答辩委员会及答辩小组的组成

各系（院）的毕业论文（设计）工作领导小组应牵头成立答辩委员会，答辩委员会由5~7人组成，负责审查学生的答辩资格、确定答辩方式与要求、评定毕业论文（设计）的最终成绩等。

在答辩委员会之下，应组织本专业具有讲师以上职称或具有硕士以上学历的教师成立若干个答辩小组，各系（院）也可根据专业实际情况聘请校外具有副高以上职称的人员为答辩小组成员。

答辩小组一般由3~5人组成，由本专业具有副高以上职称的教师担任答辩小组的组长，并指定答辩小组成员中的一人为答辩记录员。

指导教师是否列为所指导学生的答辩小组成员，由各系（院）答辩委员会自行确定。

三、毕业论文（设计）答辩的一般程序

1. 学生必须在论文答辩会举行之前，将毕业论文打印稿交给答辩小组，系（院）答辩委员会应将由指导教师和评阅教师审定并签署过意见的毕业论文（设计）成绩评定表交给答辩小组。

2. 在答辩会上，每个学生用10分钟左右的时间较详细地介绍论文（设计）的主要论点、论据和写作体会，有设计成果的要演示其使用效果。

3. 答辩老师提问一般不得少于三个问题。老师提问完后，要求学生当场立即作出回答（没有准备时间），随问随答。可以是对话式的，根据学生回答的具体情况，主答辩老师和其他答辩老师随时可以对该问题有适当的插问。学生回答问题的时间一般为10分钟左右。

在答辩过程中，记录员负责对学生的答辩情况进行如实的记载，填写答辩记录表。

4. 学生逐一回答完所有问题后退场，答辩小组根据学生的答辩情况，集体商定该生的答辩是否通过。

5. 答辩工作完成以后，应及时向学生宣布未能通过第一轮答辩的名单，以便其准备第二轮答辩。

6. 第一轮答辩未通过的学生，各系（院）应在五月中旬安排他们进行第二轮答辩。

四、答辩老师的提问方式

在毕业论文答辩会上，答辩老师的提问方式会影响到组织答辩会目的的实现以及学生答辩水平的发挥。答辩老师有必要讲究自己的提问方式。

1. 提问要对本课题具有代表性。答辩老师给每位答辩者一般要提三个或三个以上的问题，这些问题要对本课题具有代表性，既要有基础知识性的问题，又要有学术探讨性的问题，要能够正确检查出学生的答辩能力和学术水平。

2. 当答辩者的观点与自己的观点相左时，应以温和的态度、商讨的语气与之开展讨论，要有"长者"风度，切忌居高临下，出言不逊。倘若学生的观点并不成熟、完善，也要善意地、平和地进行探讨，并给学生辩护或反驳的平等权利。虽然在答辩过程中，答辩老师与学生的地位是不平等的（一方是审查考核者，一方是被考核者），但在人格上是完全平等的。在答辩中要体现互相尊重，做到豁达大度。

3. 当学生一时答不上来或者答不到点子上，应采用启发式、引导式的提问方法。学生答不上来有多种原因，其中有的是原本掌握这方面的知识，只是由于答辩时自己的自信心不足而显得心慌意乱，或者是出现一时的"知觉盲点"而答不上来。这时只要稍加引导和启发，就能使学生"召回"知识，把问题答好。只有通过启发和引导仍然答不出或答不到点子上的，才可判定其确实不具备这方面的知识。

五、答辩成绩的评定

1. 各系（院）根据学科专业特点，制定本系（院）的"答辩评分标准"。

2. 答辩必须留有答辩纪录。答辩纪录应写入该生的毕业论文（设计）成绩评定表。

3. 各系（院）自行拟定毕业论文（设计）答辩评分表。应主要按照学生答辩时的表现等对其进行评价。答辩完成后应按照"答辩评分标准"填写学生的毕业论文（设计）答辩评分表。

4. 答辩小组应客观公正地写出答辩评语。

5. 答辩成绩以百分制计分。参加第二轮答辩的学生，其最终答辩成绩不得超过75分。

6. 答辩小组负责学生答辩成绩的评定，系（院）答辩委员会负责学生毕业论文（设计）总评成绩的评定和审核。90分以上（优）的比例一般控制在10%以内。

附录四　国家社会科学基金项目申请书

| 项目登记号 | | | 项目序号 | |

国家社会科学基金项目

申　　请　　书

学　科　分　类　_____

项　目　类　别　_____

课　题　名　称　_____

申　请　人　姓　名　_____

申请人所在单位　_____

填　表　日　期　_____

全国哲学社会科学规划办公室制

2016 年 12 月

课题负责人承诺：

我承诺对本申请书填写的各项内容的真实性负责，保证没有知识产权争议。如获准立项，我承诺以本申请书为有法律约束力的立项协议，遵守全国哲学社会科学规划办公室的相关规定，按计划认真开展研究工作，取得预期研究成果。全国哲学社会科学规划办公室有使用本申请书所有数据和资料的权利。若填报失实、违反规定，本人将承担全部责任。

课题负责人（签章）
年　月　日

填 写 说 明

一、《申请书》请用计算机填写，所用代码请查阅《国家社会科学基金项目申报数据代码表》，所有表格均可加行加页，排版清晰。

二、封面上方两个代码框申请人不填，其他栏目请用中文填写，其中"学科分类"填写一级学科名称，"课题名称"一般不加副标题。

三、《数据表》的填写和录入请参阅《填写数据表注意事项》，相关问题可咨询当地哲学社会科学规划办公室。

四、《课题论证》活页与《申请书》中"表二课题设计论证"内容略有不同，请参阅表内具体说明。

五、《申请书》报送一式5份，统一用A3纸双面印制、中缝装订，《课题论证》活页夹在申请书内。各省（区、市）报送当地哲学社会科学规划办公室，新疆生产建设兵团报送兵团哲学社会科学规划办公室，在京中央国家机关及其直属单位报送中央党校科研部，在京部属高等院校报送教育部社科司，中国社会科学院报送本院科研局，军队系统（含地方军队院校）报送全军哲学社会科学规划办公室。

填写《数据表》注意事项

一、本表数据将全部录入计算机，申请人必须逐项如实填写。填表所用代码以当年发布的《国家社会科学基金项目申报数据代码表》为准。

二、《数据表》中粗框内一律填写代码，细框内填写中文或数字。若粗框后有细框，则表示该栏需要同时填写代码和名称，即须在粗框内填代码，在其后的细框内填相应的中文名称。

三、有选择项的直接将所选代码填入前方粗框内。

四、不具有副高级以上（含）专业职称或没有博士学位的申请人，须填写表五推荐人意见栏。

五、部分栏目填写说明：

课题名称——应准确、简明地反映研究内容，一般不加副标题，不超过40个汉字（含标点符号）。

关键词——按研究内容设立。最多不超过3个主题词，词与词之间空一格。

项目类别——按所选项填1个字符。例如，选"重点项目"填"A"，选"一般项目"填"B"，选"青年项目"填"C"等。

学科分类——粗框内填写3个字符，即二级学科代码；细框内填二级学科名称。例如，申报哲学学科伦理学专业，则在粗框内填"ZXH"，细框内填"哲学伦理学"字样。跨学科课题填写与其最接近的学科分类代码。

所在省市——按代码表规定填写。地方军队院校不按属地填写，一律填写"军队系统"。

所属系统——以代码表上规定的七类为准，只能选择某一系统。

工作单位——按单位和部门公章填写全称。如"北京师范大学哲学系"不能填成"北京师大哲学系"或"北师大哲学系"，"中国社会科学院数量与技术经济研究所"不能填成"中国社会科学院数技经所"或"中国社科院数技经所"，"中共北京市委党校"不能填为"北京市委党校"等。

通信地址——按所列4个部分详细填写，必须包括街（路）名和门牌号，不能以单位名称代替通信地址。注意填写邮政编码。

课题组成员——必须是真正参加本课题的研究人员，不含课题负责人，不包括科研管理、财务管理、后勤服务等人员。

预期成果——最终研究成果形式，可多选。例如，预期成果为"专著"填"A"，选"专著"和"研究报告"填"A"和"D"。字数以中文千字为单位。

申请经费——以万元为单位，填写阿拉伯数字。申请数额可参考本年度申报公告。

一、数据表

课题名称							
关键词							
项目类别	A. 重点项目 B. 一般项目 C. 青年项目 D. 一般自选项目 E. 青年自选项目						
学科分类							
研究类型	A. 基础研究 B. 应用研究 C. 综合研究 D. 其他研究						
课题负责人		性别		民族		出生日期	年 月 日
行政职务		专业职称				研究专长	
最后学历		最后学位				担任导师	
所在省(自治区、直辖市)						所属系统	
工作单位						联系电话	
通信地址	省 市(县) 街(路) 号					邮政编码	

	姓名	出生年月	专业职称	学位	工作单位	研究专长	本人签字
课题组成员							

第一推荐人		专业职称		工作单位	
第二推荐人		专业职称		工作单位	
预期成果		A. 专著 B. 译著 C. 论文集 D. 研究报告 E. 工具书 F. 电脑软件 G. 其他		字数(千字)	
申请经费(单位:万元)			计划完成时间	年 月 日	

二、课题设计论证

本表参照以下提纲撰写,要求逻辑清晰,主题突出,层次分明,内容翔实,排版清晰。除"研究基础"填在表三外,本表内容与《活页》内容一致。

1.**[选题依据]** 国内外相关研究的学术史梳理及研究动态;本课题相对于已有研究的独到学术价值和应用价值等。

2.**[研究内容]** 本课题的研究对象、总体框架、重点难点、主要目标等。

3.**[思路方法]** 本课题研究的基本思路、具体研究方法、研究计划及其可行性等。

4.**[创新之处]** 在学术思想、学术观点、研究方法等方面的特色和创新。

5.**[预期成果]** 成果形式、使用去向及预期社会效益等。

6.**[参考文献]** 开展本课题研究的主要中外参考文献。

三、研究基础和条件保障

本表参照以下提纲撰写，要求填写内容真实准确。

1. [**学术简历**] 课题负责人的主要学术简历、学术兼职，在相关研究领域的学术积累和贡献等。

2. [**研究基础**] 课题负责人前期相关研究成果、核心观点及社会评价等。

3. [**承担项目**] 负责人承担的各级各类科研项目情况，包括项目名称、资助机构、资助金额、结项情况、研究起止时间等。

4. [**与已承担项目或博士论文的关系**] 凡以各级各类项目或博士学位论文（博士后出站报告）为基础申报的课题，须阐明已承担项目或学位论文（报告）与本课题的联系和区别。

5. [**条件保障**] 完成本课题研究的时间保证、资料设备等科研条件。

说明：前期相关研究成果中的成果名称、形式（如论文、专著、研究报告等）须与《课题论证》活页相同，活页中不能填写的成果作者、发表刊物或出版社名称、发表或出版时间等信息要在本表中加以注明。与本课题无关的成果不能作为前期成果填写；合作者注明作者排序。

四、经费概算

	序号	经费开支科目	金额(万元)	序号	经费开支科目	金额(万元)
直接费用	1	资料费		5	专家咨询费	
	2	数据采集费		6	劳务费	
	3	会议费/差旅费/国际合作与交流费		7	印刷出版费	
	4	设备费		8	其他支出	
间接费用				合计		
年度经费预算	年份		年	年	年	年
	金额(万元)					

注：经费开支科目参见《国家社会科学基金项目资金管理办法》。

五、推荐人意见

推荐人须认真负责地介绍课题负责人的专业水平、科研能力、科研态度和科研条件，说明该课题取得预期成果的可能性，并承担信誉保证。

第一推荐人签字：　　　　　　　　　　年　月　日

第二推荐人签字：　　　　　　　　　　年　月　日

说明：符合申报资格的申请人不填写此表。本表须推荐者本人签字或盖章有效。

六、课题负责人所在单位审核意见

申请书所填写的内容是否属实;该课题负责人及参加者的政治和业务素质是否适合承担本课题的研究工作;本单位能否提供完成本课题所需的时间和条件;本单位是否同意承担本项目的管理任务和信誉保证。

科研管理部门公章
　年　　月　　日

单位公章
　年　　月　　日

七、各省（区、市）、兵团社科规划办或在京委托管理机构审核意见

对课题负责人所在单位意见的审核意见;是否同意报全国哲学社会科学规划办公室送学科评审组评审;其他意见。

单位公章
　年　　月　　日

八、评审意见

学科组人数		实到人数		表决结果	
赞成票		反对票		弃权票	
建议资助金额	主审专家意见		万元	学科评审组意见	万元

主审专家意见	1.立项依据；2.改进建议。 主审专家签字： 　年　　月　　日
学科组意见	 学科组召集人签字： 　年　　月　　日

附录五　国家社会科学基金项目中期检查表

国家社会科学基金年度项目、青年项目、西部项目
中 期 检 查 表

（_____年度）

批　准　号_____原计划完成时间_____

项　目　名　称_____

项　目　负　责　人_____

电　　　　话_____（手机）_____（办）

所　在　单　位_____

通　讯　地　址_____

邮　　　　编_____E-mail_____

填　表　日　期_____

全国哲学社会科学规划办公室

2014 年 1 月修订

填表要求

1. 国家社科基金年度项目、青年项目和西部项目中期检查时填写该表。每个项目研究期间须接受一次中期检查，一般在研究进程过半时进行，由省（区、市）社科规划办或在京委托管理机构具体部署。中期检查情况是结项的重要依据。

2. 请项目负责人如实填写本表各项内容，纸质表格经所在单位科研管理部门审核盖章后，连同电子版表格报省（区、市）社科规划办或在京委托管理机构。

3. 如有重要的阶段性成果，请及时通过所在单位向全国社科规划办报告，全国社科规划办将组织宣传或送中央有关部门参阅。

4. 项目实施过程中，如有重要事项变更，一律实行报批制度。项目负责人需填写《国家社科基金项目重要事项变更审批表》（从全国社科规划办网站 www.npopss-cn.gov.cn 下载），由省区市社科规划办或在京委托管理机构审批或审核后上报全国社科规划办。变更项目管理单位的，须经原单位和新单位及所属省（区、市）社科规划办或在京委托管理机构共同签署意见。

5. 单位账号如有变化，请及时书面通知全国社科规划办基金处（电话 010-83083062），以保证预留经费拨款到位。

6. 省（区、市）社科规划办或在京委托管理机构每年 12 月底前向全国社科规划办提交年度检查综合报告，并附当年检查的中期检查表（电子版）。

研究工作情况（可另加附页）

按照项目研究计划，课题组做了哪些工作，研究进度如何；经费是如何使用的。

项目负责人（签章）：

年　月　日

阶段性成果（可另加附页）

名　　称	作者	成果形式	刊物名或出版社、时间	字数（万）	获奖或转摘引用情况

单 位 科 研 管 理 部 门 意 见
公　章　　　　　　　　　　　　　　　负责人签字 　　　　　　　　　　　　　　　　　　　　　　　　　年　月　日 联系电话

省（区、市）社科规划办或在京委托管理机构意见
公　章　　　　　　　　　　　　　　　负责人签字 年　月　日

附录六　国家社会科学基金项目鉴定结项审批书

国家社会科学基金项目
鉴定结项审批书

项目批准号＿＿＿＿＿＿＿＿＿＿＿＿＿＿＿＿＿＿＿

项目类别＿＿＿＿＿＿＿＿＿＿＿＿＿＿＿＿＿＿＿

学科分类＿＿＿＿＿＿＿＿＿＿＿＿＿＿＿＿＿＿＿

项目名称＿＿＿＿＿＿＿＿＿＿＿＿＿＿＿＿＿＿＿

项目负责人＿＿＿＿＿＿＿＿＿＿＿＿＿＿＿＿＿＿＿

所在单位＿＿＿＿＿＿＿＿＿＿＿＿＿＿＿＿＿＿＿

填表日期＿＿＿＿＿＿年＿＿＿＿月＿＿＿＿日

全国哲学社会科学规划办公室

2017年1月修订

声　　明

本申请鉴定结项的研究成果不存在知识产权争议；全国哲学社会科学规划办公室享有宣传介绍、推广应用本成果的权利，但保留作者的署名权。特此声明。

成果是否涉及敏感问题或其他不宜公开出版的内容：是□否□

成果是否涉密：　是□　否□

项目负责人（签章）

年　　月　　日

填　表　说　明

一、本表适用于国家社会科学基金年度项目、青年项目和西部项目鉴定结项申请。

二、按照有关规定认真如实地填写表内栏目。无内容填写的栏目可空白；所填栏目不够用时可加附页；凡选择性栏目请在选项上划圈或打"√"。

三、"主题词"栏需填写反映成果内容的4个以内关键词。

四、本《鉴定结项审批书》报送1份（A4纸型，于左侧装订），并附5套最终成果打印稿、1份最终成果简介和1张存有电子版成果及简介的光盘。凡以博士论文或博士后出站报告为基础申报的项目，结项时须提交1份博士论文（报告）的电子版，并书面说明结项成果与原论文（报告）的区别和联系，以及在内容、观点、结构、研究方法等方面的改进与提高（6份，其中5份交鉴定专家审核）。以上材料经项目负责人所在单位审核后，报送所在省（区、市）社科规划办或在京委托管理机构。

五、如有其他不明白的问题，请与所在省（区、市）社科规划办或在京委托管理机构联系。

一、数据表

鉴定结项成果名称	1.						
	2.						
主　题　词							
预期成果形式				最终成果形式			
计划完成时间	年 月 日		实际完成时间	年 月 日		申请鉴定时间	年 月 日
成 果 字 数	万字		是否计划出版		计划出版时间、出版社		
获省部级奖项情况							
转摘、引用情况							

项目负责人	姓　　名		性别		民族		出生日期	年 月 日
	所在单位			行政职务			专业职务	
	研究专长			学　历			学　位	
	通信地址							邮政编码	
	联系电话	（手机） （宅）			E-mail				
	博士论文名称					论文通过时间			
	博士后报告名称					出站时间			
	项目以何为基础申报		A.博士论文		B.博士后报告		C.以上都不是	

课题组主要成员	姓　　名	单　　位	职称	承担任务

注：课题组主要成员按成果（计划）出版或发表时的实际署名顺序填写。

二、总结报告

主要内容提示：1.项目预期研究计划的执行情况；2.成果研究内容及方法的创新程度、突出特色和主要建树；3.资料收集和数据采集情况；4.成果的学术价值和应用价值，以及社会影响和效益；5.成果存在的不足或欠缺，尚需深入研究的问题等。3000字左右。

项目负责人（签章）：

年　　月　　日

注：本栏可加页。

三、课题组的主要阶段性成果

序号	成果名称	成果形式	作　者	出版社及出版时间或发表刊物及刊物年期
1				
2				
3				
4				
5				
6				
7				
8				
9				
10				

注：（1）课题组的主要阶段性成果，请按项目负责人、课题研究任务主要承担者、课题组一般成员的顺序填写。可加行、加页。

（2）须如实填报阶段性成果的名称、作者、发表刊物及期数等相关情况，一旦发现弄虚作假行为，视情况做出严肃处理。

（3）主要阶段性成果的重要转摘、引用和应用情况可加页说明。

四、项目最终成果简介

主要内容与要求提示：

1. "最终成果简介"是结项的必需材料，供介绍、宣传、推广成果使用。

2. 简介内容包括：该项目研究的目的和意义（略写）；研究成果的主要内容和重要观点或对策建议（详写）；成果的学术价值、应用价值，以及社会影响和效益（略写）。

3. 简介内容应由项目负责人撰写；文章标题自拟，内容要层次清楚、观点明晰、用语准确、文风朴实，要有实质性内容，并具有整体性和系统性，不得简单排列篇章目录；成果形式为专著的4000字左右，调研报告、论文（集）等3000字左右。具体格式参照全国哲学社会科学规划办公室网站"年度项目成果简介"。

4. 文章开头应注明项目负责人姓名和工作单位、项目批准号、项目名称、最终成果形式和名称、课题组主要成员。

5. "最终成果简介"用A4纸打印，作为活页附在本《鉴定结项审批书》中。

五、申请免于鉴定的理由

凡符合下列条件之一的项目,可以申请免于鉴定:① 阶段性成果获得教育部人文社会科学优秀成果二等奖以上或者其他省部级科研成果奖项一等奖的;②项目研究提出的理论观点、政策建议等得到省部级以上党政领导批示并被有关部门采纳,或被我办《成果要报》采用的;③经有关部门认定成果内容涉密不宜公开的。

项目负责人(签章):

年 月 日

六、建议回避鉴定的专家名单

课题组可根据成果研究内容,提出可能影响评价公正性的专家回避鉴定本成果,但要说明理由;建议回避鉴定的专家人数不得超过3人。

姓 名	单 位	职 称	建议回避鉴定的理由

注:本栏可加页。

七、项目资金决算表

填写说明：项目资金分为直接费用和间接费用。直接费用须如实填写开支细目，同时附上预算调整情况说明和由所在单位财务管理部门打印的经费开支明细账。有外拨资金的项目，由项目负责人汇总编制项目资金决算，并附上合作研究单位财务、审计部门审核签章的直接费用开支明细账。

\multicolumn{4}{c}{直接费用开支情况说明}			
支出类别	批准预算数	决算数	支出内容说明
1.资料费			请就图书（包括外文图书）购置，资料收集、整理、复印、翻拍、翻译费，专用软件购买费，文献检索费等情况做出说明。
2.数据采集费			请就组织开展问卷调查、数据跟踪采集、案例分析等情况做出说明。
3.会议费/差旅费/国际合作与交流费			请就项目研究过程中开展学术研讨、咨询交流、考察调研等活动而发生的会议、交通、食宿等费用，以及项目研究人员出国及赴港澳台、外国专家来华及港澳台专家来内地开展学术合作与交流的情况做出说明。
4.设备费			请就购置设备和设备耗材、升级维护现有设备以及租用外单位设备情况做出说明。
5.专家咨询费			请就咨询专家情况作出说明。

6．劳务费			请就支付给参与项目研究的研究生、博士后、访问学者以及项目聘用的研究人员、科研辅助人员等的劳务费用情况作出说明。	
7.印刷出版费			请就打印、印刷相关材料作出说明。	
8.其他费用			请就以上七项支出之外的其他支出情况以及特殊情况作出说明。	
间接费用使用情况说明				
间接成本	万元	管理费用　　　万元	绩效支出	万元
结余资金	已拨剩余经费：　　万元	**结余资金支出计划**（请详细列支，将以此作为结余资金使用的主要依据）		
	预留资金：　　万元			

注：项目研究成果首次鉴定的费用由全国社科规划办另外支付。首次鉴定未通过并组织第二次鉴定的，鉴定费从项目预留资金中扣除。

为确保拨付预留经费的安全性和准确性，请务必填写您单位现使用的账户：

户　名＿＿＿＿＿＿＿＿＿＿＿＿＿＿＿＿＿＿＿＿＿＿＿＿＿＿＿

账　号＿＿＿＿＿＿＿＿＿＿＿＿＿＿＿＿＿＿＿＿＿＿＿＿＿＿＿

开户行＿＿＿＿＿＿＿＿＿＿＿＿＿＿＿＿＿＿＿＿＿＿＿＿＿＿＿

联行号＿＿＿＿＿＿＿＿＿＿＿＿＿＿＿＿＿＿＿＿＿＿＿＿＿＿＿

单位财务部门意见
        公　章　　　　　　　　　　　　　　负责人（签章） 年　月　日
单位审计部门意见
        公　章　　　　　　　　　　　　　　负责人（签章） 年　月　日

八、所在单位审核意见

审核事项：1. 成果有无政治导向问题或其他不宜公开出版的内容。2.获奖情况和转摘、引用情况是否属实。3. 填报的阶段性成果是否在项目研究期间完成，与项目研究主题有无直接联系，信息是否属实。4. 最终成果的形式和内容是否符合预期研究目标，引文、注释和参考文献是否规范。以博士论文或博士后出站报告为基础申报的项目，结项成果是否在原文基础上有实质性修改。5. 经费使用是否属实合理。

审核人（签字）

公　章　　　　　　　　　　　　　　　　　　负责人（签章）

年　月　日

九、成果通讯鉴定结果

序　号	姓　名	鉴定分数	鉴定等级建议	成果出版建议
鉴定专家一				
鉴定专家二				
鉴定专家三				
鉴定专家四				
鉴定专家五				
平　均　分				
核对人（签章）： 年　月　日				

注：（1）本栏由省（区、市）社科规划办或在京委托机构核对填写。

（2）须附 5 份《国家社会科学基金项目成果通讯鉴定表》。

十、省（区、市）社科规划办或在京委托管理机构审核意见

审核事项：1.成果有无政治导向问题或其他不宜公开出版的内容。2.获奖情况和转摘、引用情况是否属实。3.填报的阶段性成果是否在项目研究期间完成，与项目研究主题有无直接联系，信息是否属实。4.最终成果的形式和内容是否符合预期研究目标，引文、注释和参考文献是否规范。以博士论文或博士后出站报告为基础申报的项目，结项成果是否在原文基础上有实质性修改。5.经费使用是否属实合理。

审核人（签字）

公　　章　　　　　　　　　　负责人（签章）

年　　月　　日

十一、全国哲学社会科学规划办公室审核意见

鉴定分数	分数一		分数二		分数三		分数四		分数五	
等级建议	优　秀				良好		合格		不合格	
出版建议	值得出版			可出版可不出版			不必出版			
平均分			鉴　定　等　级				核对人签字			

审核人意见	经费使用情况 签　名： 年　月　日
	                 　　　　　　　　　　　　　　　　签　名： 　　　　　　　　　　　　　　　　年　月　日

十二、全国哲学社会科学规划办公室审批意见

主管处审批意见	 签　名： 　　年　月　日
主管室领导审批意见	 签　名： 　　年　月　日
室领导审批意见	 签　名： 　　年　月　日

参考文献

[1] [美]诺曼·K. 邓津, 伊冯娜·S. 林肯. 定性研究:经验资料收集与分析的方法[M]. 风笑天, 等, 译. 重庆:重庆大学出版社, 2007.
[2] [英]戴维·德沃斯. 社会研究中的研究设计[M]. 郝大海, 等, 译. 北京:中国人民大学出版社, 2008.
[3] 仇立平. 社会研究方法[M]. 重庆:重庆大学出版社, 2008.
[4] 朱建亮, 毛润政. 应科文献检索[M]. 3版. 武汉:华中科技大学出版社, 2008.
[5] [日]伊丹敬之. 创造性论文的写法[M]. 吕莉, 张舒英, 译. 北京:社会科学文献出版社, 2004.
[6] 毕恒达. 教授为什么没告诉我——论文写作枕边书[M]. 北京:法律出版社, 2007.
[7] 宋林飞. 社会调查研究方法[M]. 上海:上海人民出版社, 1990.
[8] 中国人民大学哲学系. 形式逻辑[M]. 北京:中国人民大学出版社, 1980.
[9] [法]迪尔凯姆. 社会学方法的准则[M]. 北京:商务印书馆, 1995.
[10] 范水生. 农村社会调查[M]. 北京:中国农业出版社, 2007.
[11] 季羡林研究所. 季羡林谈写作[M]. 北京:当代中国出版社, 2007.
[12] 夏夫利. 政治科学研究方法[M]. 6版. 新知, 等, 译. 上海:上海出版集团, 2006.
[13] 王泽鉴. 民法学说与判例研究[M]. 北京:中国政法大学出版社, 1998.
[14] 马克斯·韦伯. 学术与政治[M]. 冯克利, 译. 上海:三联书店, 2002.
[15] 贺雪峰. 什么农村, 什么问题[M]. 北京:法律出版社, 2008.